Bertram Stubenrauch

Was kommt danach?

Himmel, Hölle, Nirwana
oder gar nichts

Bertram Stubenrauch

Was kommt danach?

Himmel, Hölle, Nirwana
oder gar nichts

PATTLOCH

Bibliografische Information: Deutsche Nationalbibliothek
Die Deutsche Nationalbibliothek verzeichnet diese Publikation
in der Deutschen Nationalbibliografie; detaillierte bibliografische Daten sind im Internet über http://dnb.d-nb.de abrufbar.

© 2007 Pattloch Verlag GmbH & Co. KG, München

Umschlaggestaltung: ZERO Werbeagentur, München
Umschlagmotiv: Getty Images
Lektorat: Hans-Peter Lembeck
Satz und Herstellung: Hartmut Czauderna
Druck und Bindung: GGP Media GmbH, Pößneck
Printed in Germany

ISBN 978-3-629-02132-8

www.pattloch.de

2 4 5 3 1

Inhalt

- 5 -

ZWEITER TEIL

Die Religionen 85

VIERTER TEIL

DIE GESELLSCHAFT 251

ERSTER TEIL

Die Kulturen

Niemand stirbt gern. Doch der Tod bleibt nicht aus. Denn tot zu sein ist unsere Zukunft. Aber auch jetzt schon, zu jeder Minute, ist der Schnitter am Werk. Tag für Tag erfahren wir vom Tod – freilich vom Tod der anderen. In der Regel berührt uns das wenig. Die meisten, von denen wir hören, dass sie gestorben sind, haben wir nicht persönlich gekannt. Wir wissen gewissermaßen nur von ferne, dass gestorben wird.

Schon sehr viel bedrohlicher sieht die Sache aus, wenn liebe, vertraute Menschen gehen. Dann stirbt auch ein Stück von uns. Es ist eine schmerzliche Erfahrung. Oft genug wirkt sie geradezu zerstörerisch, und nur wenigen bleibt sie erspart. Dem Tod an sich begegnen wir allerdings auch in diesem Fall nicht. Selbst der liebste Mensch bleibt ein anderer; er muss ohne uns ins Ungewisse hinein. Und zurückkommen, um zu sagen, wie das Sterben ist, kann er nicht.

So geht der Tod wie ein übergroßes Fragezeichen durch die Welt. Er klopft, höchstpersönlich, an jede Tür. Wie also wird es sein, wenn er an *mich* herantritt, wenn er *mir* den Weg verstellt, so dass keine Gelegenheit mehr da ist, ihm auszuweichen? Was kommt danach?

Um das menschliche Geschick jenseits der irdischen Tage geht es in diesem Buch.

TOD GEGEN LEBEN?
EIN AUFSCHLUSSREICHER WIDERSTREIT

Der römische Redner und Philosoph Cicero hielt den Tod für *die* geistige Herausforderung schlechthin. Ich glaube, er hatte Recht. Denn es ist schon eigenartig: Zu sterben und tot zu sein, darin liegt, wie gesagt, unsere Zukunft. Dabei ist der Mensch ganz und gar ein Wesen der Zukunft. Sicher, er hat auch Vergangenheit, denn in jeder Minute schlägt die Gegenwart in ein unveränderliches Gestern um. Aber die eigentliche Triebkraft menschlichen Lebens ist die Zukunft. Das geistbegabte Geschöpf braucht die klare Aussicht nach vorn, sonst versagen ihm die Kräfte. Niemals darf der Horizont wie eine schwarze Mauer stehen, die jede Hoffnung tötet. Kaum etwas wäre dem Menschen mehr zuwider als dies.

Doch der Tod behauptet sich. Verweigert er uns die Zukunft? Vielen scheint das so zu sein: Wenn ich tot bin, so heißt es, ist alles aus, jedenfalls für mich. Am Ende steht das Nichts.

Unsere Zukunft also ein Nichts? Ich möchte im Folgenden zeigen, dass für eine solche Auffassung wenig spricht. Die meisten Menschen denken und dachten anders, und wohl aus gutem Grund, denn: Kann sich das Leben hier und heute als *sinnvolles* Leben gegen eine Zukunft behaupten, die pure Vernichtung bringt?

Zugegeben, man kann auf diese Frage mit Ja antworten. Man kann sagen, es sei Gabe und Aufgabe genug, die wenigen Jahre hier auf Erden in Anstand und Würde zu verbringen. Man kann hinzufügen, die Reife und der Elan des Menschen kämen gerade darin zur Geltung, dass er ohne Hoffnung auf ein Leben »danach« die Herausforderungen des Daseins nüchtern annimmt. Wäre das nicht die ehrlichste, vernünftigste Weise des Umgangs mit dem Tod?

Ich weiß nicht, ob es viele Menschen gibt, die konsequent so denken. Und wennschon: Der Tod ist auch durch trotzigen Stolz nicht zu beeindrucken. Seine bohrende Fragwürdigkeit bleibt. So oder so. Deshalb scheint es mir ehrlicher und vernünftiger zu sein, dass man ihn zunächst einmal in seiner Rätselhaftigkeit respektiert. Denn in diesem Fall lässt sich zumindest dies eine mit Sicherheit sagen: Aus der Tatsache, dass hinsichtlich dessen, was nach dem Tod geschieht, unter uns Sterblichen schiere Unkenntnis herrscht, folgt weder, dass mit dem letzten Atemzug alles Persönliche versinkt, noch, dass er zu einer neuen Lebensform führt. Wir wissen einfach nicht, was auf uns zukommt. Deshalb ist gegenüber Auskünften, die mit haarkleinen Details über das Jenseits aufwarten, Skepsis angebracht.

Wie gesagt: Das *Wissen* um eine mögliche Zukunft nach dem Tod ist uns auf dieser Welt verwehrt. Auch der religiöse Mensch weiß nichts über sie. Er *hofft* darauf und schöpft zu diesem Zweck aus dem Glaubensschatz der verschiedenen Religionen. Allerdings geht es denen in erster Linie gerade nicht um das Totsein. Sie sind viel stärker an einer Wirklichkeit interessiert, die als tragender Grund das Leben wie auch den Tod umfängt. Wer indes behauptet, vom Jenseits zu *wissen*, ist in aller Regel nicht religiös – und dazu weder weise noch philosophisch.

Vom Wissen zu unterscheiden ist freilich die Ahnung. Seit Menschen leben, *ahnen* sie, dass da mehr sein könnte als die wenigen Jahre zwischen Wiege und Grab. In den Kulturen der Erde wurde diese Ahnung – vielleicht wäre auch das Wort »Instinkt« nicht falsch – unbeirrt zum Ausdruck gebracht: mit Hilfe von Erzählungen, Mythen und Merksprüchen, durch feinsinnige Rituale am Sterbebett und während der Bestattung. Dabei fällt auf, dass die Empfindungen in aller Welt – damals wie heute – weitgehend miteinander vergleichbar sind. Offensichtlich gehört es zur Natur des Menschen, dass er sich von dem Rätsel, das der Tod für ihn darstellt, immer wieder herausfordern lässt – ganz im Sinne Ciceros!

Folgende Überlegung ist meiner Meinung nach von durchaus weltumspannender Gültigkeit: Niemand will im Ernst, dass das Leben auf *dieser* Welt für immer so weitergeht. Der Gedanke ist schlicht unerträglich, es könnte eine unbegrenzte Fortdauer unserer irdischen Existenz unter den gewohnten Bedingungen geben: schlafen, essen und trinken, die tägliche Arbeit, Sorge und Vergnügen – ohne Ende? Nein. Nicht nur, dass die sozialen Auswirkungen verheerend wären (was den Gedanken von daher schon absurd macht). Auch der tiefere Sinn eines solchen Zustands bliebe einigermaßen schleierhaft: Wozu Wachstum und Reifung, wenn das Leben in einem fortginge? Warum Zukunft? Warum überhaupt Zeit? Es wäre geradezu ein Fluch, nicht sterben zu müssen, denn das hieße, nicht sterben zu können. Niemand fände je zur Ruhe. Die irdische Laufbahn wäre ohne den Tod wie ein Satz ohne Punkt – unverbindlich, einfach so dahingeworfen, ohne wirkliche Bedeutung. Nun dauert aber das Leben hier und heute nicht ewig. Es hat ein Ende. Es mündet im Tod. Und wieder rebelliert der menschliche Geist.

Er wehrt sich gegen das Ende, jedenfalls sofern es ihn zu zertreten scheint. Für ein gesundes Ich-Bewusstsein ist es einfach unvorstellbar, tot, das heißt, nicht mehr zu sein. Wer einmal gelebt hat, ist sich seiner selbst so sehr gewiss, dass der Gedanke an Vernichtung eigentümlich leer bleibt. Wir sind das Dasein nun einmal gewohnt – und in allem anderen völlig unerfahren. Selbst in schweren Lebenslagen, bei großen Schmerzen etwa oder dem Gefühl letzter Einsamkeit und Verzweiflung, verlangt im Grunde niemand danach, ausgelöscht zu werden. Worauf das Sehnen zielt, ist die Entlastung, die Befreiung – weg vom Schmerz, weg von der Einsamkeit, weg von der Verzweiflung.

Leben ruft hartnäckig nach Leben und kann nicht anders. Im Menschen ist dieser Drang der Natur unstillbar. Da aber die Aussicht auf ein endloses Leben in *dieser* Welt genauso unerträglich wäre wie die drohende Vernichtung, liegt angesichts des sicheren Todes ein anderer Schluss nahe: Es wird eine Art Verwandlung sein, die auf uns zukommt, ein Überstieg gewissermaßen, ein Transfer von der einen Ebene zur nächsten.

Ob dieser Schritt ins Glück oder ins Unglück führt, sei vorerst dahingestellt. Das kulturelle Erbe der Menschheit, in dem sich die Weisheit von Jahrtausenden spiegelt, bleibt diesbezüglich eher unklar. Schon der flüchtige Blick in die »Geschichte des Todes«[1] fördert ein verräterisches Hin und Her zutage. Was kommt danach? Helle, freundliche Töne stehen neben dunklen. Einmal erscheint das Jenseits wie ein lichtes Paradies, dann wieder steigt der Schauder auf; man glaubt sich in ein wahres Schreckenskabinett versetzt. Aber wie die Dinge auch

liegen – tief verwurzelt war von früh an die breite Überzeugung, dass der Tod vom Menschen voll und ganz
durchkostet werden muss. Es gibt keine Möglichkeit, die
Tuchfühlung mit ihm zu vermeiden. Denn so einfach,
wie der griechische Philosoph Epikur es sich dachte, ist
die Sache wohl nicht:

Epikur, der seine Tage im Jahr 271 vor Christus be-
schloss, hatte gelehrt, dass niemand mit dem Tod wirklich in Berührung komme. Sein Argument: »Alles Gut
und Übel zeigt sich in der Empfindung. Der Tod aber ist
der Verlust der Empfindung. Das schaurigste Übel also,
der Tod, geht uns nichts an. Denn solange wir sind, ist
der Tod nicht da. Wenn aber der Tod da ist, dann sind
wir nicht mehr. Er geht also weder die Lebenden an noch
die Toten. Denn bei den einen ist er nicht, und die anderen sind nicht mehr.«[2]

Freilich hatte Epikur in erster Linie zu trösten versucht. Ihm war dieser gedankliche Kunstgriff deshalb
in die Feder geflossen, weil er seinen Zeitgenossen die
Angst vor einem »ewigen Schrecken«[3] nehmen wollte.
Der sei, wie er meinte, »aufgrund von Mythen«[4] entstanden, welche seit jeher vom Leben danach recht anschaulich zu erzählen wussten. Dem menschenfreundlichen
Philosophen wäre es also lieber gewesen, wenn der Tod
das endgültige Aus, keine Verwandlung gebracht hätte.
Dass er damit an das Undenkbare appellierte, ist ihm
womöglich nicht ganz klar gewesen. Doch sehr erbaulich
wirkten viele althergebrachte Jenseitsvorstellungen – ich
sagte es schon – tatsächlich nicht. Mit dieser Vorwarnung
sei ein erster Blick in die »Geschichte des Todes« gewagt.

DAS DÜSTERE JENSEITS

Mesopotamien

Sterbend geht der Mensch zwar nicht unter, aber sein zukünftiges Dasein hält wenig Erfreuliches bereit – greifbar wird diese Überzeugung zum Beispiel auf dem Boden Mesopotamiens, zwischen den Flüssen Euphrat und Tigris im heutigen Irak.

Aus dieser Gegend stammt das erste bekannte Großgedicht der Weltliteratur, in dem ein gewisser Gilgamesch die Hauptrolle spielt. Er wird als ein Held königlichen Geblüts vorgestellt, der mit einem Freund namens Enkidu viele Abenteuer besteht, bis dieser stirbt. Mit dem Verlust des Gefährten tritt an Gilgamesch die Unerbittlichkeit des Todes heran. Entsprechend erschrocken reagiert er: »›Was ist das für ein Schlaf, der dich gepackt hat? Du wurdest umdüstert und hörst mich nicht mehr!‹ Der aber macht die Augen nicht auf. Und da er nach seinem Herzen fasste, schlug es nicht mehr!«[5]

Gilgamesch begreift schnell, dass es ihm selbst eines Tages nicht anders ergehen werde als dem toten Kameraden, was sein Entsetzen noch steigert: »Gilgamesch – um Enkidu, seinen Freund, weint er bitterlich, läuft herum in der Steppe: ›Werde ich nicht, wenn ich sterbe, ebenso sein wie Enkidu?‹«[6] Letzte Gewissheit überkommt den Helden freilich, als ihm eine Jenseitsreise gewährt wird, bei der er Enkidu wiedertrifft. Eigentlich hatte Gilgamesch gehofft, im Land der Toten den Schlüssel zur Unsterblichkeit zu finden; damit wäre Enkidu wie er selbst gerettet gewesen. Aber es kommt anders, und der verstorbene, schmerzlich vermisste Freund holt Gilgamesch auf den Boden der Tatsachen zurück: »Wenn ich dir die Satzung, die ich schaute, sagen würde, so müsstest du dich setzen und weinen. Der, den du angefasst hast, so dass sein Herz sich freute, ist voll Staub. In den Staub ist er niedergesunken.«[7]

Mit der Belehrung, dass der Tod ebenso unerbittlich wie befremdend sei, wird Gilgamesch zu den Lebenden zurückgeschickt. Dort erkennt er nüchtern, wie vergeblich seine Reise war; ungetrübtes Tageslicht ist für den Menschen auf Dauer nicht vorgesehen. Sein Los ist die Unterwelt, wo Nacht und Moder warten und – wo Nacht und Moder und noch vieles, vieles mehr schlicht und einfach ertragen werden müssen.

Bei den Azteken

In Zeugnissen anderer Kulturkreise tauchen ähnlich düstere Motive auf, etwa bei Eingeborenenstämmen aus dem Alten Amerika. Typisch für ihre Jenseitsvorstellungen ist die Vergleichbarkeit der Zustände hier und dort. Doch es handelt sich nicht selten um eine spiegelverkehrte Beziehung: Sobald der Tod eintritt, schlägt das irdisch Gewohnte in sein Gegenteil um. War hier lichter Tag gewesen, so herrscht jetzt die Nacht. Aus oben wird unten. Aus Gut wird Böse.

Aber auch dort, wo das Gesetz der Umkehrung durchbrochen scheint, trifft der Verstorbene auf Elemente der Verfremdung. So wird in der Unterwelt zwar gegessen, aber die Speisen sind ekelerregend. Man schläft auch,

wenngleich in seltsamer Haltung: unnatürlich ver-
krümmt und ganz wider die Regeln der Anatomie. Selbst
harte Arbeit ist zu leisten, allerdings im Dunkeln, so dass
man nichts sieht und nichts wirklich vorwärtsgeht. Alle
Lebensäußerungen sind von »Kraftlosigkeit« geprägt,
besonders »im Tanz und in der Sexualität«; Alkohol fehlt
ganz. »Die Verhältnisse im Totenreich zeigen also einen
beträchtlichen Verlust an Lebensqualität.«[8]

Aber das ist noch lange nicht das Schlimmste. In
manchen Texten wird ein Bild bitterster Not gezeichnet,
die von mächtigen Unterweltsherrschern herrührt. Der
Gott Mictlantecutli und seine Frau Mictlanciuatl nämlich »essen in der Unterwelt Füße und Hände (von Verstorbenen). Und ihre Pfeffersoße ist der rote Käfer. Ihre
Frühstückssuppe ist Eiter, sie trinken aus einer Hirn-
schale«.[9] Kaum appetitlicher als das Herrscherpaar speist
die unglückliche Bewohnerschaft der schauderhaften
Totenwelt. Denn wer im Leben »viel Krapfen aß, isst sie
in der Unterwelt durchstochen, mit dem roten Käfer sind
die Krapfen durchstochen. Und alle Giftkräuter werden
gegessen. Und alle, die nach der Unterwelt gehen, essen
Stachelmohn. Und alles, was hier auf Erden nicht gegessen wird, wird in der Unterwelt gegessen. Und man sagt,
es wird nichts anderes gegessen«.[10]

Doch die grausame Verwirrung betrifft nicht nur das
Kulinarische. Vieles geht – wir sprachen davon – verkehrt
herum. Dazu tritt die ständige Bedrohung seitens der
gefräßigen Götter sowie ein lebensfeindliches Ambien-
te, das alles andere als gemütlich ist. »In der Unterwelt
herrscht große Armut und Not. Obsidianmesser werden
herumgewirbelt. Sand wird herumgewirbelt, Bäume wer-

den herumgewirbelt, Stachelpflanzen, Feuersteinmesser werden herumgewirbelt, wilde Agaven, Erdkakteen, es ist sehr kalt. Und wer hier auf der Erde Maiskörner auf den Boden streut, den verachten sie in der Unterwelt: die Augen stechen ihm aus Mictlantecutli und Mictlanciuatl.«[11]

Ganz im Sinn dieser niederschmetternden Aussichten waren Gebete gestaltet, die aztekische Priester vor dem Leichnam und der Trauergemeinde rezitierten. Darin kommt die neue, unwohnliche Heimstatt der Verstorbenen offen zur Sprache, und man beugt sich dem Herrscherpaar der Unterwelt ob seiner grenzenlosen Machtfülle; schließlich wächst die Zahl der Untertanen von Tag zu Tag, und kein Einspruch richtet dagegen etwas aus. Resigniert wurde dem Toten ins Ohr geflüstert: »Siehe, du bist in das Reich der Dunkelheit gegangen, wo es weder Licht noch Fenster gibt. Niemals wirst du wieder hierher zurückkommen, noch brauchst du dich um deine Rückkehr zu sorgen; denn deine Abwesenheit ist ewig.«[12]

Dabei galt nicht nur die zentrale Totenwelt als gefährlich. Schon der Weg dorthin war heimtückisch und erforderte tapfere Umsicht. Wer eines natürlichen Todes gestorben war, bekam einen erschlagenen Hund mit ins Grab gelegt. Er sollte während der bevorstehenden Wanderung durch jenseitige Wüsten und Schluchten treue Gefolgschaft leisten und schließlich selbst ins Totenreich eingehen.

Im frühen Griechenland

Zurück von der Neuen Welt in die Alte: Homer. Dem großen Dichter der griechischen Antike wird ein Stück Weltliteratur zugeschrieben, das bis heute nichts von seiner Faszination verloren hat. Der Name des listenreichen Königs Odysseus gehört zur eisernen Ration klassischer Allgemeinbildung: Eine langjährige Irrfahrt über Land und Meer führt den Helden bis in die Unterwelt hinab, die er – wie Gilgamesch – lebend wieder verlassen darf.

Auch für Odysseus bietet sich im Jenseits kein erfreulicher Anblick dar: Die Welt der Toten ist ein farbloses Schattenreich. Sie wird von Wesen bewohnt, die einst aus Fleisch und Blut waren, doch jetzt als kraftlose »Luftgebilde« ohne Lust und Ziel vor sich hin vegetieren.[13] Was in der Unterwelt vor allem fehlt, ist das Licht. »Schreckliche Nacht umhüllt diese elenden Menschen«; ihr Element ist das »schwarze Dunkel«. Wer die »Toten schaut«, trifft sie an einem »Ort des Entsetzens«, den freiwillig niemand aufsucht – weshalb sich der Schatten des Odysseus-Freundes Teiresias über die Anwesenheit des kraftstrotzenden Helden wundert.

Als Odysseus seiner eigenen Mutter begegnet, die er natürlich sofort umarmen will, wehrt sie ab. Es ist nicht mehr wie früher. Die Zeiten körperlicher Nähe sind vorbei: »So lautet das Gesetz für die Menschen, wenn sie verbleichen. Nicht Fleisch und Gebein wird mehr durch Sehnen verbunden, sondern die große Gewalt der brennenden Flamme verzehrt alles, sobald der Geist die weißen Gebeine verließ. Und die Seele entfliegt wie ein Traum zu den Schatten der Tiefe.«

Die Sache ist völlig klar: Wirklich lebendig ist im Griechenland Homers nur der Mensch aus Fleisch und Blut. Leben, das bedeutet Bewegung und Begegnung im Schein der Sonne, unter Bäumen, am Ufer des Meeres. Wer hingegen stirbt, verliert Entscheidendes. Der Tod macht aus dem Menschen eine gespenstische Ruine, und damit legt er ihm eine entsetzliche Bürde auf. Es ist eine Existenz zwischen Sein und Nichtsein, zu der er die Abgeschiedenen zwingt. Ohne zu verlöschen, wissen sie nach wie vor um sich selbst. Aber genau das macht den Aufenthalt in der Unterwelt so beklemmend. Es ist, als wäre einem kleinen Mädchen die Lieblingspuppe aus der Hand gerutscht und in einen tiefen Brunnen gefallen. Die Puppe schwimmt auf der Wasseroberfläche, während das Kind wie gebannt und völlig hilflos auf sein verlorenes Spielzeug starrt.

Homers Luftgespinste der Unterwelt also: Sie sind, wie es ein Fachmann treffend formuliert hat, »bloßes Gewesensein – und doch sind sie ewig *da*, nämlich als geronnene Vergangenheit. So haben sie zwar noch ein Gedächtnis, ihr abgerolltes Leben steht ihnen vor Augen, aber es fehlt ihnen jedes Zukunftsbewusstsein und damit auch die von der Zukunft bestimmte Gegenwart. Deswegen sieht Odysseus die Toten in der Unterwelt als Schatten, aus denen die Gespanntheit auf das Kommende und damit das Leben gewichen ist, er sieht sie als ewig stillstehende Vergangenheit«.[14]

Dieser quälende Blick nach rückwärts ohne jede Perspektive für die Zukunft wird auch in der Ilias beschrieben, einer zweiten großen Schöpfung, für die Homers Name steht. Und zwar erscheint dem Kriegshelden Achill der im Kampf getötete Streitgefährte Patroklos. Was den beiden bleibt, ist nur die Erinnerung an vergangene, bessere Zeiten in gemeinsamer Mission. Als Patroklos auftaucht, erkennt ihn der ehemalige Gefährte sofort. Das Äußere des Toten hat sich nicht verändert: »Siehe, da nahte sich ihm des elenden Patroklos Seele, ganz in der großen Gestalt und den strahlenden Augen ihm ähnlich, auch in der Stimme, den Körper umhüllt von den gleichen Gewändern.«[15] Doch die Erscheinung bleibt eigenartig blass. Es ist eben nur ein Schatten, der sich zeigt und der als echtes Gegenüber nicht mehr in Frage kommt.

Obwohl die Vergangenheit an den Toten hängt wie ein zweites Ich, ruft sie bei ihnen weder Dankbarkeit noch Reue wach. Echte Empfindungen haben ausgedient. Dass deshalb auf den Schatten auch keine Not und keine Plage mehr lastet, mochte im frühen Griechenland für die meisten wohl nur ein schwacher Trost gewesen sein. Im Vergleich zum Leben unter dem hellen Schein der Sonne brachte der Tod in jedem Fall den Abstieg. Später kam sogar der Gedanke auf, dass bei ungezügelter Lebensführung der Tartaros, die Hölle, droht, wo grausames Vergelten waltet. Jede Chance ist dann vertan.

Es versteht sich, dass den Griechen sehr daran lag, möglichst lange vom Tod unbehelligt zu bleiben. Deshalb wurde die Grenze zwischen hüben und drüben ziemlich rigoros gezogen. Man weiß über die Zeit Homers, dass bei Bestattungen auch der persönliche Besitz eines Toten vernichtet wurde – sofern sein Hab und Gut für das Fortkommen der Sippe entbehrlich schien. Diese Entschlossenheit, nach dem Tod eines Menschen sozusagen reinen Tisch zu machen, spricht Bände: Wer einmal den Bereich der Lebenden verlassen hat, soll es endgültig und ganz tun. Diesseits der Todesgrenze bleibt man lieber unter sich. Das Unbekannte, Unheimliche wäre auch dem täglichen Wohlbefinden nicht zuträglich gewesen. Also wird der Tote so gründlich wie möglich abgeschoben, und das hieß bei den Griechen, er wird verbrannt.

Die Flamme verlieh schon rein äußerlich betrachtet der Grenze zwischen hier und dort Unüberwindlichkeit. Dass der Tote – durch seinen Gang in die Unterwelt gewissermaßen entartet – noch einmal ans Sonnenlicht drängt, sollte der Scheiterhaufen verhindern. Doch auch den Gestorbenen selbst kam die Verbrennung zugute, und die entsprechende Sorgfalt galt als heilige Pflicht; so vermochte sich die Seele sehr viel leichter von den »weißen Gebeinen« zu lösen. Hingegen hätte sich ohne den Liebesdienst der Hinterbliebenen das Schicksal der künftigen Schatten noch weitaus schlimmer gestaltet. Die Folge wäre ein tragisches Weder-hier-noch-dort gewesen, das Dasein als Untoter, wenn man so will. Ohne Bestattung gab es keine Ruhe. Derart vernachlässigte Mitbürger hätten das Niemandsland zwischen den Welten durchstreift und die kosmische Ordnung gestört. Die Oberwelt musste sich hüten, durch Versäumnisse frevlerisch zu handeln.

Doch welche Hoffnung blieb den Griechen? Da vom Jenseits nichts zu erwarten war, galt es das Entscheidende hier und jetzt zu tun. Dazu gehörte die Sorge um einen guten Leumund sowie um reichen Nachwuchs. Jedenfalls legen die Helden der Ilias größten Wert auf den Erwerb von Kriegsruhm und die Begnadung mit möglichst vielen Kindern. Unsterblichkeit garantiert im Grunde nur deren anerkennender Nachruf.

Befürchtungen Israels

Sogar in Israel, dem biblischen Gottesvolk, herrschte lange Zeit Trübsinn, was den Tod und seine Folgen betraf: Wer stirbt, muss – wie bei den Griechen und wie Enkidu, der Freund des Gilgamesch – in eine freudlose Unterwelt hinab. Dort wartet zuallererst ein geradezu absurder Verlust auf die Gläubigen: Gott selbst gerät ihnen aus den Augen. In der Unterwelt gibt es kein Gebet und keine Liturgie mehr; Frömmigkeit ist fehl am Platz. Nicht so im Diesseits, in der Oberwelt. Dort ist es sogar möglich, mit Gott über den unnützen Zustand des Totseins zu hadern: Wenn alle begraben sind, was hat der Höchste davon? Wird nicht jede Stimme in Israel gebraucht, um ihm die Ehre zu geben? Natürlich fügt sich auch das Gottesvolk in das Unvermeidliche, aber unter Protest: »Wirst du an den Toten Wunder tun, werden Schatten aufstehen, um dich zu preisen? Erzählt man im Grab von deiner Huld, von deiner Treue im Totenreich? Werden deine Wunder in der Finsternis bekannt, deine Gerechtigkeit im Land des Vergessens?«[16]

Mit dem Kontakt zu Gott erlischt auch die Verständigung von Mensch zu Mensch – was dem hohen Familiensinn der Orientalen besonders weh tut. Leben, das diesen Namen wirklich verdient, ist in Israel nur als Gemeinschaftsunternehmen denkbar. Man braucht die Sippe, den Stamm, das Volk, um sich geborgen und stark zu wissen. Ein anständiger Mensch muss reden, disputieren, streiten und sich wieder versöhnen können, damit sein Tagwerk gelingt.

Der Tod bricht mit alledem. Darum ist er fremd, kalt

und unverständlich. Der einzige Trost, der von ihm ausgeht, liegt darin, dass er ausnahmslos *alle* Menschen holt – auch Israels Feinde, den König von Babel zum Beispiel. Er hat zu seinen Lebzeiten dem Gottesvolk das Fürchten gelehrt und viele ins Unglück gestürzt. Doch wenn *ihm* die Stunde schlägt, wird er die Not, ja die bittere Häme der Unterwelt besonders krass zu spüren bekommen. Um Israel in schwerer Bedrängnis auf diese Weise aufzumuntern, stimmt der Prophet Jesaja mit den imaginären Bewohnern des Schattenreiches ein regelrechtes Spottlied auf den König von Babel an. Mag er auch in Gold und Eisen geritten sein, sein Ende ist besiegelt, und es wird für ihn schlimmere Folgen haben als für sonst irgendwen. Was hätte schon das Fußvolk zu verlieren im Vergleich zu den mächtigen Herrschern? Der Tod stößt ihnen die Krone vom Kopf, und alle Herrlichkeit ist vorüber. Auf Erden kehrt dann Ruhe ein. Unten aber, wo die Toten sind, bricht die Hölle los; der König wird zum Gespött seiner neuen, modrigen Umgebung: »Das Totenreich gerät in Erregung, wenn du hinabkommst. Deinetwegen weckt es die Totengeister auf. Alle Fürsten der Erde, alle Könige der Völker lässt es aufstehen von ihren Thronen. Sie alle rufen dir zu: Auch du bist nun kraftlos geworden wie wir, jetzt bist du uns gleich. Hinabgeschleudert zur Unterwelt ist deine Pracht samt deinen singenden Harfen. Auf Würmer bist du gebettet, Maden sind deine Decke. Ach, du bist vom Himmel gefallen, du strahlender Sohn der Morgenröte? Zu Boden bist du geschmettert, du Bezwinger der Völker!«[17]

Wo liegt das Totenreich? Die Auskunft der Bibel bleibt diesbezüglich ebenso anschaulich wie knapp: Das Totenreich befindet sich »drunten«. Man muss im wahrsten Sinn des Wortes »hinab« zu ihm. Im Hintergrund dieser Auffassung steht das damalige Weltbild. »Unten«, das ist wörtlich zu verstehen: irgendwo tief in der Erde, wohin keine Grabung vordringt; irgendwo in unerreichbaren Etagen abwärts der Fußsohlen.

Oder eine andere Möglichkeit: der Aushub für die Leichname selbst, das Grab. Hier wie dort – in der Erdhöhle und in der Unterwelt – tummeln sich »Maden und Würmer«. Der Schluss von der Realität auf die Vermutung lag nahe; gab es einen Unterschied? Auch Jesus hatte von Gräbern keine sonderlich hohe Meinung: Außen »leuchtend angestrichen« sehen sie mitunter »schön aus«; »innen aber sind sie voll Knochen, Schmutz und Verwesung«.[18] Der wenig erbauliche Inhalt belegter Gräber zog also wie selbstverständlich das fahle Bild einer trostlosen Unterwelt nach sich.

Deprimierende Gefühle muss im nahen Osten auch der Anblick des Meeres ausgelöst haben, zumindest dann, wenn es von Sturm und Regen aufgepeitscht war. Israeliten dachten in diesem Fall an Chaos und Zerstörung. Viele vermuteten deshalb die Unterwelt in den unzugänglichen Tiefen des nassen Elements. Dass dort unten ein Leben nach gewohnten Maßstäben nicht mehr möglich sein konnte, sah jedes Kind. Nur Geister – »Totengeister« – vermochten unter solchen Umständen ihr Dasein zu fristen.[19]

Übrigens deckt sich auch in diesem Punkt das Empfinden des frühen Israel mit den Anschauungen aus dem Griechenland Homers: Wenn der Mensch stirbt, verkommt er zum Schatten, zum Luftgespinst. Der Tod bringt jeweils einen wahren Kosmos an Erfahrungen und Gefühlen zum Einsturz. Was bleibt, ist ein Zerrbild, auf das der Name »Mensch« nicht mehr passt. Entsprechend schlecht beleumdet war der Tod: Wenn schon gestorben werden muss, dann bitte spät, in möglichst hohem Alter. Denn mit den Jahren wird der Mensch »lebenssatt«. Wenn er die Kinder seiner Kinder gesehen, das Wohl und Wehe des Volkes geteilt und über Jahrzehnte hinweg Gott, dem Herrn, die Ehre gegeben hat, fällt der Abstieg in die Tiefe womöglich leichter.

Resümee:
Der Tod als Anwalt des Lebens

Was haben die ersten Überlegungen zum Thema »Jenseits« erbracht? Zunächst einmal sei festgehalten: Bei den genannten Vorstellungen – für die es noch viele andere Beispiele gibt – handelt es sich nicht um streng durchdachte Lehrsysteme. Man wird eher an spontane Äußerungen aus Angst und Unsicherheit heraus denken müssen. Da der Blick nach drüben nun einmal auf undurchdringliche Schleier stößt, sind der bösen Ahnung Tür und Tor geöffnet. Und ich meine, es ist kein Wunder, dass man dem Jenseits handfeste Grausamkeiten nachgesagt hat. Blieb je ein Menschenleben davon verschont? Nicht ohne weiteres leuchtet es ein, dass der Tod in dieser Hinsicht eine Wende zum Besseren brächte.

Der Schrecken, den der Tod in vielen alten Kulturen ausgelöst hat, war freilich immer auch ein Ausdruck des Respekts vor ihm. Man hat das Sterben nicht auf die leichte Schulter genommen. Wenn die letzte Stunde kommt, stürzen Welten ein; das Ende duldet keinen Widerspruch. Da es immer wieder Tendenzen gab, im Sterben nicht mehr zu sehen als den Wechsel vom einen Zimmer ins andere, darf man für den düsteren Unterton aus der Kulturgeschichte dankbar sein. Er unterstreicht das Endgültige und Unumkehrbare am irdischen Dasein und legt gerade so den Finger auf die Kostbarkeit des Augenblicks: Jetzt ist der Moment, auf den es ankommt. Es ist ein Geschenk, atmen zu dürfen, eine Gabe von oben. Die dunkle, abweisend erscheinende Seite des Todes lenkt alle Energie auf das Diesseits. So entpuppt sich der Sensenmann als Anwalt des Lebens. Er fördert die Dankbarkeit und die Denkarbeit: Käme die Würde des Augenblicks jemals ohne ihn zur Geltung?

Den Azteken saß, wie wir gesehen haben, die Angst vor der Unterwelt tief in den Gliedern. Aber an den Totenbahren fanden ihre Priester zugleich versöhnliche Worte: »Unser Sohn, du hast die Leiden und Mühen dieses Lebens beendet. Es hat unserem Herrn gefallen, dich von hier wegzunehmen. Denn du hast kein ewiges Leben in dieser Welt. Unser Dasein ist wie ein Strahl der Sonne. Dir wurde die Gnade verliehen, uns kennenzulernen und an unserem gemeinsamen Leben teilzunehmen.«[20]

Wer den Tod verharmlost, verniedlicht auch das Leben – und geht daran vorbei. Aber es ist nicht so, dass mit dem Ende aller irdischen Wege auch jede Hoffnung sterben müsste. Darum sei im Folgenden nach optimistischeren Elementen in der Geschichte des Todes gefragt.

DAS TRÖSTLICHE JENSEITS

Totenreiche und Totengötter, düstere Schatten, dumpfe Luftgespinste, eine verkehrte Welt – obwohl bei solchen Aussichten wenig Freude aufkam, blieben die Alten unerschütterlich: Der Mensch überlebt das Sterben! Er überlebt als *Seele*. Musste man wirklich pessimistisch sein? Tatsächlich haben sich an das schillernde Wort »Seele« von jeher böse wie gute Ahnungen geheftet, und man kann sagen: Die vielen Facetten des Seelenglaubens in aller Welt stellen die wohl hartnäckigste Waffe des Menschen im Kampf gegen seine Todesangst dar.

Der überlebte Tod: Die Seele

Vor allem aus dem germanischen Kulturraum sind einschlägige Zeugnisse überliefert. Am Anfang stand freilich auch hier die Angst: Verstorbene könnten an ihre früheren Wirkungsstätten zurückkehren und der Verwandtschaft zur Plage werden. Gedacht war an Erscheinungen von Geistern aller Art, denen die Germanen ein Übermaß an Kraft zutrauten. Solche Wesen tauchten völlig unversehens auf. Sie gingen durch Wände und Zäune und verschwanden auf diese Weise wieder. Oder sie flogen mit dem Rauch aus dem Schornstein und verwandelten sich in Bären und Wölfe.

Als ihre Heimstatt galten heilige Seen in den Tiefen der nordischen Wälder. Hier ist eine Vorstellung greifbar, aus der später das deutsche Wort *Seele* hervorging: Seelen, das sind ebenjene Grenzgänger aus den Seen, die zuvor Menschen waren.[21] Von den stillen Gewässern aus starten sie ihre Streifzüge, und wenn es an der Zeit ist, kommen sie in einem neuen Körper wieder zur Welt. Die Besuche aus dem Jenseits mochten für Hinterbliebene erschreckend sein; den Seelen selbst ging es gut. Der heilige See hielt sie lebendig, und er gab ihnen Zukunft. Insofern wirkte die Begegnung mit einem Totengeist wie heilsame Medizin: Man wusste sich an die *eigene* Zukunft erinnert.

Die Seele also. Für den Griechen Homer, so sahen wir, stellt sie sicher, dass Merkmale unverwechselbarer Persönlichkeit auch noch im Tod erkennbar sind. Dabei stand die Seele bei Homer keineswegs für den Menschen an sich. Der Schatten ist ja – ganz im Gegenteil – das Zeichen dafür, dass die Kraft von einst entwichen ist. Noch heute sagt man von kranken, gebrochenen Leuten, sie seien nur noch »ein Schatten« ihrer selbst.

Das Wort *Seele* hatte also keinen guten Klang im Griechenland Homers (was sich später gründlich geändert hat). Dennoch darf der große Dichter als wichtiger Zeuge in der Sache gelten. Denn was er niederschrieb, wurde zuvor an den heimischen Herdfeuern diskutiert; und worüber man diskutierte, das beruhte auf täglicher Erfahrung.

Gab es also Seelenerfahrungen im Alten Griechenland? Sicher nicht in dem Sinn, dass besonders Hellsichtige ins Jenseits geblickt hätten; das zu tun blieb das Vorrecht der Poeten. Das einfache Volk stützte sich schlicht auf die Beobachtung: Wenn ein Mensch stirbt, hört er zu atmen auf. Er haucht also mit dem letzten Atemzug im wahrsten Sinn des Wortes sein Leben aus. Lag es nicht nahe zu sagen, der Mensch hauche gewissermaßen *sich selbst* aus? Und war es nicht konsequent, wenn man hinzufügte, dieser Hauch bestehe fort, nämlich in einer anderen, dementsprechend *hauchartigen* Welt? Wie gesagt: Zu Homers Zeiten – und ganz bestimmt schon lange vor ihm – trug niemand großes Verlangen in sich, allzu schnell mit dieser Welt Bekanntschaft zu machen. Es war in jedem Fall besser, Mensch aus Fleisch und Blut anstatt »Seele« zu sein.

Wenige Jahrhunderte später dachten manche schon anders, zum Beispiel der berühmte Sokrates: Er sitzt in einem Athener Gefängnis und wartet auf seine Hinrichtung. Vordergründige Beschuldigungen hatten ihm diese missliche Lage eingebracht, doch Sokrates tut nichts, um sich zu retten. Er sieht dem Tod gelassen ins Auge. Denn seinem Empfinden nach verhilft das Sterben zu einem besseren Los. Im Gegensatz zu Homer spricht er mit Vorliebe von der menschlichen Seele. Mehr noch: Er hält es für möglich, dass der Mensch mit ihr identisch sei. Falls sie also nach dem Tod weiterlebt, kommt es zum wahren Glück. Man trifft alte Bekannte wieder und kann sich mit ihnen austauschen. Sollte aber nach dem Tod nichts mehr sein, so beirrt ihn auch das nicht. In diesem Fall hört jede Empfindung auf, und es ist, als ob man tief und traumlos schliefe.

Vielleicht hat Sokrates im Stillen mit der Unsterblichkeit und Gottähnlichkeit der menschlichen Seele gerechnet; sein großer Schüler Platon jedenfalls tat es ganz entschieden. Doch das war bereits eine philosophische Großleistung, die einen langen Werdegang voraussetzt und über die wir später sprechen werden. Kehren wir deshalb noch einmal zu den Ursprüngen zurück: Woher kommt der Seelenglaube?

Von den Erfahrungen am Sterbebett war bereits die Rede: der letzte Atemzug, das endgültige Schweigen, der reglose Leichnam. Dann, nach der Bestattung, die Träume: Verstorbene kehren zurück. Sie reden und handeln, als ob sie noch am Leben wären. Man erkennt sie genau, obwohl es klar ist, dass sie tot sind, und wie sie kamen, so zerfließen sie wieder. Dem englischen Völkerkundler Edward B. Tylor zufolge sind Träume der wichtigste Impuls für die Ausbildung jenseitsbezogener Hoffnungen gewesen.[22] Aber Träume allein hätten wenig bewirkt, wenn da nicht zugleich das unabweisbare Gefühl gewesen wäre, dass sich zum Wohl geliebter Toter noch einiges tun lässt.

Zeugnisse dafür reichen in eine Zeit bis vor 70 000 Jahren zurück. Bekannt ist etwa von den Neandertalern, dass sie angefangen haben, ihre Toten pfleglich zu behandeln, das heißt, sie zu bestatten. Es wurde Wert gelegt auf eine ganz bestimmte Sitz- oder Liegestellung sowie auf Grabbeigaben, die für das Leben danach nützlich erschienen. Man bestreute den Leichnam »mit rotem Ocker (d. h. suchte dem Verstorbenen neue Lebenskraft zu vermitteln) und gab ihm Gebrauchsgegenstände, Waffen und Nahrungsmittel mit ins Grab. Bei La Ferrassie in Frankreich trug ein Grab sogar einen größeren Stein mit eingehauenem Näpfchen, das vielleicht noch für spätere Speisungen gedacht war«.[23]

Gewiss: Die Sorge um den Leichnam galt der verstorbenen Persönlichkeit ganz konkret, so wie man sie gekannt und geliebt hatte. Aber was hätte sie jetzt, da sie tot war, sein sollen, wenn nicht ein Wesen jenseits des starren Körpers, sprich: eine Seele?

Bezeichnend ist in diesem Zusammenhang der ebenfalls bei den Neandertalern anzutreffende Brauch, die Schädel von Toten gesondert zu bestatten. Der Grund dafür lag nahe. Denn Köpfe und Gesichter weisen Menschen als unverwechselbare Individuen aus. Wer sein Gesicht zeigt, zeigt Charakter, ist ansprechbar und lebt so auch nach dem Tod im Gedächtnis der Angehörigen und Freunde weiter. Vermutlich galt bei den Neandertalern der Kopf in diesem Sinn als Sitz der Seele. Nachdem man offensichtlich nicht damit rechnete, dass sie sich nach dem Tod verflüchtigt, konnten die mit besonderer Ehrfurcht behandelten Schädel an ihre Unzerstörbarkeit erinnern.

Besonders sorgfältig werden Totenkulte bis heute in Afrika gepflegt. Entsprechend reich ist dort der Seelenglaube ausgeprägt, und er hat sich über Jahrtausende hinweg nahezu unverändert erhalten. Die Sensibilität der Afrikaner für das Leben danach hängt mit der Ganzheitlichkeit ihrer Weltanschauung zusammen. Es gibt keine Trennung zwischen Arbeit und Familie. Ebenso wenig klaffen der Glaube und der Alltag auseinander. »Diesseits« und »Jenseits« sind nur als bruchlose Einheit denkbar, was zur Folge hat, dass sich Furcht und Ehrfurcht vor den Toten die Waage halten. Ihre Geister könnten sich vernachlässigt fühlen und dafür Rache nehmen. Umgekehrt sind die Verstorbenen für den Stamm und die Familie ein mächtiger Schutz.

Diesbezüglich führt das Stichwort »Ahnenverehrung« weiter: Im afrikanischen Stammesverbund kommt den

Vorfahren auch nach ihrem Tod ein hoher sozialer Rang zu. Starke Persönlichkeiten, die sich zu Lebzeiten durch Klugheit, Mut und Gerechtigkeitssinn ausgezeichnet haben, bleiben als Autoritätsträger in der Großfamilie weiterhin präsent. Sie »beseelen« im wahrsten Sinn des Wortes das gemeinschaftliche Leben nach wie vor, wobei ihnen der Tod kein Weniger, sondern ein Mehr an fürsorglicher Kraft eingebracht hat. Ihr belohnendes oder auch strafendes Wort ist seit ihrem Ableben sogar noch wirksamer geworden. Deshalb hütet sich die Familie vor jeder Form des Ungehorsams. Er hätte missliebige Konsequenzen und würde über kurz oder lang das überlieferte Brauchtum gefährden, das unter dem besonderen Schutz der Ahnen steht.

Seelen, das sind in Afrika freilich nicht nur die Toten. Da keine scharfe Grenze zwischen hüben und drüben existiert, erfolgt die Kommunikation mit den Verstorbenen sozusagen auf gleicher Augenhöhe. Schon den irdischen Menschen zeichnet es aus, dass er als Seelenwesen in die Geisterwelt hineinragt. Darin liegt seine Würde und Eigenart. »Die Seele, von der man in Afrika spricht, trägt mehrere Eigenschaften, unter denen Freiheit und Personheit besonders hervorstechen. Freiheit bekundet sich in der Unabhängigkeit der Seele vom Körper. Schon zu Lebzeiten kann die Seele von Zeit zu Zeit den Menschen verlassen«[24] – im Traum oder personifiziert als Hexe, als böser wie guter Zauberer.

Nach dem Tod ist die Trennung der Seele vom Körper allerdings unwiderruflich. Dann stellt sich auch heraus, ob ein Gestorbener von den Hinterbliebenen tatsächlich als Ahne verehrt wird. Denn das Vorrecht, weiterhin beseelendes Mitglied des Stammes zu sein, kommt nur Persönlichkeiten mit einem guten Ruf zu. Übel beleumundete oder offen verbrecherische Individuen trifft schnell das Vergessen. Sie sind und bleiben nichts als »Geister«, Unholde, die auch später Böses im Sinn haben und die man tunlichst meidet. Ruhelos und ohne Heimat irren sie durch den Busch und die Dörfer. Alle Übrigen aber – Lebende und Tote, denen die Ahnenwürde zusteht – bilden eine kraftvolle Schicksalsgemeinschaft.

Dank einer unverstellten, vielleicht auch naiven Naturfrömmigkeit, die den Tod als selbstverständlichen Bestandteil des Lebens sieht, wird also in afrikanischen Kulturen dem Jenseits großes Vertrauen entgegengebracht. Dass mit dem Ende irdischer Tage die Verbindung zwischen hier und dort nicht abreißt, sondern an Intensität zunimmt, hat sich eben gezeigt. Aber wie lebt man im Totenreich, und wo liegt es?

Große Veränderungen stehen kaum ins Haus: Die Verwandten finden auch nach dem Sterben wieder zusammen; sie haben einen geregelten Tagesablauf und ihre geliebten Feste; man isst und trinkt und hält Frieden untereinander. In dieser Hinsicht mag es jenseits der Todeslinie im Vergleich zu vorher einige Qualitätssteigerungen geben, doch es kommt zu keiner sozialen Revolution. Viel eher herrscht die Überzeugung vor, dass »der soziale und politische Rang (eines Menschen) weiter gilt, die Unterscheidung der Geschlechter nach wie vor besteht, die menschlichen Tätigkeiten jeweils ihr Gegenstück im Jenseits haben, Reichtum oder Armut des Einzelnen unabänderlich bleiben, kurz, dass das Jenseits auf mancherlei Weise eine Kopie des gegenwärtigen Lebens ist«.[25]

Besonders tröstlich scheint diese Aussicht – aus der Perspektive moderner Europäer, deren kultureller Hintergrund das Christentum ist – nicht zu sein. Doch in Afrika zählt die Tradition ungleich mehr als bei uns. Man würde vor einer Zukunft, die etwas anderes bringt als die gewohnte gesellschaftliche Ordnung, zutiefst erschrecken. Im Übrigen geht diese auf den Erhalt bedachte Denkweise organisch aus dem das Leben und den Tod *umgreifenden* Wir-Bewusstsein der Afrikaner hervor. Was hier, im Diesseits, billig ist, kann dort, bei den Ahnen, nur recht sein. Wozu also eine Neuerung?

Wie in vielen anderen Kulturen der Erde gibt es auch in Afrika Mutmaßungen über die Lage des Totenreiches. »Meist denkt man es sich irgendwo unter der Erde, oft auch, wie bei Wildbeutern häufig, im Himmel, mal auf einem entlegenen und hohen Berg, mal in einem abgeschiedenen, düsteren Tal, mal im Westen und mal im Osten, mal auf einer fernen Insel im Meer, mal auf dem Grund von Flüssen oder Seen gelegen.«[26] Die Meinungen dazu sind ebenso zahlreich wie schillernd; sie in ein System zu zwängen, wäre völlig verfehlt. Denn hier kommt der ganze Reichtum eines Kontinents zum Tragen, der mit den vielfältigsten Überlieferungen auch tausenderlei Ungereimtheiten in sich vereint.

Wie gesagt: Man weiß in Afrika einerseits die Toten unmittelbar bei sich. Als hochverehrte Ahnen nehmen sie weiterhin am täglichen Leben teil, das sogar entscheidende Impulse durch sie empfängt. Andererseits wird mit der Abgelegenheit des Totenreiches gerechnet und alles getan, damit die vom Körper getrennte Seele den Weg dorthin findet und auch bewältigt. Im nordöstlichen

Tansania zum Beispiel gibt es den althergebrachten Glauben, die Seele müsse auf dem Weg ins Jenseits eine gefährliche Wüste durchqueren. »Um ihr die Strapazen ein wenig zu erleichtern, fettete man den Leichnam vor der Grablegung ein, goss ihm Milch in den Mund und hüllte ihn noch dazu in schützende Häute.«[27] Mangelnde Sorgfalt wäre fatal gewesen; sie hätte den Zusammenhalt zwischen Lebenden und Toten schwer gefährdet. Und auf ihn – gerade auf ihn – kam es schließlich an; so ist es bis heute.

Resümee:
Der vieldimensionale Mensch

Mit der Überzeugung, dass es die menschliche Seele gibt, sind in frühen Kulturen auffallend schnell Jenseitsvorstellungen entstanden. Auf diese Weise wurde der Vielschichtigkeit des Wesens »Mensch« Rechnung getragen. Ob in Afrika, bei den Griechen, den Germanen oder anderswo – es kam zum Vorschein, dass die geistbegabte Kreatur in keine Schablonen passt. Der Mensch ist mehr als ein Bündel biologischer Bedürfnisse. Es macht seine Würde aus, undurchschaubar, facettenreich und tiefgründig zu sein. Deshalb beginnt das Rätsel des Daseins nicht erst an der Todesgrenze. Die Wirklichkeit des Geistes selbst wirft die großen Fragen auf. Und das ist bereits der Fall gewesen, als sich die Menschheit kulturell noch in den Kinderschuhen befand.

Jedenfalls wurde seit den Grabbeigaben des Neandertalers das Grübeln über die menschliche Seele mehr und mehr kultiviert: Woher kommt sie? Wie ist sie aufgebaut? Wie zeigt sie sich? In der Religionswissenschaft hat man sich um eine nähere Klassifizierung bemüht: »Die Vitalseele (Körperseele) reguliert das körperliche, die Ichseele (Egoseele) das geistige Leben des Menschen im Normalzustand ... Die Exkursionsseele (Freiseele) tritt bei paranormalen Zuständen des Menschen in Aktion: in Ekstase oder (Traum-)Schlaf verlässt sie ihren Körper vorübergehend; beim Tod trennt sie sich endgültig von ihm und zieht in ein fernes Jenseits, wo sie die ›Persönlichkeit‹ des Menschen auf irgendeine Weise fortsetzt (während Vital- und Ichseelen mit dem Körper zugrunde gehen). Die Außenseele (Alter Ego, Nagual) stellt als ›Umweltkomponente‹ der menschlichen Persönlichkeit den Rapport zwischen dem Menschen und der ihn umgebenden Wirklichkeit her.«[28]

Angesichts solcher Feinheiten wäre es sonderbar gewesen, hätte man vom Tod grundsätzlich nur schlecht gedacht.

Der entrechtete Tod:
Die Insel der Seligen und die Entrückung

Aus dem Pharaonenreich am Nil stammt folgender Bericht: »Ein Ägypter, der im staatlichen Auftrag eine Seefahrt zu den Bergwerken des Königs unternimmt, erleidet unterwegs Schiffbruch. Die gesamte Besatzung ertrinkt, nur er wird auf eine Insel verschlagen, die eine Überfülle an herrlichen Früchten, an Fischen und Vögeln aufweist. Als Herr der Insel tritt ihm ein drachengestaltiges Wesen entgegen, mit menschlichem Antlitz, mit goldüberzoge-

nen Gliedern und mit Augenbrauen aus echtem Lapis-
lazuli.« Der Schiffbrüchige begegnet dem Drachen mit
ehrfurchtsvoller Scheu. Die »Opfergaben, die er ihm an-
bietet, weist der Herr der Insel zurück, fordert den Schiff-
brüchigen aber auf, Zeugnis von ihm in der Residenz des
Königs zu geben; dorthin werde er glücklich heimkeh-
ren, was denn auch später geschieht«.[29]

Wo war der königliche Inspektor, ohne es zu wollen,
gelandet? Wer in Ägypten – oder auch andernorts – von
einem Wundergarten mit höchstem Komfort zu hören
bekam, verstand schnell: Die Insel der Seligen! Es muss,
irgendwo an versteckten Rändern der Erde, einen Ort
geben, der von Not und Tod nichts weiß. An eine Art
Schlaraffenland würde man heute denken oder ans wie-
dergefundene Paradies; aber kaum jemand gäbe etwas
darauf. In der Antike jedoch ließ das Thema die Herzen
höher schlagen: Wendet sich vielleicht doch alles zum
Guten?

Dabei konnten Normalsterbliche kaum auf eine Ver-
setzung ins Elysium, wie die Insel der Seligen bei den
Griechen hieß, hoffen. Ein solches Privileg stand nur
Prominenten zu – sofern die Götter es wollten. Das Beste
dieser Vorzugsbehandlung lag darin, dass sich der Tod
kurzerhand umgehen ließ. Wer fürs Elysium bestimmt
war, kam direkt dorthin, wurde entrückt und war fortan jeder Sorge enthoben. An Leib und Seele unversehrt,
genossen die Erwählten ewige Seligkeit; man lebte glücklich wie die Götter selbst.

Natürlich hätten viele nur zu gern gewusst, wo sich die
Insel der Seligen befindet. Am Westrand der Erde? Im
Atlantischen Ozean? Auf den Kanaren? Auch die Unter-

welt kam in Frage, wobei in diesem Fall völlig klar gewesen war, dass es sich um einen vom übrigen Areal streng unterschiedenen Bereich handeln musste. Im Elysium lachte die Sonne über fruchtbares Land, also konnte es darin weder Finsternis noch Moder geben und schon gar nicht jene grauen Schatten, von denen Homer geschrieben hatte.

Ein hohes Geheimnis umgab die Insel der Seligen, doch man war sich dessen sicher, dass sie bevölkert sein musste. Der griechische Held Achill zum Beispiel galt als einer ihrer Bewohner. Oder Menelaos, der mit dem hölzernen Pferd in Troja eingedrungen war. Als Lohn für seinen Mut, schrieb Homer, wartete herrliches Klima auf ihn, »nicht Regen, nicht Schnee, nicht Winter von Dauer«, und dies in einer Region »am Ende der Welt«, wohin sonst niemand fand.[30]

Auch der sagenhafte König Artus gehört zum Kreis jener Glücklichen, denen – nunmehr nach keltischer Überlieferung – jenseits von Not und Tod ein behagliches Stück Heimat zufiel. Artus weilt, nachdem er bei einem schweren Zweikampf getötet worden war (offenbar musste *er* doch sterben), im Lande Avalon; Äpfel und Trauben gibt es da, der fette Boden gibt seinen Ertrag ohne jeden Handgriff, und immer blüht der Frühling. Ist Artus eine Symbolgestalt innerster, geheimer Sehnsüchte? Immerhin sorgt sein Name noch heute dafür, dass man aufhorcht.

Das Motiv der Entrückung, wodurch dem Tod sozusagen ein Schnippchen geschlagen wird, begegnet uns auch in der Bibel. Ein gewisser Henoch ist hier zu nennen, ein Mann, der als Herzensvertrauter Gottes galt und am Ende seiner irdischen Tage plötzlich »nicht mehr gesehen war«.[31] Bekannter als Henoch dürfte der Prophet Elija sein. Als er fühlt, dass seine Zeit zu Ende geht, weist er einen Nachfolger – Elischa – in seine Rolle als Gottesbote für Israel ein. Und dann geschieht es: »Während sie miteinander gingen und redeten, erschien ein feuriger Wagen mit feurigen Pferden und trennte beide voneinander. Elija fuhr im Wirbelsturm zum Himmel empor. Elischa sah es und rief laut: ›Mein Vater! Mein Vater! Wagen Israels und sein Lenker!‹ Als er ihn nicht mehr sah, fasste er sein Gewand und riss es mitten entzwei.«[32]

Gewiss ist auch Elija ein ganz besonderer Mensch und eine Symbolgestalt gewesen, wie es ihrer nicht allzu viele gibt. Wenn von seinem Schicksal erzählt wurde, so konnte man träumen, dass in der schwarzen Mauer des Todes Breschen seien, durch die eines Tages auch der Mann von der Straße schlüpfen könnte. Und es sollte die Stunde kommen, da auf den Gassen und Marktplätzen der Stadt Jerusalem verkündet wurde, es gebe tatsächlich ewiges Leben für *jeden* Menschen – nicht in der Unterwelt, nicht im Kreis trauriger Schatten, sondern für Geschöpfe aus Fleisch und Blut in der frohen Gemeinschaft aller. Doch darüber sei an anderer Stelle berichtet.

Das Elysium, von dem Friedrich Schiller schrieb, dass die Freiheit seine Tochter sei, blieb jedenfalls nach antiker Auffassung elitär. Trotzdem musste der Tod für normale Sterbliche nicht unbedingt den lähmenden Stillstand bedeuten. Auch ohne die Aussicht auf spektakuläre Entrückung setzte man in alten Kulturen auf den jenseitigen Trip nach oben. Dafür steht die Metapher des Reisens.

Der erwanderte Tod: Jenseitsreisen

Noch heute heißt es, man trete im Tod die letzte, die große Reise an. Dieser Vergleich hat insofern etwas Tröstliches, als sich mit dem Stichwort »Reise« immer ein Ziel, ein bestimmter Nutzen verbindet. Ausfahrten werden unternommen, um etwas zu erreichen; man denke an diplomatische Reisen, an Bildungs- oder Erholungsreisen. Dabei war die Ausfahrt in alter Zeit nicht annähernd so bequem und beliebt wie heute. Bis weit ins neunzehnte Jahrhundert hinein bedeutete zu reisen, dass man auf Strapazen und Gefahren gefasst sein musste. Auf schlechten Straßen ging es nur langsam vorwärts, nicht selten erfolgten die Touren zu Fuß. Dazu kam die Erfahrung des Fremden, der Entbehrung, des Ungewissen: War man fern von zu Hause willkommen? Gab es eine Rückkehr, ein Wiedersehen? Trotzdem: Ziel und Erfolg lohnten den Aufbruch. Wer zu reisen verstand, stieß in bislang unbekannte Dimensionen vor, räumlich wie geistig.

Und nun der Tod, diese letzte, unabwendbare Reise: In vielen einschlägigen Erzählungen, die aus aller Welt überliefert sind, spielt die Zweischneidigkeit des Unterwegsseins eine große Rolle. Das Schema ist einfach und wiederholt sich – in Einzelzügen stark variiert – immer wieder: Sterbend bricht der Mensch auf, um das Irdische hinter sich zu lassen. Er muss fort. Eine unbekannte Wegstrecke liegt vor ihm, von der er nicht weiß, wohin sie führt und wie weit sie ist. Die Route birgt allerhand Gefahren, die jedoch einen ganz bestimmten Zweck haben: Sie dienen zur Prüfung der wandernden Seele und müssen allesamt bestanden werden. Doch am

Ende des Weges wartet ein Zustand der Ruhe und des Glücks.

Nehmen wir als Beispiel indianische Überlieferungen aus Nordamerika. »Das Land der Seelen«, so wusste man am Thompson-River, »ist unterhalb von uns, gegen Sonnenuntergang; der Weg führt durch düsteres Zwielicht«.[33] Er stößt nach einiger Zeit an einen breiten Fluss. Wie überquert man ihn? Ein langer, schmaler Baumstamm überbrückt das Gewässer. Aber darauf zu balancieren verlangt äußerstes Geschick. Dann geht die Reise weiter. Man legt die Kleider ab, da sie »aus dem Land der Lebenden« stammen und hier, zwischen den Welten, zu nichts nütze sind. Schließlich führt der Weg an drei Wächtern vorbei, die eine wichtige Entscheidung treffen: Sie stellen entweder einen Passierschein aus oder ordnen an, dass wieder kehrtzumachen sei – sofern die Zeit »für den Eintritt in das Land der Toten noch nicht gekommen ist«. In diesem Fall wird der weitgereisten Seele eine Botschaft für die Oberwelt anvertraut. Erst wenn sie überbracht ist, kann ein neuer Anlauf erfolgen. Kommt von den Unterweltswächtern hingegen grünes Licht, so tut sich eine wunderbare Welt auf: »Dort ist ein süßer Geruch von Blumen und eine Unmenge Gras, und überall sind Beerensträucher, die mit reifen Früchten beladen sind. Die Luft ist angenehm und ruhig, und überall ist es hell und warm.« Das Beste freilich kommt erst. Denn die Reise endet in der Heimat, und man ist immer dort zu Hause, wo liebe Menschen sind. Das weiß man auch am Thompson-River: »Wenn die abgeschiedenen Freunde eines Menschen die Ankunft seiner Seele erwarten, versammeln sie sich und sprechen über seinen Tod.« Und

wenn die Seele dann eintrifft, tanzen sie »unter Trommel-
begleitung«. Die »Leute sind erfreut, den Neuankömm-
ling zu sehen, sie nehmen ihn auf ihre Schultern, rennen
mit ihm herum und machen viel Lärm«.

Ich finde den Text rührend. Denn er setzt darauf, dass
ein Grundverlangen des Menschen trotz Leid und Tod
nicht enttäuscht wird: in wohlwollender, fröhlicher Umgebung geborgen zu sein. Aber da ist noch etwas anderes,
nämlich das Vertrauen auf die unzerstörbare Verbunden-
heit von hüben und drüben. Wir sind dieser Zuversicht
bei der Besprechung afrikanischer Ahnenkulte bereits
begegnet. Sie stemmt sich gegen den Verdacht, dass der
Tod gewachsenes Stammesleben unbarmherzig ausein-
anderreißt. Selbst wenn durch sie lediglich unterstrichen
wäre, wie kostbar die *Lebenserfahrung* Verstorbener für
eine Gemeinschaft ist, bleibt der Ansatz für tieferes Verstehen unangetastet: Lebende und Tote gehören zusammen, weil anders die Welt aus den Fugen geriete.

So wird in einem Jenseitsreisebericht aus Polynesien
von der Sorge erzählt, die bei den Toten um hinterbliebene Verwandte herrscht. Einer verstorbenen Frau, die
nach vielen Strapazen den großen Fluss bereits überquert
hat, wird der Rückzug befohlen; ihr Sohn, immerhin der
Spross stolzer Vorfahren, wäre sonst hilflos: »Als ihr Vater sie über seine lebenden Verwandten befragt hatte und
besonders über ihr eigenes Kind, da sagte er ihr, dass sie
wieder zur Erde zurückkehren müsse, denn dort sei niemand verblieben, um für seinen Enkel zu sorgen. Auf
seinen Befehl weigerte sie sich, die Nahrung anzurühren,
die die Toten ihr anboten, und trotz deren Anstrengung,
sie zurückzuhalten, brachte sie ihr Vater sicher in das

Kanu, setzte mit ihr über und gab ihr beim Abschied aus seinem Mantel zwei riesige süße Kartoffeln, die sie zu Hause als besondere Nahrung für seinen Enkel anpflanzen sollte.«[34]

Mit der Solidarität von Lebenden und Toten hat denn auch die Vorstellung von der *gefahrvollen* Reise ins Jenseits zu tun: der lange Weg, die Wüste, das Überqueren des Flusses, die Totenwächter. Wie wir sahen, galt in den meisten alten Kulturen für die Hinterbliebenen gegenüber ihren Toten eine strenge Sorgfaltspflicht. Durch die genaue Beobachtung vorgeschriebener Regeln bei der Bestattung – durch Opfer, Gebete, Symbolhandlungen – ist dafür Sorge zu tragen, dass die Seele auf möglichst sicherem Weg ihr Reiseziel erreicht. Doch das Gefahrenpotential während der langen Wanderung stellt sich zugleich als eine Art Gericht in den Weg. Die Heftigkeit der Anfechtungen sowie die Kraft zum Widerstand hängen nach verbreiteter Auffassung mit dem Vorleben einer abgeschiedenen Seele zusammen. Je nach Reifegrad fällt der Jenseitsgang schwer, weniger schwer oder misslingt ganz. Von den großen Weltreligionen haben insbesondere der Buddhismus und der Islam solche Motive in ihr Glaubenssystem integriert (worauf ich später noch eingehe). Aber auch im Alten Ägypten spielten sie eine Rolle, bei den Iranern oder in antiken Geheimverbrüderungen, die gerade zur Zeit des frühen Christentums starken Auftrieb hatten.

Dazu sei ein Blick auf den im kaiserlichen Rom verbreiteten Mithraskult geworfen, der vor allem Soldaten faszinierte. Im Mittelpunkt der rituellen Handlung stand die Tötung eines Stieres. Sie sollte an die unbändige

Kraft des jugendlichen Gottes erinnern, der vor Urzeiten ebenfalls einen Stier erlegt hatte und deshalb als Garant unzerstörbaren Lebens galt. Wer in den Kreis der Erwählten um Aufnahme bat, musste sich einem strengen Katalog von Prüfungen und Geboten stellen. Mit ihrer Hilfe wuchs der »Myste« in die verborgene Welt der Feiergemeinschaft hinein. Viele erhofften sich von diesem Schritt besondere Kraft gegen die Angst vor dem Tod.

Das leibliche Ende des Menschen – mit dem ein Soldat ja jederzeit zu rechnen hatte – wurde von den Mithrasjüngern als eine kosmische, interplanetarische Reise zum ewigen Licht gedeutet. Sie führte von Stufe zu Stufe immer weiter nach oben und diente dabei der eingehenden Läuterung und inneren Verwandlung. »Wie Kleider nämlich legte die Seele des Mysten in jeder Sphäre irdische Leidenschaften und Fähigkeiten ab: Sie ließ dem Mond ihre menschliche Lebenskraft, dem Merkur ihre habsüchtigen Neigungen, der Venus ihre erotischen Gelüste, der Sonne ihre intellektuellen Fähigkeiten, dem Mars ihren kriegerischen Mut, dem Jupiter ihre ehrgeizigen Wünsche, dem Saturn ihren Hang zur Trägheit. Die Reise zum ewigen Licht befreite sie von allen diesseitigen Eigenschaften und Mängeln.«[35]

Freilich sprach aus dieser Sicht ein gutes Stück Weltverachtung: Das Sterben dient zur Überwindung irdischer Fesseln. Doch der Glaube, dass die Ewigkeit erst begehbar wird, wenn alle Schlacken des Vorlebens getilgt sind, lässt sich auch anders verstehen: Ein vom Diesseits unabhängiges Jenseits gibt es nicht. Hier, im Schein der Sonne, fängt an, was sich dort, im ewigen Licht, zu einem Dasein in ungetrübter Seligkeit auswächst.

Der erlösende Tod:
Hafen des Lebens und ewige Ruhe

Die Meinung, dass der Tod besser sei als das Leben hier und heute, begegnet uns in der Kulturgeschichte häufig – nicht nur bei Leuten wie Sokrates oder den Mithrasjüngern, bei denen sie zum philosophischen Programm geworden war. Da es mit den irdischen Jahren nun einmal zu Enttäuschungen und Krisen, wenn nicht zu Katastrophen kommt, bot sich der Gedanke an das Ende immer auch als mögliche Alternative an. Ich denke dabei nicht an den Extremfall des Suizids. Was ich meine, ist ein gewisses Gefühl der Dankbarkeit, das den Tod als Freund sehen lässt – während es im Leben doch nur böse Überraschungen und eitlen Wahn gebe.

Aus der klassischen Antike ist so mancher Seufzer überliefert, der in diese Richtung deutet. Man kennt zum Beispiel einen Zweizeiler in griechischer Sprache, den noch viele Jahrhunderte später ein lebensfroher Familienvater wie Thomas Morus ins Lateinische übersetzt hat: »Elpis und du, Tyche, lebt denn wohl: Ich habe den Hafen erreicht. Nichts mehr habe ich mit euch zu tun, treibt euren Spott mit den Menschen nach mir!«[36]

Elpis und Tyche, das sind griechische Ausdrücke, die für das freudige Hoffen und den launischen Glücksfall stehen. Der Dichter spricht sie wie Personen an, um sich von ihnen – und zwar merklich erleichtert – loszusagen. Er ist überzeugt: Die meisten Erwartungen im Leben erfüllen sich nicht, und das Glück – davon wusste der Volksmund immer schon – ist zerbrechlich wie Glas. Warum also sollte man länger ein Spielball unberechen-

barer Kräfte sein? Der Tod erscheint viel sicherer. Er entlarvt den leeren Wahn, ist ruhiger Hafen nach den Stür-
men auf dem offenen Meer der Zeit.

Natürlich ist klar, dass sich der zitierte Stoßseufzer aus
Dichtermund eher der gelegentlichen Empfindung als
einem ausgemachten Lebensmotto verdankt. Der eng-
lische Staatsmann Thomas Morus aber hatte sich als
überzeugter Christ auf die kommende Welt gefreut. Für
ihn brachte sie Erfüllung nach einer Periode dauernder
Unsicherheit. Trotzdem warf er sein Leben nicht an-
gewidert weg; gerade in der Anfechtung hatte sich der
Christ Tag für Tag zu bewähren. Im nichtchristlichen
Altertum hingegen liefen die Meinungen auseinander:
Der Tod mochte zu bösen Zeiten ein willkommener
Befreiungsschlag sein; aber die große Frage war, ob er
die Dinge zum Guten wenden oder ob er schlicht einen
dicken Schlussstrich ziehen würde.

Einige neigten klar zu Letzterem: Mit dem Tod ist alles
aus – was eben den Vorteil hat, dass es keine Widerwär-
tigkeiten mehr gibt, keine Anstrengung, keinen Schmerz
und keine Enttäuschung. Manche gaben dieser Sicht eine
durchaus selbstgerechte, polemische Note: Sie hielten
viel auf das eigene Leben, verachteten aber das der anderen. Man müsse sich, weil man eines Tages sterbe, mit aller Kraft im Daseinskampf behaupten: »Solange du lebst,
Mensch, lebe bewusst. Denn nach dem Tod ist nichts«,
so lautete ihr Credo.[37] Doch es gibt Schwächlinge, deren
Leben kaum etwas taugt, weil sie nur Stroh im Kopf haben und eine Plage für ihre Umgebung sind. Mit solchen
Kretins räumt der Tod auf. Das Ende, das er ihnen setzt,
ist wie ein erlösender Gnadenschuss. Man hat den stot-

ternden Kaiser Claudius in dieser Weise geschmäht, als er nach einer Portion Gift röchelnd im Todeskampf lag: »Er gluckerte seine Seele aus, und von diesem Augenblick an hörte er auf, sein Schattendasein zu führen.«[38]

Ein im Vergleich zu Claudius sehr viel besser angesehener Kaiser, nämlich Augustus, verstand das Leben als großes, ebenso verworrenes wie aufregendes Theaterstück. Dabei komme es darauf an, dass die handelnden Personen eine möglichst gute Figur machen. Vor allem der letzte Akt, das Sterben, musste angemessen über die Bühne gehen. Der Kaiser nimmt diese Regieanweisung, was ihn selbst angeht, sehr ernst und trifft, als er den Tod nahe weiß, entsprechende Vorkehrungen. Er lässt sich schminken und kämmen, und er empfängt Besuche. Wie berichtet wird, war sein Stolz auf die von ihm bekleidete Rolle groß. Aber jetzt kommt die Erleichterung: Das Possenstück geht zu Ende; die gute Miene zum bösen Spiel hat ihre Schuldigkeit getan. Der Vorhang kann fallen, die Maske auch. Alles andere kümmert den Kaiser nicht.

Der Tod also und sein bereinigendes Schlusswort – ohne Wenn und Aber, ohne innere Verheißung. Man darf jedoch annehmen, dass sich der Großteil der Römer und Römerinnen mehr erhoffte als nur ein glorreiches Ende für das gewiss zwielichtige Erdenglück. Jedenfalls herrschte im einfachen Volk die Überzeugung vor, es gebe für die Toten in ihrem Grab geruhsamen Frieden, und den wollte man sich selbst und den anderen auch gönnen. Diese Auffassung war zugleich mit einer anderen verfugt, und zwar: Die Toten leben inmitten der Familie weiter – ganz nach afrikanischer Manier. Sie werden geachtet und haben im Gedächtnis der Hinterbliebenen einen festen Platz, wofür man sie umgekehrt um ihren Segen bittet. Tote Verwandte galten im Rom der Kaiserzeit als regelrechte Götter. Ihre Bildnisse zierten das Atrium, den Hauptraum des vornehmen Hauses. So konnten sie vom sicheren Hafen im Jenseits aus auf ihre Nachkommen blicken und für die, denen noch der Wind des Alltags um die Ohren pfiff, wertvolle Dienste tun.

Mit dem einfachen Volk hofften genauso hochgebildete Intellektuelle auf den Tod als einer Wende zum Besseren. Doch sie taten es selten ohne Skepsis. Man hört ein vorsichtiges »Vielleicht«, das verschiedene Möglichkeiten abwägt und zulässt und sich nur langsam zu optimistischeren Tönen durchringt. Dann aber ist das Bekenntnis einigermaßen klar und zuversichtlich. Der Staatsmann, Philosoph und Schriftsteller Lucius Annaeus Seneca kann hier als schönes Beispiel gelten.

Als er bei dem grausamen Kaiser Nero in Ungnade gefallen war, der ihn schließlich zum Selbstmord zwang, machte Seneca aus der Not eine Tugend: Er ging gefasst und selbstbewusst, so, als hätte er das Sterben von Kindesbeinen an eingeübt. Dabei war ihm dies eine völlig klar gewesen: Selbst wenn »danach« nichts mehr käme, so sind zumindest Sorgen und Schmerzen vorbei. Außerdem: Der Mensch ist und bleibt Teil der Natur; er wird verwandelt, nicht zerstört. Wozu also die Angst? Aber da ist womöglich mehr, viel mehr: Wer stirbt, hofft Seneca, wird in Wahrheit geboren, erlebt also den eigentlichen Geburtstag. Und dann geschehen wundersame Dinge: Die Zeit dehnt sich; man trifft alte, liebe Bekannte wieder; erlittenes Unrecht wird getilgt, die böse Tat bestraft. Und wie kommt es zu alledem? Im Augenblick des Todes löst sich die Seele von ihren leiblichen Fesseln und schwingt sich unbeschwert nach oben. Dann erkennt sie die Eitelkeit der Welt und sie genießt ihre angestammte, göttliche Größe. Doch geben wir Seneca selbst das Wort: »Wenn jener Tag kommt, an dem diese Verbindung des Göttlichen und Menschlichen sich trennt, werde ich diesen Körper da zurücklassen, wo ich ihn fand; ich selbst werde mich mit den Göttern wieder vereinigen. Auch jetzt bin ich nicht ohne sie, werde aber in einem harten irdischen Kerker festgehalten. Dies kurze sterbliche Dasein ist nur das Vorspiel jenes besseren und längeren Lebens. Wie der Mutterleib uns neun Monate umschließt und zubereitet, nicht für sich, sondern für den Ort, an dem wir bekanntlich ausgestoßen werden, wenn wir fähig sind zu atmen und im Freien zu leben, so reifen wir von diesem Zeitraum, der sich von der Kindheit bis ins Alter erstreckt, zu einer anderen Geburt. Jener letzte Tag, vor dem du zurückschreckst, ist der Geburtstag der Ewigkeit.«[39]

Der wiederholte Tod: Seelenwanderung

Der Tod als Geburt. Kann es sein, dass diese Geburt erneut auf die Erde zurückführt? Gibt es einen Kreislauf von Tod und Wiedergeburt?

Solche Ideen sind zwar nicht original römisch, aber es gab Sympathisanten, den Dichter Ovid zum Beispiel. Als Intellektueller reinsten Wassers hatte er so manche Absurditäten im Leben durchschaut: kopflose Politik, doppelte Moral, die augenscheinliche Vergeblichkeit einer weisen Lebensführung. Und da war eben der Tod selbst, mit dem, wie es schien, auch jeder vernünftige Gedanke stirbt: Kluge wie Dumme, Liebenswürdige und Ekel führt er mit sich fort, und bis es so weit ist, geht es den einen schlecht, den anderen gut. Sollte es da wirklich gerechte Götter geben? Was Ovid freilich einleuchtete, war das Gesetz ständiger Veränderung: Geht etwas zu Grunde, so kommt Neues an seiner statt; auf den Winter folgt der Frühling, auf die Jugend das Alter, auf den Tag die Nacht. Der Tod konnte keine Ausnahme sein: Auch er bedeutet Veränderung, nicht Stillstand, woraus Ovid den Schluss zog: Die Seele stirbt keineswegs, sondern sie *wandert* – von Körper zu Körper, von Zeit zu Zeit.

Es tut wenig zur Sache, wie inbrünstig Ovids persönliche Überzeugung tatsächlich gewesen ist. Jedenfalls hat er als genialer Poet der römischen Gemütsverfassung einige Lichter aufgesteckt: »Ob er im Feuer verging auf dem Holzstoß, ob ihn Verwesung wegnahm, glaubet, der Leib kann nicht mehr Schlimmes erleiden. Frei ist die Seele vom Tod, und verließ sie die frühere Stätte, wohnt und lebt sie fort, im anderen Hause geborgen.«[40]

Der Glaube an die Seelenwanderung gehörte zuerst – vom Balkan her vermittelt – den Griechen, wobei natürlich nicht das ganze Volk so dachte. Es gab sogar Leute, die seinetwegen einigen Spott erdulden mussten: Seelenwanderung? Von Mensch zu Mensch? Vielleicht. Auch von Mensch zu Tier und womöglich wieder zurück? Lächerlich! Ein gewisser Pythagoras hatte aber gerade das behauptet, und der Hohn fiel beißend aus: »Einst sei er –

so erzählt man – gerade vorbeigegangen, als ein Hund geschlagen wurde; da habe er Mitleid empfunden und das Wort gesprochen: Hör auf und schlag das Tier nicht! Es ist ja die Seele eines befreundeten Mannes, die ich wiedererkannte, als ich das Winseln hörte.«[41]

Doch eine Witzfigur ist Pythagoras sicher nicht gewesen, ganz im Gegenteil: Seine Anhängerschaft verehrt ihn wie einen Heiligen. Er besitzt ein hohes Moralbewusstsein und lebt auch danach. Er ist überzeugt: Was in diesem Leben versäumt wird, muss in einem anderen nachgeholt werden. Darum hängt alles daran, dass man das kosmische Sittengesetz erkennt, es tatkräftig umsetzt und sich zu diesem Zweck eine strenge Zucht auferlegt. Bei alledem geht es vorrangig um die menschliche *Seele*; auf sie kommt es wesentlich an. Sie ist kostbar und heilig, den Göttern völlig gleich. Wer sie vernachlässigt, hält sie von ihrer lichten Höhe fern und zwingt ihr das körperliche Dasein tragischerweise auf. Und genau hier liegt der springende Punkt bei Pythagoras:

Er hält die Seele für einen reinen Geist, der mit stofflichen Körpern, seien sie menschlich oder tierisch, eigentlich gar nichts zu tun haben dürfte. Da dies aber bei der denkenden Kreatur unabweisbar der Fall ist, muss, so Pythagoras, ein Befreiungsprozess erfolgen, und das heißt konkret: Die Seele muss den Körper ein für alle Mal abschütteln. Das Mittel dazu ist die Wanderung, die *Seelen*wanderung – von Mensch zu Mensch oder von Mensch zu Tier und umgekehrt. Nach wiederholten Einkörperungen scheidet die Seele schließlich aus dem Kreislauf der Wiedergeburten aus. Dann kann sie, losgelöst von aller Materie, als makelloser Geist unsterblich weiterleben.

Dem Tod, der im Altertum so vielen Menschen Angst einjagte, kommt bei Pythagoras ein ganz besonderer Stellenwert zu: Er wird als reiner Übergang verstanden. Gewiss: Mit ihm geht die Tür zum Reich des Geistes nicht sofort auf. Man hat ja – je nach Reifegrad – viele Türen zu durchschreiten. Pythagoras selbst, so hieß es, sei zwanzigmal als Mensch geboren worden und dann wieder gestorben. Aber der Tod stellt immerhin die Weichen. Mehr noch: Er ist eine Art Entwicklungshelfer, der den Aufstieg der Seele fördert und beschleunigt. Denn irgendwann wird man ein letztes Mal sterben – und dann für immer frei sein.

Von der Lehre des Pythagoras ging seinerzeit großer Einfluss aus; der Seelenwanderungsglaube gehört seitdem als tausendfach variiertes Gedankengut zum kulturellen Erbe der Menschheit. Allerdings hatte auch Pythagoras von anderen gelernt. Denn wesentliche Elemente seiner Anschauung waren von Leuten entwickelt worden, die sich – bezeichnenderweise – *Orphiker* nannten.

Orpheus – das war damals nicht irgendein Name. Mit ihm rühmten sich die Orphiker sozusagen des Jenseitskenners schlechthin. Der (von ihnen beförderten) Überlieferung nach war der große Sänger, dessen Stimme selbst Tiere und Pflanzen bezaubert hatte, mit allerhöchster Erlaubnis in die Unterwelt hinabgestiegen. Er hatte dort das Herrscherpaar entzückt und das Schattenreich wieder lebend verlassen. Niemand kannte also das Gelände des Todes besser als er, und als Mann des (gesungenen) Wortes war er wohl für einschlägige Auskünfte bereit gewesen. So jedenfalls sahen das die Orphiker. Ihnen sei das Wissen um die Unterwelt vom Meister persönlich übergeben worden, so dass nunmehr *sie* als die eigentlichen Fachleute für das Jenseits zu gelten hätten. Und da ihr Bild davon mit den landläufigen Vorstellungen beklemmender Finsternis nicht übereinstimmte, entwickelten sie eine durchaus eigensinnige Sicht. Das Diesseits wurde von ihnen geradezu verachtet. Leben, das diesen Namen wirklich verdient, konnte es auf dieser Welt nicht geben.

Hatte man noch zu Zeiten Homers das Glück des gesunden Menschen aus Fleisch und Blut gepriesen, so war es bei den Orphikern gerade umgekehrt: Die natürliche Daseinsfreude geriet ins Zwielicht. Nicht das Sterben und den Tod empfanden sie als problematisch, sondern die Belange des Alltags mit den lästigen Bedürfnissen des Leibes. Was die Orphiker störte, war der Zwang zur Nahrungsaufnahme, die Sorge um Nachkommenschaft, um Haus und Kleidung; es sei dem eigentlichen Leben abträglich. Stattdessen kam es – wie bei Pythagoras – allein auf den Geist, auf die Seele an. Ihre überirdische Reinheit galt als der Inbegriff alles Erstrebenswerten. Doch hätten tragische Umstände in grauer Vorzeit dazu geführt, dass sie sich mit der Materie verbinden musste. Von daher stand fest: Das irdische Dasein war zu Gunsten einer vergeistigten, gottgleichen Existenz schleunigst abzuhaken. Der Tod bot sich dazu als idealer Verbündeter an, schien er doch der einzige Fluchtweg ins Weite, ins Licht zu sein.

Indes bestand die Erlösung nicht darin, dass man einfach den Dolch gegen sich gerichtet und zugestoßen hätte. Denn die Seelen besaßen die Kompetenz für ihre Rückkehr zum Licht nicht selbst. Sie mussten – wovon einmal mehr Pythagoras so fasziniert war – einen langen Reinigungsprozess durchlaufen, der sie zwang, immer wieder in Pflanzen, Tier- oder Menschenkörpern zu wohnen. Zwischendurch gab es Aufenthalte in der Unterwelt, während von strengen Richtern über den weiteren Verlauf der Seelenwanderung entschieden wurde. Ihr Urteil hing von der Qualität der jeweils vorangegangenen Lebensführung ab, und wenn sich partout keine Besserung einstellen wollte, folgte unwiderruflich die Hölle.

Wie also war dem Kreislauf der Geburten und der drohenden Feuerpein zu entkommen, ohne in irgendeiner Weise Fehler zu machen? Die erste Voraussetzung wurde bereits genannt: Es bedurfte einer möglichst vergeistigten Lebensführung. Das bedeutete bei den Orphikern immer auch: strenge Askese – kein Fleisch, keine Eier, keine Bohnen und keine Wolle in der Kleidung gegen die Kälte! Die zweite Voraussetzung sah vor, dass man sich der orphischen Bewegung anschloss, um höhere Weihen zu empfangen. Wie es hieß, stammten die Zeremonien von Orpheus selbst, und wer sie versäumte, hatte das Nachsehen.

Damit die toten Anhänger des Orpheus im Jenseits denn auch als geweihte, asketisch geschulte Charaktere zu erkennen waren, gab man ihnen goldene Passtäfelchen mit ins Grab. Darauf standen Gebetstexte, die von der reifen Seele zum Zweck ihrer Identifizierung rezitiert werden sollten: »Ich bin dem Kreis entflogen, dem mühseligen, dem mit Kummer beschwerten, und habe mit schnellen Füßen den ersehnten Kreis betreten und mich in den Schoß der Herrin geflüchtet, der unterirdischen Königin.« Diese gab dann zur Antwort: »Glücklicher, se-

lig zu Preisender. Ein Gott wirst du sein statt eines Sterblichen.«[42]

Der verbündete Tod:
Platon und die Unsterblichkeit

Ob die Seele eines Menschen von Körper zu Körper wandert, ob sie in der Unterwelt dahindämmert, in heiligen
Seen residiert oder ein jenseitiges Paradies betritt – es gab
jedenfalls von früher Stunde an die breite Überzeugung,
dass sie den Tod überlebt. Man ist geneigt, von einer
tief verwurzelten Intuition zu sprechen, die hier waltet.
Hingegen hat der griechische Philosoph Platon die Unsterblichkeit der Seele denkerisch präzise und mit allem
Nachdruck verteidigt. Die Auffassung dieses bis heute
einflussreichen Mannes erschließt sich sehr organisch,
wenn man sich zunächst die Eckdaten seiner Spekulation
vor Augen führt. Darin spielt die *Idee* eine tragende Rolle. Was sind Ideen?

Vielleicht kann ein kleines Experiment hilfreich sein:
Man versuche einmal, auf ein Blatt Papier einen Kreis
zu zeichnen, aber freihändig, ohne Zirkel, ohne Schablo-
ne. Es heißt, Albrecht Dürer habe dies ziemlich gut gekonnt, aber auch bei einem Genie wie ihm wird eine solche Übung nicht makellos ausgefallen sein. Denn einen
vollkommenen Kreis zu skizzieren gelingt sicher nicht,
obwohl jeder weiß, was ein Kreis *ist* und wie er aussehen *müsste*. Unser Gehirn vergleicht und ersetzt sofort in
Gedanken den tatsächlich gezeichneten Kreis mit einem
geistig vorgestellten Kreis. Wir haben also eine Idee im

Kopf – die Idee des vollkommenen Kreises – und ein mehr oder weniger ungelenkes Abbild dieser Idee auf dem *Papier*.

Ähnlich verhält sich nach Platon die Welt der eigentlichen Wahrheit zur Welt der konkreten Tatsachen. Die Wahrheit als vollkommene Idee ist geistig und unsichtbar; die Welt aber, das Abbild der Wahrheit, ist materiell, sichtbar und unvollkommen. Zwischen den beiden Bereichen steht der Mensch: Als Geistwesen ragt er in die Welt der Ideen hinein. Als Leibwesen gehört er dem Diesseits an und ist dessen Beschränkungen unterworfen. Er muss sich um das tägliche Brot, die Politik, den Krieg kümmern. So wird er ständig abgelenkt und dem Ideenreich entfremdet. Dabei läge seine Bestimmung gerade darin, mit den Ideen eins zu werden und mit ihnen zusammen ewig zu bleiben. Vor allem die Idee des Guten zieht den Menschen an sich heran. Denn er soll selber gut werden und auf diese Weise glücklich.

Und nun eben die Seele: Sie macht den *eigentlichen* Menschen aus. Und sie ist dadurch gekennzeichnet, dass sie die Ideen schon einmal geschaut hat, nämlich bevor sie auf die Welt und in einen Körper kam. In diesem Zusammenhang begegnet auch bei Platon die Wiedergeburtslehre nach orphischem Vorbild: Mit dem Ist-Zustand des Menschen, so räsoniert der Philosoph, stimmt etwas nicht. Es gibt keine unmittelbare Ideenschau mehr, keine unverstellte Nähe zum Guten und zur Wahrheit, kein bleibendes Glück. Was ist passiert? Der Seelensturz! Weil sich in den reinen Geistern die rechte Balance zwischen Vernunft und Begierde nicht halten konnte (so dass die Begierde größer und größer wurde), kam es zur Inkarnation, zur »Einfleischung«. Die Seelen fielen auf die Erde und verbanden sich mit Körpern, durch die sie wie gefesselt sind. Wollen sie ihr früheres Glück zurückerlangen, dann gibt es nur eines: Die Fesseln müssen gesprengt werden für den Neuanlauf nach oben – der freilich nicht mit einem Mal gelingt. Es gilt, sich die Freiheit systematisch zu erwandern. Denn erst wenn sich die Seele »in mehreren Leibern (als ihren Kerkern) bewährt« hat, kann sie »wieder aufsteigen in die oberste himmlische Region. Sie kann wieder als Gefährtin der Götter leben, frei von Körperlichkeit, der seligen Schau der ewigen Ideen hingegeben«.[43]

Leben und Tod sind also bei Platon auf die große Suchbewegung des menschlichen Geistes nach seinen Ursprüngen hingeordnet. Die Seele dürstet geradezu nach ihrer Rückkehr in das Reich der Ideen. Platon spricht von ihrer Sehnsucht, von ihrer »Sehnsucht nach Unsterblichkeit«.[44]

Dabei war der große Denker nicht als einsamer Weltverbesserer irgendwo am Strand des Meeres gesessen. Seine Lehre ging aus Gesprächen und Diskussionen hervor, die er mit Freunden und Schülern führte. Oft genug hatte sie sich an konkreten Anlässen entzündet. Was jedenfalls den Tod betrifft, so darf man die Schwerkraft *dieser* Welt bei Platon nicht unterschätzen. Denn er hat zu seinen schönsten Worten über die Unsterblichkeit gefunden, als er die letzten Tage seines Lehrers Sokrates beschrieb.

Sokrates war ja gelassen in den Tod gegangen. Warum? Er hatte es zumindest nicht ausgeschlossen, dass man sterbend gewinnen werde. Platon freilich will die Sache genau wissen und dementsprechend deutlich reden.

Er argumentiert scharf und hoch philosophisch, versetzt sich aber geistig in die Todeszelle des verurteilten Sokrates. Damit spielt er sich zwei große Vorteile ein: Zum einen fällt auf seine Thesen ein menschlich sehr anrührendes Licht. Zum anderen kann Sokrates *für ihn* reden; denn was Platon selbst meint, legt er dem verehrten Freund und Meister in den Mund. Das verleiht dem Gesagten zusätzliche Autorität.

Die Szenen im *Phaidon* – so heißt die mit dem Thema »Tod« befasste Schrift Platons – sind durchaus zeitlos gestaltet. Sie könnten sich so oder ähnlich auch heute noch abspielen. Denn da diskutieren Leute, die eher skeptisch sind, was die menschliche Unsterblichkeit betrifft, mit solchen, die sie verteidigen. Und während die einen, scheinbar ganz und gar vernünftig, keine Hoffnung sehen, verbindet Sokrates mit der Vernunft die Ahnung und kommt so zu einem ganz anderen Ergebnis.

Der zum Tod verurteilte Philosoph argumentiert vom inneren Wert des menschlichen Lebens her, das heißt, er tut es im Blick auf den Anspruch des Guten, des Ethischen in ihm. Da es diesen Anspruch offensichtlich gibt, wäre es unsinnig, wenn ihn der Tod unterlaufen würde. Die Sorge um einen reinen, auf das Gute bedachten Charakter besitzt für Sokrates einen höheren Stellenwert als die Jagd nach privatem Wohlbefinden. Ginge es nur um Vorteile in *diesem* Leben, hätte der Schurke alle Trümpfe in der Hand; der Gute zöge den Kürzeren. Aber so ist es nicht. Denn der Gute weiß, dass mit dem Anspruch des Ethischen die Wahrheit des unsterblichen Geistes selbst an die Tür seines Herzens klopft. Die menschliche Geist-Seele ist ja mit dem Guten, dem Wahren und Ewigen eng verschwistert. Mehr noch: Sie ist selbst gut, wahr und ewig. Deshalb kommt der Tod ihren ureigensten Interessen entgegen. Er bringt die Freiheit, die Trennung der Seele vom Körper und damit klare Verhältnisse: die Bestätigung der sittlichen Ordnung.

Mit diesem Grundbescheid geht Platon in der Person des Sokrates zum »Nachweis« über: Die Unsterblichkeit der Seele ist eine Tatsache. Man muss das Wort »Nachweis« jedoch mit Vorsicht nehmen. Es handelt sich nicht um einen naturwissenschaftlich-experimentellen Beleg nach heutigem Verständnis. Platons Sokrates bleibt bei seiner Wert schöpfenden Sichtweise. Er will andeuten, die Dinge plausibel machen. Er setzt auf praxisbewährte Annahmen und zieht zu diesem Zweck die Überlieferungen und Mythen der Alten heran. Dabei wusste Platon genau, dass ein letztes, für alle Welt zwingendes Argument unmöglich ist.

Trotzdem bleibt er unbeirrt: Es sei allgemein bekannt, lässt Platon den Sokrates erklären, dass alles, was existiert, auf sein Gegenteil verweist: Das Schöne wird erkannt, weil es Hässliches gibt, und das Ungerechte, weil man einen Begriff von der Gerechtigkeit hat. Daraus folgt: Auch das Leben und der Tod spielen einander zu.[45] Die einen sterben, die anderen werden geboren. Völlige Vernichtung gibt es also nicht. Wäre dies anders, müsste der Tod alles verschlingen und das Nichts herbeiführen – wogegen die Realität spricht; es *ist* ja etwas.

Dann geht Sokrates auf das Phänomen geistigen Begreifens ein: Der Mensch lebt in der Welt und hat mit Dingen zu tun. Er erkennt die Dinge und geht sachgerecht mit ihnen um. Wieso kann er das? Die Antwort: Er erinnert sich an die *Idee* der Dinge, und die Idee wurde von der Seele im Reich des reinen Geistes bereits geschaut. Es gab also erkennende Einsicht, die dem Aufenthalt hier und heute vorausging, sonst fände sich niemand in dieser Welt zurecht. Von daher sei »unabweislich klar«, wie Platon meint, dass »der Seele eine Existenz vor unserer Geburt zukommt«.[46]

Aber folgt daraus, dass sie *danach*, wenn der Tod dem irdischen Geschick ein Ende gesetzt hat, tatsächlich weiterlebt? Auch im Alten Griechenland gab es – wie heute – den bohrenden Verdacht, dass die Seele, »vom Körper getrennt, nirgends mehr ist, sondern an dem Tag umkommt und untergeht, an dem der Mensch stirbt«. Wird sie dann nicht wie eine Seifenblase »zerstoben und verflogen« sein?[47]

Dieser Einwand beschäftigt natürlich auch Platon, doch er weiß Rat. Und zwar argumentiert er im Blick auf den unterschiedlichen Charakter, der Körper und Seele bestimmt. Fleisch und Blut gleichen den Dingen dieser Welt; der Körper ist veränderlich, anfällig, grob stofflich und vor allem sichtbar. Die Seele hingegen ist unsichtbar. Sie gleicht eben nicht dem vergänglichen, veränderlichen Diesseits. Sie verkehrte ja mit den Ideen und trägt sie seither in sich. Sie gleicht deshalb dem Göttlichen und Unveränderlichen selbst, woraus sich folgern lässt, dass sie ihrer Natur nach unsterblich ist. Der Tod prallt an ihr ab – und steht ihr gerade so zu Diensten. Indem er die Seele vom Körper trennt, macht er den Weg für höheres, reineres Leben frei, vorausgesetzt natürlich, dass man das Seelenleben entsprechend kultiviert hat. Andernfalls kommt es zu einer neuen Geburt in einer neuen irdischen Gestalt. Die Seele leidet dann einmal mehr, da sie der Wahrheit weiterhin entfremdet bleibt.

Mit der unverstellten Wahrheitserkenntnis hat denn auch das folgende Argument zu tun: Solange Leib und Seele verbunden sind, bleibt alle Einsicht ungenau. Nehmen wir noch einmal unser Beispiel vom Kreis: Was zittrige Finger aufs Papier brächten, ist nichts im Vergleich zu dem, was der Geist bereits kennt. Die ungelenke Hand hält die Seele gleichsam an den Flügeln fest; als ein Wesen aus Fleisch und Blut ist der Mensch wie behindert. Der Tod schaltet diese Fehlerquote aus. Dann stellt sich Klarheit ein: umfassende Erkenntnis ohne Abstriche, ohne Makel.

Im Grunde deutet für Platon schon der Seelenbegriff an sich auf die Unsterblichkeit des Geistes hin. Wäre es möglich, »Feuer« zu sagen und im Feuer Kälte zu vermuten? Nein. So ist es auch hier: Die Seele und die Vergänglichkeit, das passt nicht zusammen. Deshalb bleibt es dabei: »Wenn der Tod an den Menschen herantritt, so stirbt aller Wahrscheinlichkeit nach das Sterbliche an ihm. Doch das Unsterbliche weicht dem Tod aus und eilt unversehrt und unvergänglich davon.«[48]

Der verwöhnte Tod: Ägypten

Schon der Name des Nillandes ruft in Sachen Tod eindrucksvolle Bilder wach: Pyramiden, Mumien, Totenbücher, kostbare Grabbeigaben. Warum ausgerechnet die Ägypter so aufmerksam und erwartungsvoll ins Jenseits geblickt haben, liegt wohl zunächst an den geogra-

phischen Besonderheiten ihres Landes: Nur schmale
Streifen an den Ufern des Nils sind fruchtbar und können besiedelt werden. Dahinter breitet sich ohne Über-
gänge die lebensfeindliche Wüste aus, wo sich von jeher
auch die Gräber der Toten befanden. Man wohnte also
in Ägypten mit dem Tod sozusagen in guter Nachbarschaft.

Ein anderer Grund: Als Großreich mit einer über
Jahrhunderte hinweg ziemlich stabilen Grenze musste
das Land kaum einmal Feinde von außen befürchten. Da
zudem durch die regelmäßigen Nilüberschwemmungen
der Lebensunterhalt des Volkes gut gesichert war, gab es
selten Hungersnöte. Generationen von Ägyptern hatten
sich faktisch nur mit dem »Tod selbst als dem großen
Feind« auseinanderzusetzen, »der sich dem dahinströ-
menden Leben permanent in den Weg stellt«.[49]

Dies geschah, ein dritter Grund, auf hohem kulturellen
Niveau. Denn ein anspruchsvoller Totenkult setzt ein
durchdachtes Menschenbild voraus, worüber das Pharaonenreich ohne Zweifel verfügte. Die Ägypter hatten
sich unter anderem Gedanken über das Zusammenspiel
von Körper und Geist gemacht sowie über die Struk-
tur des menschlichen Seelenlebens überhaupt. Auch die
Frage, was der Mensch seinem innersten Wesen nach sei,
war Gegenstand eingehender Überlegungen gewesen.

Das Sterben und das Grab

Wie so viele Dinge im Leben besaß auch der Tod am Nil
eine Außen- und eine Innenseite. Oder anders gesagt:
Gewohnheiten und Bräuche am Sterbebett und am Grab

gaben zu verstehen, wie man sich die Wirklichkeit hinter den Kulissen vorstellte.

Die Außenseite: Natürlich stand zunächst, wie auch sonst auf der Welt, die Trauer im Vordergrund, und in Ägypten wurde ausgiebig getrauert. Verwandte und Freunde eines Toten bestreuten sich mit Staub, klagten laut und schlugen sich auf die Brust. Frauen lösten sich das Haar und trugen es offen als Zeichen des Mitgefühls.

Und dann die Tage vor der Beisetzung. Die Stimmung der Trauergemeinde spielte nun schon in Richtung Feierlaune hinüber: Es gab Tänze und gemeinsame Mahlfeiern, der Tote galt als Ehrengast. Zuvor hatte man für die Mumifizierung des Leichnams gesorgt, die in der Hand von Experten lag. Sie kannten die religiösen Vorschriften, verfügten über das notwendige Handwerkszeug und nahmen dafür Geld. Nach der Höhe der Bezahlung richtete sich die Sorgfalt. Zur Wahl standen verschiedene Klassen mit unterschiedlicher Leistung, was faktisch dazu beitrug, dass soziale Schichtungen klar erkenntlich blieben. In jedem Fall aber wurden aus dem Toten die Eingeweide entfernt und in gesonderte Krüge gelegt; das Herz beließ man grundsätzlich im Körper.

Mit Binden umwickelt und Amuletten behängt kam der Verstorbene in den Sarg und schließlich ins Grab. Bei betuchten Leuten zeigte es reichen Schmuck und war angefüllt mit Gegenständen aller Art. Ein ganzer Hausrat umgab den Toten: »Da finden sich zunächst wirkliche Speisen und Getränke in großer Menge, aber auch nachgebildete: Gänsebraten aus Alabaster, Tische aus Kartonage mit einem ganzen Menü aus bemaltem Ton,

Weinkrüge und Milchnäpfe, die aber nicht gehöhlt sind, was offenbar bedeuten soll, sie mögen immer voll bleiben; ferner Waffen und Gewänder, allem Anschein nach aus dem Besitz des Verstorbenen, da sie Abnützungsspuren zeigen, leere Papyrusrollen, Reserveperücken, Toilettennecessaires, Musikinstrumente, Brettspiele, das Holzmodell eines Umhängebarts, sogar ein Buch mit obszönen Texten und Bildern.«[50]

Gehen wir von der Außenseite nach innen: Wozu das Schlagen auf die Brust, die Totenmähler, die Mumifizierung und der Berg an Grabbeigaben?

Die Trauer half, den Verstorbenen zu verabschieden, und sie diente der Empörung gegenüber dem Volksfeind Nummer eins – den man sich zugleich als Freund dachte. Aber so ist es nun einmal: Auch die zuversichtlichste Erwartung jenseitiger Herrlichkeit trägt nicht ohne weiteres darüber hinweg, dass der Tod geliebter Menschen schrecklich ist. Er schneidet ins Fleisch, und Trauer ist nur durch Trauer zu bewältigen. Wer das verdrängt, schadet sich sehr. Von Psychologie verstanden also die Ägypter etwas. Aber sie ließen der Trauer nicht das letzte Wort. Deshalb die Mumifizierung: An den Ufern des Nils hing alles daran, dass die körperliche Substanz von Verstorbenen möglichst lange unversehrt blieb. Dies galt als Zeichen fortdauernder Lebenskraft und erklärt die Freudentänze und Festmähler im Umkreis der Beerdigung sowie die vielen Grabbeigaben: Auf diese Weise wurde das Jenseits gefeiert, von dem man glaubte, dass sich darin die ganze Welt wiederfindet.

Hier taucht ein Motiv auf, das man aus vielen Kulturen kennt. Weil das Leben nach dem Tod weitergeht, wird die entsprechende Ausstattung gebraucht: Nahrungsmittel und Kleidung, dazu Waffen, Schmuck und Geld. In diesem Punkt dachten die Ägypter nicht sonderlich originell.

Bemerkenswert aber ist, wie hartnäckig sie dem Jenseits auf der Spur blieben. Hier fällt zunächst einmal ins Auge: Wiedergeburtsvorstellungen spielten kaum eine Rolle. Entscheidend erschien den Ägyptern viel eher die Sorge, wie man die neue Existenzweise der Toten sichern konnte. Ihre Mumifizierung hatte sich nicht zuletzt aus diesem Grund etabliert. Denn *mit* dem konservierten Körper lebte auch die Seele weiter, oder genauer ausgedrückt: Der umsorgte Leichnam galt als Stammsitz verschiedener Seelenkräfte, die ihn nach wie vor durchwohnen oder zeitweilig wieder verlassen konnten. Fleisch und Geist standen sich nach ägyptischer Auffassung nicht konträr gegenüber. Im Gegensatz zu den Griechen dachte man am Nil ganzheitlich. Der Mensch, das ist nicht das Materielle für sich allein, und das ist auch nicht die Seele für sich allein. Sondern: Jede konkrete Persönlichkeit wird sozusagen durch energetische Bündel charakterisiert. Elementare Kräfte verschiedenster Art stehen in einem beständigen Wechselspiel zueinander. Es handelt sich um Kräfte körperlicher wie geistiger Natur.

Leben rund ums Grab

Alltägliche Erfahrungen und Beobachtungen haben auch in Ägypten das philosophisch-religiöse Denken inspiriert. Zum Beispiel das Spiel von hell und dunkel: Wenn die Sonne scheint und ihr Licht schräg einfällt, entstehen

Schatten; das ist bei Dingen und Tieren wie auch beim Menschen so. Doch in seinem Fall hat es damit eine besondere Bewandtnis. Als genauer Umriss einer menschlichen Gestalt ist der Schatten zugleich Ausdruck und Teil der ihn werfenden Persönlichkeit. Noch heute sagt ein geflügeltes Wort, dass niemand über den eigenen Schatten springen könne. Das heißt: Ich kann mir zwar selbstkritisch gegenübertreten, aber mein Charakter legt mich bis zu einem gewissen Grad fest. Ähnliches geschieht durch meinen Körper, den Schatten der Seele; er *schafft* Persönlichkeit und ist zugleich der Ausdruck von ihr. Ich *bin* gewissermaßen mein Körper und damit so oder so charakterisiert; und ich bin es doch wieder nicht. Schließlich ist da noch sehr viel Tieferes.

In Ägypten hat man auf Grund solcher Einsichten »Sterbeforschung« betrieben. Was geschieht im Tod mit dem Menschen? Sein Schatten, so hieß es, macht sich selbstständig – jedoch nicht ein für alle Mal. Vielmehr kehrt er immer wieder zum Leichnam zurück, der ihm gleichsam als Basisstation dient. Sie sorgt für ein munteres Hin und Her, das sich unter anderem wie folgt gestaltet: In der Nacht weilt der Schatten, der die ihm wesensverwandte Dunkelheit liebt, beim Leichnam, um ihn zu beleben. Am Tag aber geht er von ihm weg und treibt sich »in der Unterweltsfinsternis herum«; der Körper bleibt starr zurück.[51]

Gehen wir einen Schritt weiter. Im ägyptischen Menschenbild spielt die Rede vom *Herzen* eine besondere Rolle: Das Herz ist sozusagen die Mitte einer Persönlichkeit. Es steht für ihr Gewissen und damit für die innere Ausrichtung auf das Göttliche. Zugleich spiegelt es das menschliche Wünschen und Wollen wider, wobei es auch zur Opposition gegenüber dem Göttlichen kommen kann. Wer sich zum besseren Verständnis am heute geläufigen Sprachgebrauch orientiert, liegt sicher nicht falsch. Man redet von Herzensangelegenheiten oder von dem, woran jemand sein Herz gehängt hat. Wer »mit dem Herzen« dabei ist oder »von Herzen« gratuliert, bringt sich selbst ein und erschließt sich liebevoll für andere. Auch die Bibel kennt diese Ausdrucksweise: Das Herz der Gläubigen schreit zu Gott, um seine Nähe zu erbitten. Dann wieder verschließt es sich vor ihm und wird hart, auch gegenüber dem Mitmenschen.

Nach ägyptischer Auffassung bringt der Tod zum Vorschein, was die Herzensangelegenheit eines Menschen gewesen ist. Das heißt, es wird Gericht gehalten. Es wird darüber befunden, was der Einzelne aus seinem Leben gemacht hat. Zu diesem Zweck landet das Herz – gedacht ist konkret an das fleischliche Organ – auf einer Waage. Das ist der Grund, warum bei der Mumifizierung zwar die Eingeweide, nicht aber das Herz entfernt werden. In ihm wohnt ja gewissermaßen der ganze Mensch; er muss sich im Tod verantworten und unter Umständen gegen sich selbst Anklage erheben.

Er kann sich allerdings auch für das Gericht wappnen. Diesbezüglich steht die trauernde Familie in der Pflicht: »Zum Schutz gegen nachteilige Äußerungen des eigenen Herzens legt man der Mumie einen so genannten Herzskarabäus um den Hals mit der (eingeschriebenen) Beschwörung, den Namen des Trägers vor den Totenrichtern nicht ›stinkend‹ zu machen.«[52] Magische Praktiken konnten also bei den Ägyptern verbergen, was buchstäblich zum Himmel stank. Im benachbarten Israel wäre so etwas – vor dem allwissenden und unbestechlichen Gott Jahwe – nicht mehr denkbar gewesen.

Der Schatten also und das Herz; sie sorgen dafür, dass die Lebensenergie eines Menschen im Tod nicht erlischt. Kräftige Unterstützung zu diesem Zweck kommt darüber hinaus von den Aktivitäten einer *Ba* genannten Kraft, worauf in der ägyptischen Bilderschrift der stilisierte Storch hinweist, der Seelenvogel. Im Ba begegnet uns eine Art Doppelgänger des Menschen, man könnte auch von einer Personifizierung seiner geistigen Aura reden. Analog zum Schatten bleibt der Ba eng auf den Körper bezogen. Zwar kann er ihn, etwa bei einer Ohnmacht, vorübergehend verlassen; nicht selten irrt er in der Nacht, wenn der Mensch schläft, frei herum. Doch er kehrt stets zurück. Denn der Ba braucht den Körper, und der Körper braucht den Ba. Erneut begegnet das ganzheitliche Denken der Ägypter, welches ihr Verständnis vom Leben danach so farbig macht: Der Mensch wird gleichsam als loderndes Energiebündel gesehen, in dem körperliche und geistige Funktionen ineinanderlaufen. Solange der Tod dieses Zusammenspiel nicht unterbricht, besteht kein Grund zur Resignation. Und damit zurück zum Ba:

Er stand für die nach außen gewandte Dimension der Seele, für ihre Sozialnatur, wenn man so will, und er nahm in der Regel durchaus eigenständige Konturen an. Diese Vorstellung leuchtet heute noch ein, denn: Wirken Worte und Taten nicht auch dann weiter, wenn die Person, von der sie ausgingen, gar nicht mehr zugegen ist? Wo immer ein Mensch auftrat – sein »Ich« behauptet sich auch ohne unmittelbar körperliche Präsenz. Was einmal gesagt und getan wurde, lässt sich nie mehr zurücknehmen, Gutes nicht und Schlechtes nicht. Durch unsere Lebensgeschichte entsteht sozusagen ein zweites Ich – eines, das durchaus eigene Wege geht und uns im rechten Augenblick wie eine andere Person gegenüberzutreten vermag. Es ist die Ausstrahlung von Männern und Frauen, die sich unweigerlich von den Individuen trennt und doch nicht ohne sie gedacht werden kann.

So also – in etwa – der Ba im Alten Ägypten. Er weist den Menschen als ein Wesen aus, das in dieser Welt verwurzelt ist und Spuren hinterlässt. Deshalb spült ihn der Tod nicht einfach mit sich fort. Der Ba hält die Verbindung mit der Vergangenheit aufrecht. Er kehrt immer wieder zum Leichnam und zu den irdischen Wirkungsstätten eines Toten zurück. Gleichzeitig weiß er sich im Jenseits beheimatet, wo er zum Gefolge des Sonnengottes gehört.

In diesem Zusammenhang ist noch einmal ein Wort über den Wechsel von Tag und Nacht zu verlieren, von dem vorhin schon die Rede war. Für das Alte Ägypten galt: Wenn über dem Nil die Nacht heraufzieht, erstrahlt in der Unterwelt der helle Tag. Umgekehrt wird es drunten dunkel, während oben das Leben erwacht. Hinter diesem Denken stand die Vorstellung, dass der Sonnengott mit seiner Barke den blauen Himmel entlangfährt, von dem es in der Unterwelt ein Gegenstück gibt. Zog also das Tagesgestirn über das Nilland hinweg, fehlte sein Licht bei den Toten. Versank es dann im Westen am abendlichen Horizont, brach in der Unterwelt die Morgenröte an.

Wo sich der Sonnengott auch befindet – die Bas der Menschen begleiten ihn. Indes: Die Bas *aller* Menschen, hüben wie drüben, tun das! »Wenn die Toten in der Unterweltsnacht schlafen, durchziehen ihre Bas mit der Sonne die Oberwelt (den Taghimmel). Wenn die Lebenden in der Oberweltsnacht schlafen, durchziehen ihre Bas mit der Sonne die Unterwelt.«[53]

Mit dieser Idee tritt der eigentliche Trost ägyptischer Jenseitsvorstellungen zu Tage. Denn das lodernde Energiebündel »Mensch« durfte sich immer schon als Bürger zweier Welten wissen. Die Tatsache, dass die geistbegabte Kreatur denken und arbeiten, sich also bewegen kann, galt als das herausragende Merkmal ihrer Lebendigkeit. Wie sich gezeigt hat, hörte die Bewegung mit dem Tod nicht auf. Warum also sollte er einen großen Einschnitt bedeutet haben? Es ist jedenfalls bezeichnend, dass man bei Mumifizierungen die kultische Geste der Mundöffnung vollzog. Auf diese Weise wurde die Mobilität eines Verstorbenen sichergestellt, die ja durch die straffe Bandagierung eingeschränkt schien. So kam auch rituell zum Ausdruck, dass der Tod niemanden daran hindert, mit dem Kreislauf von Tag und Nacht unermüdlich »auf Achse« und so im Kosmos geborgen zu sein.

Inwieweit sich die Einwohnerschaft Ägyptens tatsächlich vom Jenseitsglauben ihres Landes getröstet fühlte, ist freilich schwer zu sagen. Sicher ist man auch damals nur ungern gestorben. Selbst am Nil fehlte es nicht an Texten mit einer durchaus melancholischen Note. Die Furcht, es werde womöglich nie wieder hell werden, wenn die Augen erst einmal gebrochen sind, ist und bleibt eine übelwollende Schwester der Hoffnung. Trotzdem hatte sich in Ägypten bemerkenswert früh der Optimismus Bahn verschafft.

Das zeigen die ältesten, jenseitsbezogenen Aufzeichnungen, die man bislang je gefunden hat. Es handelt sich um so genannte Pyramidentexte aus dem dritten Jahrtausend vor Christus. Sie wurden von Priestern laut rezitiert, während man den toten Pharao in sein steinernes Grab legte. Nur das Beste steht ihm bevor, und es herrscht die Zuversicht, der König habe sich nunmehr zu den Göttern aufgeschwungen, um ihnen gleich zu sein. Schwerelos durchgleitet er den langen Weg nach oben, wo ihn offene Arme erwarten: »Wer fliegt, der fliegt; dieser König Phiops fliegt hinweg von euch, ihr Sterblichen. Er gehört nicht zur Erde, er gehört zum Himmel ... Dieser König Phiops fliegt wie eine Wolke zum Himmel, wie ein Reiher; dieser König Phiops küsst den Himmel wie ein Falke.«[54]

Nun, er war eben der König, könnte man sagen; seine angebliche Vergöttlichung wird kaum mehr als Propaganda gewesen sein. Doch Phiops bleibt im Himmel nicht allein. Auch seine Untertanen sind für die kommende Herrlichkeit bestimmt. So heißt es in dem zitierten Pyramidentext weiter: »O König Phiops! Wie schön ist dies! Wie schön ist das, was dein Vater Osiris für dich getan hat! Er hat dir seinen Thron gegeben, du herrschest über die mit verborgenen Sitzen, du führst ihre Ehrwürdigen, alle Verklärten folgen dir.«[55]

Ausgefeilte Lehren über die Seelenkräfte des Menschen und ihre Beziehung zum Körper fehlen hier. Aber man wagt das Große.

Der besiegte Tod: Auferstehung

»Die Hand des Herrn legte sich auf mich, und der Herr brachte mich im Geist hinaus und versetzte mich in die Ebene. Sie war voll von Gebeinen. Er führte mich ringsum an ihnen vorüber, und ich sah sehr viele über die Ebene zerstreut liegen, sie waren ganz ausgetrocknet. Er fragte mich: Menschensohn, können diese Gebeine wieder lebendig werden? Ich antwortete: Herr und Gott, das weißt nur du. Da sagte er zu mir: Sprich als Prophet über diese Gebeine und sag zu ihnen: Ihr ausgetrockneten Gebeine, hört das Wort des Herrn! So spricht Gott, der Herr, zu diesen Gebeinen: Ich selbst bringe Geist in euch, dann werdet ihr lebendig. Ich spanne Sehnen über euch und umgebe euch mit Fleisch; ich überziehe euch mit Haut und bringe Geist in euch, dann werdet ihr lebendig.

Da sprach ich als Prophet, wie mir befohlen war; und noch während ich redete, hörte ich auf einmal ein Geräusch: Die Gebeine rückten zusammen, Bein an Bein. Und als ich hinsah, waren plötzlich Sehnen auf ihnen, und Fleisch umgab sie, und Haut überzog sie. Aber es war noch kein Geist in ihnen. Da sagte er zu mir: Rede als Prophet zum Geist, rede, Menschensohn, sag zum Geist: So spricht Gott, der Herr: Geist, komme herbei von den vier Winden! Hauch diese Erschlagenen an, damit sie lebendig werden. Da sprach ich als Prophet, wie er mir befohlen hatte, und es kam Geist in sie. Sie wurden lebendig und standen auf – ein großes, gewaltiges Heer.«

Beschreibt dieser Text die Auferstehung der Toten? Wird der Tag kommen, da vermodertes Gebein ins

Fleisch zurückschlüpft? Wendet sich belebende Kraft erneut den Körpern zu? Und wenn nichts mehr von ihnen übrig ist? Falls doch, wird jeder Mensch mit dem richtigen, nämlich mit »seinem« Körper der Erde entrissen?

Für viele Zeitgenossen scheint die Vorstellung von der Auferstehung der Toten unlösbar mit solchen Fragen verknüpft zu sein. Aber es geht in Wirklichkeit um sehr viel Tieferes. Und der eben zitierte Text, der seinem Kern nach aus dem sechsten Jahrhundert vor Christus stammt, versteht sich keineswegs als reißerische Reportage über die Wiederbelebung längst zerfallener Knochen. Er gehört einem prophetischen Buch des Alten Testaments an und richtet sich an das Volk Israel angesichts einer politisch ausweglosen Lage. Den verzweifelten Hebräern wird neuer Mut zugesprochen: Mag die Bedrängnis für den Augenblick auch übergroß sein; Gott kennt die Not und wird sie beenden. Dann fällt auf Israel wieder das Glück. Sein Horizont weitet sich, und es ist, als wäre das Gottesvolk vom Tod ins Leben hinübergegangen.[56]

Weniger bildhaft wurde außerhalb Israels von der Auferstehung der Toten gesprochen, und zwar im Alten Iran. Hier sind die Stichworte *Zarathustra* und *Parsismus* zu nennen.

Zarathustra soll Priester und Sänger gewesen sein. Man weiß nicht genau, wann er gelebt hat; vermutet wird der Zeitraum zwischen 1000 bis 600 vor Christus. Jedenfalls sind unter seinem Namen Botschaften – Gesänge – überliefert, die später auf das religiöse System des persischen Parsismus einwirkten.

Durch einen Engel habe Zarathustra von der Existenz des guten Gottes Ahura Mazda erfahren. Dieser werde ein Lichtreich herbeiführen, dem sich der Mensch durch hohe Gesinnung und den entschiedenen Kampf gegen das Böse anschließen könne. Man müsse freilich sofort für Ahura Mazda Partei ergreifen, selbst wenn dies den Tod bedeuten sollte; der Gewinn sei ungleich größer: »Heil und Unsterblichkeit durch des Guten Geistes Werk« wird den treuen Kämpfern in Aussicht gestellt.[57] Deutet das auf ihre Auferstehung? Soweit sich den Gesängen Zarathustras Konkretes entnehmen lässt, ist an ein göttliches Gericht am Ende der Zeit gedacht. Von daher liegt die Vermutung nahe, dass einzelne Persönlichkeiten so vor den Lichtgott hintreten werden, wie sie geschaffen wurden: als Menschen aus Fleisch und Blut. Zarathustra scheint mit dem zukünftigen Gericht die grundlegende Erneuerung und Verwandlung der ganzen Welt erwartet zu haben. Von deren »Wunderbarmachung« ist die Rede.[58]

Der spätere Parsismus wird etwas deutlicher: Nach dieser Welt kommt eine andere, in der es keinen Tod mehr gibt. Es fallen aufmunternde Worte: »Die Toten werden wieder auferstehen. In ihren leblosen Körpern wird das körperliche Leben wieder erneuert werden.« Oder: »Wenn die Toten auferstehen, dann wird kommen der Lebendige ohne Verderben, nach Wunsch wird das Leben ›verklärt‹ gemacht werden.«[59]

Die Vorstellungen bleiben immer noch vage. Doch es gibt andere, bedeutend jüngere Texte im persischen Parsismus, die sich völlig sicher sind. Ihr Augenmerk gilt einer gottnahen Rettergestalt, die das kommende Glück der Toten gewährleisten soll – es handelt sich wohl um den eben erwähnten »Lebendigen ohne Verderben«: Er rüttelt die Toten buchstäblich wach, und sie stehen auf. Dann nehmen jene, die als Erwachsene oder Hochbetagte gestorben sind, das Alter von vierzig Jahren an, Jüngere bleiben für immer fünfzehn. Es folgt das Gericht und die Scheidung von Gut und Böse. Alle Auferweckten, für die das Urteil positiv ausfiel, begrüßen sich froh und freuen sich ihrer neuen Blüte. Wie konnte so etwas denkbar sein?

Die Grundlage des verheißenen Heils ist die Schöpferkraft des »weisen Herrn«. Ahura Mazda erneuert nämlich durch das große Gericht und die Totenauferweckung sein früheres Werk. Wie er das macht und warum es ihm keinerlei Probleme bereitet, erklärt der Lichtgott, parsistischen Überlieferungen zufolge, so: »Bedenke: Wenn ich damals das, was noch nicht war, erschaffen habe, warum sollte es nicht möglich sein, das, was gewesen ist, noch einmal hervorzubringen? Denn in jener Zeit werde ich vom Geiste der Erde die Gebeine, vom Wasser das Blut, von den Pflanzen die Haare, vom Winde das Sein nehmen, so wie sie es bei der ersten Schöpfung erhielten.«[60]

Dieser Hinweis, dass der Schöpfergott das Werk seiner Hände mühelos zu erneuern vermag, wird das Hauptargument bleiben, wann immer von der Auferstehung der Toten die Rede ist. Und damit sei noch einmal auf den Glauben der Hebräer, auf das Volk Israel, zurückgelenkt. In seiner Frühzeit weiß es nur vom Dämmerzustand der modrigen Scheol. Später freilich nimmt die Erwartung Israels optimistischere Züge an, und sie deutet ganz entschieden in Richtung Auferstehung.

Die Bibel erzählt: Während einer grausamen Verfolgungszeit erleiden sieben Brüder wegen ihres Bekenntnisses zu Jahwe den Tod. Zuvor foltert man sie auf übelste Art, um ihre Glaubensstärke zu brechen. Auf die Peitsche folgt das Hackmesser, dem Nase und Ohren, Hände, Füße und Zunge, dann noch die Haut und die Haare zum Opfer fallen. Schließlich lässt man siedendes Wasser und glühende Roste sprechen. Aber keiner der Brüder gibt nach. Sie sind überzeugt: Gott wird, wenn er seine Getreuen von den Toten auferweckt, jeden Verlust ersetzen.

Ebenso standhaft wie die jungen Märtyrer bleibt ihre Mutter, die gezwungen wird, bei den Torturen zuzusehen. Auch sie rechnet mit reicher göttlicher Huld am Tag der Auferstehung. In diesem Sinn redet sie dem jüngsten der Brüder zu, der als Letzter dem Folterknecht übergeben wird: »Ich bitte dich, mein Kind, schau dir den Himmel und die Erde an; sieh alles, was es da gibt, und erkenne: Gott hat das aus dem Nichts erschaffen, und so entstehen auch die Menschen. Hab keine Angst vor diesem Henker, sei deiner Brüder würdig, und nimm den Tod an! Dann werde ich dich zur Zeit der Gnade mit deinen Brüdern wiederbekommen.«[61]

Die Zukunft der Toten in Gott ist hier mit aller Klarheit individuell und leiblich gedacht: Es wird nicht bei der Verstümmelung und schon gar nicht bei der ungerechten Ermordung bleiben. Denn Gott greift ein. Und die Vergeltung, die er bringt, betrifft den ganzen, unverwechselbaren Menschen. Sie rettet ihn buchstäblich mit Haut und Haaren.

Parallelen zum iranischen Parsismus sind offensichtlich. Aber es tut wenig zur Sache, wie die Gedanken voneinander abhängen. Entscheidend ist der neue Grundton,

der sich mit der Auferstehungshoffnung im Stimmenge-
wirr früher Kulturen vernehmbar macht. Er schwingt bis
heute weiter. Worin liegt das eigentlich Charakteristische, das mit ihm zum Vorschein tritt?

Ein erster, entscheidender Punkt wurde eben genannt:
Die Auferstehung der Toten zielt auf jeden *einzelnen*
Toten, und sie verheißt ein Leben in voller, erneuerter
Leiblichkeit. Wie wir sahen, gab es sowohl im jüngeren
persischen Parsismus als auch im späten Israel ziemlich
handfeste Vorstellungen. Was freilich den Umgang mit
dem konkreten Leichnam betraf, so hat man durchaus
unterschiedliche Konsequenzen aus der vergleichbaren
Überzeugung gezogen. Kommt es tatsächlich auf die
leblose, verfallende Hülle an – auf den abgeschnittenen
Finger, auf das verlorene Bein?

Im Alten Iran wurde das verneint. Man tat im Gegenteil alles, damit der entseelte Körper möglichst vollständig verrottete. Dafür sorgten die »Türme des Schwei-
gens«: Auf erhöhten Plätzen wurden Verstorbene der
frischen Luft ausgesetzt und auf diese Weise Wind und
Wetter sowie dem Fraß der Vögel anheimgegeben. Das
»Fleisch« des vergangenen Lebens sollte Platz machen
für den verklärten Leib in der kommenden Welt. Niemand dachte also an die maßstabgetreue Restauration
des einmal Gewesenen; man erwartete eine grundlegende
Neuschöpfung.

Die Identität der Toten blieb gleichwohl unangetastet:
Jede einzelne, unverwechselbare Persönlichkeit tritt als
sie selbst in das neue Leben ein. Dafür sorgt die Schöpfermacht des »weisen Herrn« und sein untrügliches Gedächtnis. Immerhin wird über die Auferweckten Gericht

gehalten; wären sie im Augenblick der großen Vergeltung andere als zuvor, könnte von Recht und Gerechtigkeit nicht die Rede sein.

Auch Juden und Christen setzen bis zur Stunde auf die bleibende Identität der Auferweckten. Aber sie legen auf die sterblichen Überreste ihrer Schwestern und Brüder einen gewissen Wert. Bekannt ist die alte jüdische Überlieferung, dass ein bestimmter Knochen der Wirbelsäule, der so genannte »Unsterblichkeitsknochen«, unverweslich sei. Aus ihm werde einst der neue Mensch, das neue Fleisch und Blut hervorgehen. Analog dazu hat sich bei Christen römischer wie byzantinischer Prägung die Verehrung von Reliquien herausgebildet. Ganze Skelette wurden in Samt und Seide gefasst und auf Altären zur Schau gestellt. Noch bis ins zwanzigste Jahrhundert hinein war für Katholiken die Feuerbestattung untersagt gewesen; man hätte sie als Demonstration gegen den Glauben an die Auferstehung der Toten missdeuten können (was denn auch tatsächlich geschehen war).

Zur schlechthin unerlässlichen Voraussetzung für Gottes lebenspendende Großzügigkeit wurden Reliquien im Christentum freilich nie erklärt. Dafür hatte schon der Apostel Paulus gesorgt, der in der Auferstehung der Toten nichts Magisches sehen wollte und deshalb der gröbsten Naivität einen Riegel vorschob. »Fleisch und Blut«, schrieb er den Christinnen und Christen der Stadt Korinth, »können das Reich Gottes nicht erben«, denn: »Gesät wird ein irdischer Leib, auferweckt ein überirdischer.« Was nämlich »gesät wird, ist verweslich, was auferweckt wird, unverweslich«.[62] Zukunft für Leib und Seele verbürgt auch nach Paulus Gottes Schöpfermacht allein; sollte sie an Grenzen stoßen, nur weil von einem Toten nichts mehr übrig ist?

Gemeinsamkeiten weisen parsistische und jüdisch-christliche Traditionen auch hinsichtlich einer verheißenen Rettergestalt auf. Hier zeigt sich das zweite charakteristische Merkmal der Hoffnung auf die Wiederbelebung der Toten. Ich blende noch einmal zurück: Man hatte in Persien vom »Lebendigen ohne Verderben« gesprochen. Gemeint war eine Art Weltheiland, der auch einen bestimmten Namen trug: Soshans oder Saoshyant. Er galt als geheimnisvoll aus einer Jungfrau geborenes Wesen, und seine Aufgabe bestand gerade darin, der glorreichen Rückkehr der Verstorbenen zum Licht den Weg zu ebnen. Die genauen Umstände seiner Mission sind nicht entscheidend, aber worauf es ankommt, ist dies: Der Glaube an die Auferstehung der Toten war von jeher mit einer kontaktbetonten, gewissermaßen dialogischen Note versehen. Das heißt: Auferstehung bedeutet grundsätzlich *Auferweckung*. Die Toten kehren nicht von sich aus ins Leben zurück. Ein anderer handelt an ihnen – in Vollmacht und Liebe. Für Gläubige aus Persien hieß dieser andere Ahura Mazda oder Soshans. Israeliten hingegen vertrauten ganz auf ihren Gott Jahwe, von dem sie wussten, dass keiner ihm gleicht. Er hatte, nach christlicher Überzeugung, als ersten aller Menschen den Galiläer Jesus aus Nazaret mit Unvergänglichkeit bekleidet. Dieser ist seitdem selbst als »Sohn Gottes in Herrlichkeit« Adressat inniger Gebete. Denn durch ihn soll die ganze Menschheit ihr ewiges Ziel erreichen; davon handelt der dritte Teil dieses Buches. Für den Moment sei herausgestellt: Wer an die Auferstehung der Toten und damit an ihre Auferweckung glaubt, bindet die Zukunft an einen persönlichen Gott – an nichts und niemanden sonst. Das Zeugnis der Religionsgeschichte ist hier lehrreich genug.

Im Übrigen hat die Erwartung endzeitlicher Mittlergestalten kaum etwas zu tun mit dem in vielen Kulturen bis heute verbreiteten Schamanismus oder den daoistischen Unsterblichkeitspropheten aus dem Alten China.

Schamanen sind Jenseitsexperten, Charismatiker der Totenwelt sozusagen, in der sie als Jenseitsreisende im wahrsten Sinn des Wortes bewandert sind. »Die großen Schamanen, so glaubt man, sind jede Nacht außerhalb ihres Körpers, sie besuchen den Himmel und erfahren alles, was sie wissen wollen. Diese Menschen sind Zentren der religiösen Praxis, so dass durch sie deutlich gemacht werden kann, in welcher Weise sich das Jenseits darstellt. Inmitten einer feindlichen Umwelt sind sie der einzige Halt. Übernormale Medizinen, die sie verteilen, bilden den Wall, hinter den sich die Verlassenheit eines ständig bedrohten Lebens flüchtet.«[63]

Dass man sich in der so reichen Kultur Chinas über den Tod und seine Bewältigung den Kopf zerbrach, dürfte selbstverständlich sein. Der Philosoph Konfuzius hatte bereits Jahrhunderte vor Christus tiefblickend gelehrt, dass der Himmel schon auf Erden beginne, wenn sich die Menschheit nur human genug verhalte und den Einklang mit dem Kosmos und dessen ethischer Ordnung suche. Das Auftreten dieses Mannes war, obwohl es auch auf glattes Unverständnis stieß, beeindruckend gewesen, und die Nachwelt umgab den großen Lehrer Asiens mit der Aura eines Welterlösers. Später musste sich der

Konfuzianismus in China vorübergehend zurückziehen, und zwar zu Gunsten buddhistischer und daoistischer Ideen. Letztere kreisten sehr intensiv um das Problemfeld »Tod«, oder besser gesagt: Ihr Interesse zielte auf Lebensverlängerung und Unsterblichkeit. »Der Körper wurde als Mikrokosmos angesehen, der dem Makrokosmos des Universums nachgebildet und von einer Vielzahl von Seelen und Göttern belebt ist.«[64] Um ihn zu bewahren, suchte man nach einem Elixier, das den Verfall aufhalten sollte. Daoistische Heilige, die *Unsterblichen*, galten als hilfreiche Geister; sie wussten um die Rezeptur der begehrten Arznei und konnten in der Angelegenheit befragt werden. Manche von ihnen stiegen ebenfalls zu Erlöserfiguren auf.

Deren Funktion ist, wie gesagt, mit Denkmustern aus dem Iran und dem biblischen Israel kaum vergleichbar. Aber: Schamanistische Überlieferungen bezeugen auf ihre Weise, dass sich der Mensch nicht nur vom Diesseits her verstehen lässt. Und der Daoismus lehrt, dass er es wert sei, für immer zu bleiben. So werden auch hier kraftvolle Zeichen der Hoffnung gesetzt.

ZWEITER TEIL

Die Religionen

Den großen Glaubensgemeinschaften der Menschheit gehören heute mehrere Milliarden Gläubige an, und zwar rund um den Globus verstreut. Natürlich stellt die Jenseitshoffnung derart vieler Menschen für ein Buch wie dieses eine beträchtliche Herausforderung dar, was mich im Blick auf das nächste Kapitel zu drei kurzen Vorbemerkungen veranlasst.

Zunächst: Trotz unterschiedlicher Namen ist nicht gesagt, dass es zwischen den führenden Religionen dieser Erde keine Verbindung gäbe. Das Gegenteil ist der Fall: Sie sind weitgehend miteinander verzahnt. Man stößt auf vergleichbare Inhalte und historische Abhängigkeiten. Die Überzeugungen von Hindus und Buddhisten zum Beispiel weisen eine enge Verwandtschaft auf; genauso steht es mit dem Judentum, den christlichen Kirchen und dem Islam. Andererseits hat jede Glaubensgemeinschaft ihren eigenen Charakter. Was ähnlich klingt, kann sehr Verschiedenes bedeuten. Dazu tritt, dass die moderne Weltreligion eine lange Entwicklungsgeschichte durchlaufen hat und auch widersprüchliche Meinungen kennt. Es ist deshalb – bei der gebotenen Kürze – unmöglich zu sagen, was *der* Buddhismus oder *der* Islam lehrt. Viele Hinweise werden der Einfachheit halber skizzenhaft bleiben.

Dann: Mit der gegenwärtigen Globalisierung sehen sich die Religionen in ganz neuer Weise aneinanderge-

rückt; die Zeiten, da man vor dem Fremden und Unge-
wohnten die Augen verschließen konnte, sind vorbei.
Schon von daher gibt es für den so genannten interreligi-
ösen Dialog keine Alternative: Glaubende unterschiedlicher Richtungen schulden sich Interesse und Respekt.
Ungeachtet aller Unkenrufe, die das Gegenteil wollen,
ist das Gespräch inzwischen voll im Gang. Es verläuft
nach bestimmten, eigens erarbeiteten Regeln, etwa der
folgenden: Worum es einer Religion wirklich geht, kann
maßgeblich nur beurteilen, wer sie *lebt*, wer sich also Tag
für Tag nach ihr ausrichtet. Oder anders gesagt: Nur
Gläubige kennen ihre Religion von innen – und kennen
sie damit am besten. Dennoch wage ich in diesem Buch
ein Urteil als Christ. Ich schreibe erstens aus der Überzeugung heraus, dass es hinsichtlich zentraler Fragen
des Lebens eine weltweite Vergleichbarkeit der Empfindungen und Motive gibt. Ich schreibe zweitens als
christlicher Theologe, den gerade das eigene Glaubens-
verständnis auf die anderen Religionen verweist. Es wäre
kurzsichtig und falsch, den Gott *aller* Menschen nur mit
einem Bruchteil der Weltbevölkerung in Verbindung
zu bringen. Der Blick auf den gekreuzigten und auferstandenen Jesus von Nazaret unterstreicht – jedenfalls
für mich – Gottes selbstvergessene Liebe zu jedem Geschöpf. Kann es also belanglos sein, wie, wo und wann
sich menschliches Hoffen äußert? Ich meine nicht.

Und die letzte Vorbemerkung: In jeder Weltreligion
begegnet uns ein wahres Universum an Erfahrung und
Weisheit. Deshalb lässt sich die Frage nach Tod und
Jenseits nur mit Rücksicht auf das Gesamtbild einer bestimmten Glaubensvorstellung klären. Aussagen zum

Thema sind unlösbar mit Appellen verwoben, denen es um sehr viel mehr geht als nur um den Tod und die Zukunft danach. Religionen sind schließlich keine Orakel zur Stillung endzeitlicher Neugier. Sie wollen Glauben wecken. Sie wollen zur Umkehr und zur Hingabe anleiten. Nur so wird man ihnen überhaupt gerecht. Leider kann ich auf den zur Verfügung stehenden Seiten bezüglich Lehre und Sitte einer Religion nur das Allernötigste besprechen. Und dass die Art und Weise meines Zugriffs von *europäischer* Denkart durchherrscht bleibt, gebe ich offen zu. Aber eine frei schwebende Betrachtungsweise religiöser Anliegen gibt es nicht; sie wäre auch nichtssagend.

SEHNSUCHT NACH DEM EWIGEN.
DER HINDUISMUS

»Im Hinduismus erforschen die Menschen das göttliche Geheimnis. Sie bringen es mit einem unerschöpflichen Reichtum an Mythen und tiefschürfenden philosophischen Versuchen zum Ausdruck. Sie suchen zugleich durch asketische Lebensformen, durch tiefe Meditation oder die liebende Zuflucht zu Gott nach Befreiung von der Enge und Beschränktheit unserer Lage.«[1]

Knapp und bündig hat mit diesen Worten eine Versammlung christlicher Bischöfe den Hinduismus beschrieben. Das geschah nicht aus wissenschaftlichem Interesse, sondern weil man sich mit den über 800 Millionen Männern, Frauen und Kindern, die heute Hindus sind, solidarisch erklärte. Bei der Ausschau nach dem »göttlichen Geheimnis« ziehen Christen und Hindus offensichtlich am gleichen Strang. Dabei setzen die einen auf das Evangelium, während sich die anderen an »Mythen und philosophische Versuche« halten. Mit ihrer Hilfe wird im Fernen Osten die Frage aller Fragen ständig umkreist. Der Hinduismus beherbergt Erzählungen über Götter und Helden, Legenden aus uralter Zeit, gedanklich hoch verfeinerte Lehrsysteme, Spruchsammlungen und heilige Formeln (die berühmten Mantras); dazu Gebete, Preislieder, Kultvorschriften, Beschwörungsriten und persönliche Glaubensbekenntnisse verschiedenster Art.

Das große Thema:
Seelenwanderung

Weil sich das göttliche Geheimnis niemals zeigt, ohne dass der Mensch darin einbezogen wäre, fragt der Hinduismus auch sehr intensiv nach ihm: Wie findet das geistbegabte Geschöpf seine letzte Bestimmung? Wie kann es dort zur Ruhe kommen, wo wirklich Ruhe herrscht, wo alles für immer Bestand hat?

Gläubige Hindus erwarten die entscheidende Wende weder in diesem Leben noch unmittelbar nach ihrem Tod. Diesseits und Jenseits – für Hindus nur die zwei Seiten einer Medaille – wirken aufeinander ein. Das Leben hier bedingt das Leben dort und umgekehrt. Konkret: Wer geboren wird, tritt nicht völlig neu ins Dasein. Jeder Mensch kommt aus dem Jenseits auf die Welt. Aber auch im Jenseits lebte der Mensch nicht von jeher. Er hat es betreten, nachdem er zuvor bereits auf *dieser*

Welt existierte – die Seelenwanderung also! Sie hält einen kosmischen Kreislauf in Gang, der Leben und Tod immer wieder von neuem auferlegt. Man wechselt in einem fort: von hüben nach drüben, vom einen Leib in den anderen, vom Dasein als Mensch zum Dasein als Tier oder als Gott – je nachdem. Doch mehr dazu später.

Erlösung, nämlich Ruhe, innere, beglückende Beständigkeit bringt jedenfalls keine Lebensform dieser Art. Solange der Kreislauf unablässigen Werdens und Vergehens anhält, ist die Seele zur Wanderschaft gezwungen. Und überall findet sie nur »Enge und Beschränktheit«; nirgendwo gibt es Halt. Dem Diktat der stetigen Veränderung ist ja auch die absehbare Zukunft unterworfen. Sie bringt den Tod und sie bringt neues Leben; sie bringt den Wieder*tod* und die Wieder*geburt*.

Doch wohlgemerkt: Wenn aus dem Tod neues Leben entsteht, so ist damit nicht gesagt, dass schon der Sterbemoment selbst zur nächsten Verkörperung führt. In diesem Fall könnte schwerlich von einem Jenseits des Todes die Rede sein. Denn jenseits der letzten Stunde läge ja nichts anderes als wiederum ein Leben auf *dieser* Welt. So gesehen aber gäbe es *nur* diese Welt – in der sich nacheinander (und natürlich auch nebeneinander) Schicksal an Schicksal reiht.

Dass die Sachlage viel komplexer ist, hängt mit der Entstehungsgeschichte des Hinduismus zusammen: In der frühvedischen Zeit Indiens, als diese mehr als viertausendjährige Religion noch in den Kinderschuhen steckte, galt das Jenseits als ein in sich geschlossenes Totenreich. Sterbend ging man in ein anderes Dasein hinüber und erfuhr dort Lohn oder Strafe. Natürlich mussten die Voraussetzungen stimmen: pietätvolles Verhalten der Hinterbliebenen, entsprechende Gebete und Opfer, vor allem die angemessene Bestattung. In der Regel wurden die Toten verbrannt. Denn es herrschte die Auffassung vor, dass sich die Totenwelt hinter dem Taghimmel befinde, der augenscheinlich eine große, leuchtende Öffnung aufweist, die Sonne. Gleichsam als kosmisches Feuertor gab sie den Blick und zugleich den Weg in die jenseitige Lichtherrlichkeit frei. Die Toten mussten also, sollte ihnen der Zutritt zum Jenseits gelingen, buchstäblich der Sonne gleich gestaltet werden – konkret: Sie mussten in Flammen aufgehen.

Ihre Reise nach oben war damit allein aber noch nicht gesichert. Das weltweit verbreitete Motiv der gefahrvollen und beschwerlichen Wanderung taucht auch im frühen Hinduismus auf. Zum Beispiel begegnet uns das so eingängige Bild des Grenzflusses wieder, der hüben und drüben streng voneinander scheidet. Sobald sich die Seele ihm nähert, greifen gefährliche Hunde an. Sie hören auf den Totengott Yama und verlangen zu ihrer Besänftigung die Nieren eines geschlachteten Rindes, die man vor der Verbrennung dem Toten in die Hände zu geben hatte. Im Übrigen gelang der endgültige Zutritt ins feuerglänzende Totenreich erst nach geraumer Zeit, etwa nach einem Jahr. Zuvor glaubte man die Verstorbenen noch in unmittelbarer Nähe ihrer ehemaligen Wohnsitze. Als Hungergespenster, *Pretas* genannt, zehrten sie vom Ahnenopfer der Hinterbliebenen. Für dessen vorschriftsgemäße Durchführung zeichnete der jeweils älteste Sohn eines Verstorbenen verantwortlich, was Kinderlosigkeit als schlimmen Fluch erscheinen ließ.

Von seinen frühen Wurzeln her wohnt also dem Hinduismus ein sehr klares, geradliniges Jenseitsverständnis inne: Nach dem Aufenthalt des Menschen in *dieser* Welt folgt, sobald die Zeit als Preta sowie der beschwerliche Weg in Yamas Reich bewältigt ist, der Aufenthalt drüben. Doch als sich später die Lehre von der *Seelenwanderung* in den Vordergrund schob, kam es zur Kombination von linearen und zyklischen Jenseitsvorstellungen. Das heißt: Die Erwartung, es gebe nach dem Tod eine neue Existenz hinter dem Firmament, verschmolz mit der Ansicht, die Verstorbenen kämen in veränderter Gestalt erneut auf *diese* Welt zurück. So ergab sich – zunächst einmal ganz schematisch gesagt – das folgende Bild:

Wenn ein Mensch stirbt, führt seine Reise in ein jenseitiges Totenreich, das ihm vorübergehend als Wohnstätte dient. Er wird geprüft, geläutert, gestärkt, verwöhnt oder auch gequält. Doch dann setzt der »Tod im Jenseits« ein, und im Diesseits erfolgt eine neue Geburt – die natürlich abermals dem Tod in die Hände spielt. Der Kreislauf des Werdens und Vergehens gewährt also gewisse Verschnaufpausen; doch sein Ende ist unabsehbar.

Wohin geht die Reise?
Der Mond als Seelenwächter

Da man in Indien gern auf Mythen und Symbole setzt, die in bunter Fülle seit langer Zeit im Umlauf sind, sei das Gesagte entsprechend illustriert. Dazu mag ein Text aus der Mitte des ersten Jahrtausends vor Christus hilfreich sein: die Kaushitaki-Upanishad. Es handelt sich um eine philosophisch-religiöse Schrift, für die das erwähnte Ineinander linearer und zyklischer Jenseitsvorstellungen typisch ist. Und auch für sie war der Blick nach oben von einiger Bedeutung. Denn der Wiedergeburtsglaube ließ sich wie die Vorstellung vom Jenseits, als dessen Tor die Sonne galt, gleichfalls vom Himmel ablesen. Nur steht diesmal nicht das Taggestirn, sondern der König der Nacht, der Mond, im Mittelpunkt der Aufmerksamkeit.

Der Kreislauf seines Zu- und Abnehmens hatte mächtig auf die Gemüter eingewirkt: Warum ist der Mond einmal größer und einmal kleiner? Warum dieses ständige Hin und Her? Es wohnen die Toten darin, so hieß es: Wenn der Mond zunimmt, sammeln sich die Seelen wie in einem riesigen Bauch; er wird breit und rund. Wenn er wieder abnimmt, speit er die Seelen aus, und sie kehren in neuen Körpern auf die Erde zurück.

Manchen jedoch steht ein anderes Schicksal bevor: Sie reisen vom Mond aus weiter und kommen dorthin, wo der Kreislauf von Tod und Sterben, von Wiedertod und Wiedergeburt endet. Die Erlaubnis für diesen Aufstieg hängt von einer Prüfung, einer Art Verhör ab, welches vorher im Mond erfolgt. Doch halten wir uns an den Wortlaut der Kaushitaki-Upanishad: »Alle, die aus dieser Welt abscheiden, gehen (zunächst) sämtlich zum Mond; durch ihre Leben wird seine zunehmende Hälfte angeschwellt, und vermöge seiner abnehmenden Hälfte befördert er sie zu einer (abermaligen) Geburt. Aber der Mond ist auch die Pforte zur Himmelswelt, und wer ihm auf seine Fragen antworten kann, den lässt er über sich hinausgelangen. Hingegen wer ihm nicht antworten kann, den lässt er, zu Regen geworden, hinabregnen. Der wird hienieden, sei es als Wurm oder als Fliege, oder als Fisch, oder als Vogel, oder als Löwe, oder als Eber, oder als Beißtier, oder als Tiger, oder als Mensch, oder als sonst etwas, an diesem oder jenem Ort wiederum geboren, je nach seinem Werk, je nach seinem Wissen.«[2]

Natürlich darf man diesen einen Text nicht für das Ganze nehmen. Denn die hinduistische Gedankenwelt ist alles andere als einheitlich oder klar durchschaubar – wie es sich überhaupt verbietet, von einer hinduistischen Lehre im Singular zu reden. Auf dem indischen Subkontinent sind mehr als anderswo verschiedenste Strömungen, Gedankenelemente und Traditionen gesammelt und ohne Ausgleich nebeneinandergestellt worden. Dann wieder flossen Mythen, Bilder und Götterlegenden ineinander, so dass sie sich jeweils stark veränderten. Aus altehrwürdigen Philosophien wuchsen modernere hervor; man hat kombiniert, umbenannt, hinzugefügt, neu erzählt und auf diese Weise den hinduistischen Glaubenskosmos ständig erweitert. Diese schillernde, völlig duldsame Vielfalt macht den Zauber Indiens aus, wo nach wie vor die meisten Hindus leben.

Dass es auch hinsichtlich Sterben und Tod sehr viele, durchaus unterschiedliche Vorstellungen gibt, ist also selbstverständlich – wenngleich an der Wiedergeburtslehre allseits festgehalten wird. Dabei haben gläubige Hindus trotz ihrer nahezu unbegrenzten Aufnahmefähigkeit für Bilder und Namen an Einzelheiten wenig Interesse. Viele Fragen lässt man einfach offen: Ob und wie schnell ein Mensch zur Erde zurückkehrt; ob die Wiedergeburt als Ameise, Vogel oder privilegierter Priester (als Brahmane) erfolgt; ob Jahrhunderte oder Jahrtausende ins Land gehen, bis eine Seele zur Ruhe kommt – niemand kann es wissen.

Entscheidend aber ist: Der Kreislauf von Wiedergeburt und Wiedertod muss irgendwann sein Ende finden. Es darf nicht sein, dass er für immer so weitergeht. Wiedergeboren zu werden ist ein Fluch. Die dauernde Veränderung hält vom Menschen fern, was ihm eigentlich zukommt. Und solange sie vorherrscht, bleibt er ein Wanderer in Richtung Ewigkeit. Da freilich das Ewige und Große nur mit Hilfe von Wiedergeburten zu erreichen ist, sind sie bei aller Tragik zugleich ein Segen. Denn jede Lebensform kann grundsätzlich eine hilfreiche Sprosse sein auf der Leiter ins Glück.

Gerade der Status als *Mensch* birgt gewaltige Chancen: Allein der Mensch hat die intellektuelle und sittliche Kraft zum beherzten Ausgriff auf das Gute und damit auf die Erlösung. Tut er hingegen nichts oder zu wenig für sein ewiges Heil, verurteilt er sich selbst zu einer künftig schlechteren Position. Im Übrigen ermöglicht der ehrliche, religiöse Eifer als Benachteiligter oder gar Unberührbarer den sozialen Aufstieg – der allerdings erst in einem *neuen* Dasein als Mensch erfolgt.

Hier kommt das in Indien bis heute verbreitete Kastenwesen ins Spiel: Es ist der Ausdruck religiös bedingter Unterschiede. Wer als Arbeiter oder Arbeiterin den höhergestellten Kasten der Kaufleute, Krieger und Priester zu dienen hat, verdankt dies einem entsprechenden Vorleben. Genauso erklären sich nichtmenschliche Lebensformen. Wer als Tier auf diese Welt zurückkehrt, hat vorher bitter versagt, und der Aufstieg zum Ewigen dauert dementsprechend länger. In diesem Fall würde eine Neugeburt auf der Müllhalde, doch immerhin als Mensch, schon wieder einen Fortschritt bedeuten.

Es kann allerdings auch sein, dass sich eine Seele als *Gott* wiederfindet. Ein ganz besonderes Glück? Nein. Denn auch dann wäre das Ziel des Daseins noch nicht erreicht. Götter sind wegen ihrer vermeintlichen Privilegien zu selig, um an das einzig Wichtige zu denken; also sterben auch sie, um ein neues Schicksal zu durchlaufen. Und der Stillstand wäre fatal. Er brächte ja eine schlimme Verzögerung. Er würde die Erlösung, die zur endgültigen Ruhe führt, nur noch weiter hinausschieben.

Aber warum braucht es die Erlösung überhaupt? Anders gefragt: Wie muss es nach hinduistischer Auffassung um die Welt bestellt sein, dass sie nach Erlösung schreit?

Die Erkenntnis der Einheit: Mensch und Kosmos

Kehren wir noch einmal zum vorhin skizzierten Bild vom zu- und abnehmenden Mond zurück. Bevor entschieden wird, wer zur Erde zurückmuss und wer »über den Mond hinaus« gelangt, werden den Seelen bestimmte Fragen vorgelegt. Nach der Kaushitaki-Upanishad gestaltet sich dieses Verhör folgendermaßen: »Wenn einer zum Mond kommt, so fragt ihn dieser: ›Wer bist du?‹ Dann soll er antworten: ›Du bin ich!‹ Wenn er so zum Monde spricht, dann lässt er ihn über sich hinausgelangen. Wenn er nun diesen Götterweg genannten Weg antritt, so gelangt er zur Feuerwelt, dann zur Windwelt, dann zur Varunawelt, dann zur Indrawelt, dann zur Prajapatiwelt, dann zur Brahmanwelt.« Letztere hat es in sich. Denn auch hier geht das Fragespiel weiter, es erreicht sogar seinen Höhepunkt: »Dann fragt ihn Brahman: ›Wer bist du?‹ Dann soll er antworten: ›Eines jeglichen Wesens Selbst bist du; und was du bist, das bin ich.‹ Und er fragt ihn: ›Wer bin denn ich?‹ Dann soll er sagen: ›Die Wahrheit.‹ – ›Wieso die Wahrheit?‹ – ›Dies eine Wort Wahrheit umfasst die ganze Welt; und die ganze Welt bist du.‹ Also wird er dann sprechen.«[3]

Der Text zeigt sehr schön, worauf es dem gläubigen Hindu ankommt. Es geht um Identität. Und: Es geht um die Erkenntnis der Identität. Wer verstehen lernt, dass die menschliche Seele identisch ist mit der Allseele, welche ohne Ausnahme alles umgreift und durchdringt, befindet sich auf dem besten Weg zur Erlösung. Das heißt umgekehrt: Solange diese Identität verborgen bleibt, liegen die Dinge im Argen, und das ist eben der Zustand der Welt, der Zustand des Universums. Es hat sich gewissermaßen der Allseele entfremdet – obwohl es von ihr nicht nur umgriffen, sondern ganz und gar durchdrungen wird, so dass gesagt werden konnte, sie sei »dieselbe in der Ameise, dieselbe in der Mücke, dieselbe im Elefanten« und »dieselbe im ganzen Kosmos«.[4]

Einem breiten Strom hinduistischer Gläubigkeit zufolge gibt es genau genommen nur eine einzige Wirklichkeit: jene der Allseele, jene von *Brahman*. Was immer existiert, hat Brahman aus sich heraus gesetzt, als Urgrund geschaffen. Aber: Nichts wurde jemals in die Selbstständigkeit hinein entlassen. Nach wie vor lebt alles einzig und allein aus der Kraft von Brahman und ist, wie wir eben gehört haben, gewissermaßen selbst Brahman. Würde sich Brahman zurückziehen, hätte nichts Bestand. Alles hörte sofort auf zu sein.

Das gilt in besonderer Weise für *Atman*, die menschliche Individualseele. Gerade sie ist, wie das Universum insgesamt, als eine Erscheinung von Brahman zu begreifen; auch ihr kommt deshalb keine Kraft außerhalb der Allseele zu. Von daher wird die hinduistische Auffassung erklärlich, dass die bestehende Welt – von Juden, Christen und Moslems »Schöpfung« genannt – in Wahrheit nur Schein sei. Denn Brahman selbst bleibt unsichtbar, unveränderlich und ewig. Von der Welt hingegen kann dies niemand behaupten: Sie entsteht, wird eine gewisse Zeit am Leben erhalten und geht zu Grunde. Dann beginnt der Kreislauf wieder von neuem. Aber auf ihn kommt es nicht an. Er ist nichts im Vergleich zum Brahman, bei dem allein das Wirkliche und Wahre wohnt.

Wer ist Brahman? Oder was ist Brahman? Hier gehen die Meinungen auseinander. Für die einen stellt Brahman ein unpersönliches Prinzip dar; andere sehen den allerhöchsten Gott darin. In jedem Fall aber muss der Mensch sein Verhältnis zu Brahman klären. Denn es (oder er) ist ja gewissermaßen *alles*.

Der Gedanke ist sicher nicht ganz einfach, deshalb sei er noch einmal von einer anderen Seite her erläutert. Also: Brahman allein bedeutet Wirklichkeit. Aber was ist dann, im Vergleich dazu, der Mensch? Was ist der Kosmos? Für Hindus gibt es zwei Antworten. Einerseits: Der Kosmos stellt als göttliche Erscheinung die Allseele gewissermaßen dar, er macht sie sichtbar. In manchen Traditionen wird er demgemäß sogar als der »Leib Gottes« bezeichnet. Andererseits aber lenkt der

Kosmos von Brahman ab; er verdeckt Brahman geradezu. Deshalb ist es notwendig, die Welt als bloßen Schein zu durchschauen. Denn so wird verhindert, dass sie sich als Barriere vor Brahman stellt.

Die Angelegenheit ist immer noch kompliziert, aber vielleicht hilft ein Vergleich weiter, den auch hinduistische Philosophen zu ihrer Erklärung herangezogen haben (und den ich ein wenig freier als sie zu interpretieren wage): Eine Spinne webt ihr Netz und bringt zu diesem Zweck die einzelnen Fäden hervor. Sie schieben sich aus ihr selbst heraus, nehmen Gestalt an auf Grund ihrer Substanz. So entsteht ein kunstvolles Gebilde. Vögel hingegen müssen Zweige und Blätter sammeln, müssen also das Material für den Nestbau von ihrer Umgebung beziehen; es hat mit ihrer eigenen Substanz wenig zu tun. Und damit zurück zur Spinnwebe: Sie ist, da sie unmittelbar der Spinne entstammt, ohne Zweifel eine Erscheinung der Spinne. Wer die Webe sieht oder berührt, wird unweigerlich an die Spinne denken. Trotzdem *ist* das Netz nicht die Spinne, und wer sich nur mit dem Netz beschäftigen würde, bekäme das Tier nie zu Gesicht. Man verfinge sich buchstäblich wie eine Fliege im klebrigen Gewebe und wäre so an jedem Verstehen gehindert. Die Aufmerksamkeit muss also vom Netz zur Spinne gehen. Gleiches führt zu Gleichem, aber dieser Vorstoß gelingt nur, wenn die Gestalt des Vergänglichen – das Netz, das die Spinne jederzeit wieder einziehen und vernichten kann – tatsächlich als Vergängliches erkannt wird.

Das Netz bedeutet im Hinduismus die Welt, die Spinne bedeutet Brahman. Woran nun alles hängt, ist, dass man die Welt – und damit sich selbst – als Brahman durchschaut. Sobald dies in letzter Konsequenz geschehen ist, gibt alles seinen täuschenden Charakter auf, und Brahman *an sich* kommt zum Vorschein. Das ist der Grund, warum der Mond und Brahman – um noch einmal an bereits Gesagtes zu erinnern – jeweils die gleiche Frage stellen: »Wer bist du und wer bin ich?« Und beide wollen die gleiche Antwort hören: »Was du bist, das bin ich.« Wer die Identität der Allseele erkennt, geht den Weg vom Netz zur Spinne. So, und nur so, ereignet sich Erlösung.

Die Erkenntnis des Wandels:
Mensch und Tod

Doch uns interessieren besonders das Sterben und der Tod im Hinduismus. Dass er die Seelenwanderung lehrt, ist klar. Es stirbt also nur der Körper, die äußere Hülle, die sichtbare Erscheinung. Das Selbst bleibt unsterblich. Es ist ja mit Brahman identisch, auch wenn die Einsicht, dass dem so ist, lange ausbleiben kann. Doch wie verhalten sich Körper und Selbst nach hinduistischer Überzeugung zueinander? Was also stirbt? Und was überlebt?

Jahrtausendealte Erfahrungen und ein gutes Stück Menschenkenntnis haben in Indien eine feinentwickelte Psychologie hervorgebracht: An oberster Stelle im Menschen waltet *Atman*, das eigentliche Selbst. Ganz unten findet sich der Körper – aus Fleisch und Blut, aus Knochen und Sehnen. Der Hindu spricht vom »grobstofflichen Leib«. Er besteht aus fünf kosmischen Elementen: aus Erde, Wasser und Licht, aus dem Wind und dem

Äther. Diesem grobstofflichen Leib wohnt ein »feinstofflicher Leib« inne, und auf ihn kommt es wesentlich an.

Denn das Selbst, der Atman, geht niemals mit Fleisch und Blut eine innere Verbindung ein. Deshalb bedient er sich des feinstofflichen Leibes als Basis, um in einem Menschen – freilich auf unbegreifliche und unnennbare Weise – gegenwärtig zu sein. Entsprechend diffizil sind die Bestandteile dieses feinstofflichen Leibes; er muss immerhin zwischen dem Selbst und dem Grobleib vermitteln. Wie also ist der *feinstoffliche* Leib aufgebaut?

Verschiedene Nuancen des Lebenshauches durchwirken ihn. Dazu tritt eine Art verstehender Feinfühligkeit, mit der die irdische Umgebung erfasst und bewertet wird. Diese Feinfühligkeit zeigt sich in den so genannten Tatorganen, in den Händen etwa oder den Füßen; auch die Erkenntnisorgane werden von ihr regiert: die Ohren, die Haut, das Auge. Aus den Erkenntnisorganen ragt die Fähigkeit zu denken und zu erkennen heraus – der feinstoffliche Leib also.

Er wird schließlich seinerseits von einer dritten Leibart durchwaltet, welche sich nur im traumlosen Tiefschlaf erahnen lässt. Diese dritte Leibart steht Atman besonders nahe, denn sie deutet an, wie der Mensch einst sein wird, wenn er Ruhe hat in ewiger, zeitenthobener Dauer. Zugegeben: Das ist wieder ein durchaus ungewohnter, schwieriger Gedanke. Aber wer kennt nicht den Segen einer gut durchschlafenen Nacht ohne plagende Träume? Auch die Redewendung, jemand schlummere still und friedlich, mag weiterhelfen. Da ist ein Mensch ganz bei sich, ohne Ablenkung, ohne Sorgen, gewissermaßen eins mit dem Sein in unterschiedsloser Identität.

Doch halten wir fest: Nach hinduistischer Überzeugung ist der Mensch ein Wesen, das schon ob seiner Vielschichtigkeit auf Höheres verweist. Hier leuchtet eine Erkenntnis auf, die sich nahezu in jeder Kultur und ganz bestimmt in jeder Religion dieser Erde findet. Typisch »westlich«, typisch »europäisch« ausgedrückt: In dem Maß, in dem der Mensch als *Persönlichkeit* erfasst wird, wächst er über das bloß Biologische hinaus.

Vielleicht sei von da aus noch einmal die hinduistische Auffassung vom »feinstofflichen Leib« ins Zentrum gerückt. Er ist es, der im Wechsel der Geburten die Kontinuität bewahrt. Er trägt das Unverwechselbare eines Menschen und gewährleistet den Überstieg von Körper zu Körper. So wird sichtbar, dass Fleisch und Blut des »Geistes« bedürfen, um ein lebendiger Organismus zu sein. Aber worauf ich hinauswill: Es war soeben von »Tatorganen« die Rede, von Händen und Füßen. Was ist eine Hand, was ist ein Fuß? Eine Hand besteht aus Knochen, aus Fleisch, Haut und Sehnen mit den entsprechenden Nervenbahnen. Auf diese Weise funktionstüchtig gestaltet, kann sie zupacken, festhalten, malen, nähen oder Klavier spielen. Genau genommen aber wird eine Hand erst dann zur Hand, wenn sie *meine* Hand ist. Nicht die Nervensehnen spielen Klavier, nicht Knochen packen zu, sondern *ich* tue es. Meine ureigene Aura erst macht die Finger zur Hand. Mit Recht hat deshalb der große christliche Theologe Thomas von Aquin einmal bemerkt, dass man bei einem Toten eigentlich nicht mehr von Händen reden könne. Es fehlt ja der geistige Strom, der das Fleisch durchfließt, wodurch aus bloßen Sehnen und Knochen das Organ eines Menschen, einer Persönlichkeit wird. Körperliche und geistige Kräfte müssen ineinandergreifen, wenn es da wirklich eine Hand geben soll oder eine Nase, zwei Ohren und zwei Augen.[5]

Im Hinduismus denkt man ähnlich: Der feinstoffliche Leib, mit Fleisch und Knochen jeweils neu verbunden, bringt das Charakteristische eines Menschen zum Ausdruck. Es wandert von Lebensform zu Lebensform, verändert sich und bleibt doch irgendwie gleich. Mit Atman, dem eigentlichen Selbst, darf man diese feinstofflich vermittelte Persönlichkeitsform allerdings nicht verwechseln. Atman liegt jenseits aller körperlichen und geistig-psychologischen Zustände.

Und was geschieht, wenn ein Mensch stirbt? Ich nehme der Klarheit halber den Faden von vorhin noch einmal auf: Jeder Mensch ist im Grunde seines Wesens als Atman mit Brahman identisch. Atman stellt deshalb sein wahres, sein eigentliches, unzerstörbares und unwandelbares Selbst dar. Es trägt die drei »Leiber«, ohne dass man sie mit ihm gleichsetzen dürfte: den grobstofflichen, den feinstofflichen, den im Tiefschlaf erahnbaren. Mit den drei Leibern zeigt sich zugleich das Ich eines Menschen, das wir nun als »empirisches Ich« bezeichnen wollen: Damit ist ein Bewusstsein gemeint, das jedes Individuum einmalig macht und zu einer geistigen Einheit fügt.[6] Oder noch einmal anders ausgedrückt: Das empirische Selbst ist der konkrete Mensch im Zusammenspiel seiner leib-seelischen Äußerungen. Sie bedeuten immer auch eine Begrenzung: Da ist ein ganz bestimmtes Aussehen, ein ganz bestimmter Wesenszug; da sind diese oder jene Begabungen, diese oder jene Selbsteinschätzungen einschließlich aller Vorzüge und Fehler. Und nun stirbt

ein solcher Mensch – der immerhin schon einen relativ
günstigen Status in der Hierarchie möglicher Wiedergeburten genossen hat. Was also geschieht mit ihm?

Der grobstoffliche Leib löst sich in jene Bestandteile
auf, aus denen er zusammengesetzt war: Wasser geht zu
Wasser, Erde geht zu Erde, Luft geht zu Luft. Die Lei-
chenverbrennung unterstreicht und beschleunigt diesen
Vorgang. Zugleich symbolisiert sie, dass die Seele, besser
gesagt, dass das »Selbst« einen anderen Weg einschlägt.
Welches Selbst? – Das »eigentliche Selbst« (Atman) oder
das »empirische Selbst« (Jiva)?

Beide sind, solange nicht die ewige Glückseligkeit
erreicht ist, aufeinander verwiesen. In einem konkreten
Menschen ist der unfassbare Atman zwar gegeben, doch
zugleich verdeckt. Denn Atman und Jiva gehen zusammen in eine neue Verkörperung ein. Atman bleibt unverändert, Jiva hingegen, das empirische Selbst, passt sich
an. Es hängt allerdings auch am feinstofflichen Leib,
der, wie wir gesehen haben, für die bleibende Identität
der wandernden Seele sorgt. So wird in einer neuen Wiedergeburt nicht ein anderer, kein sich selbst Fremder auf
die Erde zurückgeschickt. Vielmehr erblickt ein bereits
geprägtes, beladenes, sagen wir ruhig: ein vorbestraftes
Individuum das Licht der Welt. Es muss ein weiteres
Mal Begrenzungen auf sich nehmen und neue Herausforderungen bestehen – da es in früheren Existenzen
nicht erkannt hat, wie sehr es auf Atman angekommen
wäre und auf die Erkenntnis, dass Atman und Brahman
identisch sind.

Vergeltung und Ruhe:
Karma und Moksha

Die Hindu-Religion spricht von *Samsara*, vom Kreislauf notwendiger Wiedergeburten: als Tier, Mensch (in unterschiedlicher sozialer Stellung) oder als Gott. Davon war nun oft genug die Rede. Wir sahen auch, dass es zwischen den einzelnen Wiederverkörperungen Zwischenstationen gibt: Gute Menschen genießen vor ihrer nächsten Wiedergeburt himmlische Freuden im Paradies, während Böse auf schreckliche Weise in der Hölle gepeinigt werden. Aber weder der Aufenthalt im Himmel noch jener in der Hölle währt ewig. Denn das Ziel des Daseins ist ein anderes. Ersehnt und erhofft wird das Ende der Wiedergeburt und der Zustand ungestörter Identität: die Einheit von Atman und Brahman. Doch die Wiedergeburt endet erst, wenn das *Karma* aufgearbeitet ist, das heißt, wenn irdisches Tun nicht mehr zu neuen Existenzen zwingt.

Mit dem Begriff *Karma* kommt der schicksalhafte Aspekt des hinduistischen Denkens über Mensch, Tod und Erlösung zum Vorschein. Man kann sich das Karma wie ein Tatenregister vorstellen, in dem peinlich genau alle Aktivitäten eines Menschen verzeichnet sind. Erst wenn der Kontostand den Nullpunkt erreicht hat, hört für das entsprechende Individuum die Wiedergeburt auf, und es tritt ein Zustand ein, den die Hindus *Moksha* nennen.

Doch bleiben wir zunächst noch beim Karma und bei den Wiedergeburten: Jeder Gedanke, jede Tat, jedes Versäumnis, so glauben Hindus, hinterlässt Spuren, eben das Karma, das der feinstoffliche Leib speichert.

Wiedergeboren wird man so lange und so oft, bis alle Konsequenzen unerleuchteter Lebensführung bewältigt sind. Die Bandbreite der möglichen Vergeltung ist dabei so vielfältig wie der Kosmos selbst. Im so genannten »Gesetzbuch des Manu« wird eine kleine Übersicht geboten: »Der Brahmanenmörder findet sich als Hund, Schwein, Esel, Kamel, Rindvieh, Ziege oder Outcast wieder. Der Branntwein trinkende Brahmane wird Wurm, Kerbtier, Motte, fäkalienfressender Vogel oder reißendes Raubtier. Ein diebischer Brahmane muss tausendmal durch die Körper von Spinnen, Schlangen und Echsen hindurch. Hundertmal wird als Grashalm, Strauch und Liane wiedergeboren, wer seinem Guru Hörner aufsetzt. Eine Reihe zukünftiger Existenzen steht in deutlicher Beziehung zu dem auslösenden Vergehen. Der Juwelendieb wird zum Goldschmied, der Korndieb zur Ratte, der Honigdieb zur Biene, der Milchdieb zur Krähe, der Fleischdieb zum Geier, der Parfümdieb zur Moschusratte, der Fruchtdieb zum Affen; Diebinnen werden zu den Frauen solcher Kreaturen.«[7]

Es fällt ins Auge, wie genau das Leben hier und heute von Hindus genommen wird. Das Dasein ist keine Spielwiese. Letzter Ernst steckt in ihm. Denn es stellt ja eine unerlässliche Stufe dar beim Aufstieg zu Brahman. Das Diesseits und das Jenseits – Erde, Himmel und Hölle also – sind im Vergleich zu Brahman nur vorletzte, vorübergehende Wirklichkeiten. Entsprechend verläuft nach hinduistischer Anschauung die alles entscheidende Grenzlinie nicht zwischen Leben und Tod, sondern zwischen dem Zustand des Erlöstseins und dem des Nichterlöstseins. Leben und Tod, Wiedergeburt und Wiedertod sind klare Kennzeichen, dass die Erlösung noch auf sich warten lässt. Aber sie wird eines Tages, wenn man sich nach ihr ausstreckt, erreicht sein – wobei der Hinduismus sehr realistisch damit rechnet, dass die Absichten und Seelenzustände ein ständiges Auf und Ab kennen. Der Mensch gleitet schnell vom einen Gedanken zum anderen hinüber, weshalb sein Aufstieg zum Brahman Jahrmillionen dauern kann. »Im Hinduismus ist die Trennung zwischen dem Guten und dem Bösen nicht so endgültig und radikal wie im Christentum. Ähnlich ist es auch mit der Unterscheidung zwischen einem Frommen und einem Nichtfrommen. Ein nichtfrommer Mensch ist potenziell fromm und kann jederzeit Gottes Gnade erfahren. Und jedes Lebewesen ist verantwortlich für sein eigenes Schicksal, welches es mit den eigenen Handlungen gestaltet. Nur das sich daraus ergebende eigene, individuelle Karma erben die Seelen.«[8]

Wie aber gestaltet sich gemäß hinduistischer Hoffnung das *erlöste* Sein? Und wie erreicht man es? Wie kommt es zu *Moksha*?

Vor allem muss die Unwissenheit überwunden werden. Denn die Unwissenheit trägt Schuld daran, dass die ursprüngliche Einheit des »eigentlichen Selbst«, des Atman, mit dem höchsten, absoluten Sein, mit Brahman, zerbrochen ist. Atman vergaß diese Einheit und fiel aus ihr heraus, wobei er sich – ohne dass er verändert worden wäre – in die Welt der Erscheinungen verstrickte. So kam es zur Ausbildung vieler empirischer Selbst, vieler »Ichs«, und es gibt nur noch dies eine: Jedes Individuum muss durch Wissen, Erkenntnis und asketische Zucht aus dieser Verstrickung heraus. Und wenn das eines Tages gelingt, ist *Moksha* erreicht. Nun sind Atman und Brahman wieder identisch und ein Zustand ewigen Glücks stellt sich ein.

Ob man dieses Befinden als Leben *mit* Gott, als Leben in Gottes *Nähe* oder als Leben in unpersönlicher Gottgleichheit denkt, hängt von den verschiedenen theologischen und philosophischen Schulen ab, die der Hinduismus kennt. Jedenfalls lässt sich das kommende Glück nicht beschreiben. Es übersteigt jede Vorstellung, weil mit ihm auch jede Vereinzelung und jede Verdinglichung verschwindet. Sich von dieser Herrlichkeit einen Begriff zu machen ist also zwecklos. Die Hoffnung aber, man werde zu gegebener Zeit in ihr aufgehen, wirkte immer mit Macht auf den hinduistischen Alltag ein, damals wie heute. Das erklärt die geradezu unglaubliche Breite hinduistischer Frömmigkeitsformen: Gebete zu zahllosen Göttern und Göttinnen, rituelle Waschungen, Fasten und Feste, Opfergaben, Meditationen, mystische Gebärden und Worte, Wallfahrten und aufsehenerregende Gesten des Verzichts. Die Götterwelt dient dabei als durchaus hilfreiche Instanz. Auf den Wegen der Bewährung ist sie für ihre Verehrer und Verehrerinnen unentbehrlich. Dennoch zielt alle Sehnsucht auf das eigentlich und einzig Göttliche selbst.

In der Shvetashavatara-Upanishad wird es hymnisch besungen, und ich sehe keinen Grund, warum Christen in dieses Loblied nicht mit einstimmen sollten: »Der eine Gott, verborgen in allen Wesen, alldurchdringend, das innere Selbst aller Geschöpfe, der Lenker aller Taten, der in allen Wesen wohnt, der Zeuge, der Kenner, der Einzige, frei von menschlichen Eigenschaften. Er ist allwirkend und allweise, aus sich selbst entstanden, er ist das Wissende, der Schöpfer der Zeit, aller Qualitäten und aller Dinge kundig, der Gebieter der Natur und des Geistes, der Grund von Bindung, Bleiben und Erlösung. Er, der ewig über die Welt herrscht, ist unsterblich, als Herr erscheinend, als Wissender, Allgegenwärtiger, der Hüter dieser Welt. Eine andere Ursache (als ihn) gibt es nicht.«[9]

WIDER DIE GIER.
DER BUDDHISMUS

Jünger als manche Strömungen im Hinduismus ist der Buddhismus, der kritisch aus dessen Traditionen schöpft. Es herrscht inzwischen weitgehende Einigkeit darüber, dass sich der Buddhismus wirklich als Religion verstehen lässt. Man hatte eingewendet, er leugne Gott und die unsterbliche menschliche Seele. Doch einmal abgesehen von der Tatsache, dass es Tendenzen in diese wie auch in die andere Richtung gibt – das Problem tut wenig zur Sache. Denn als hochstehendes Zeugnis menschlicher Weisheit gibt der Buddhismus zum Thema Sterben und Tod reichliche Auskunft. Im Zentrum seines Interesses steht aber weder das Diesseits noch das Jenseits. Nach dem Vorbild hinduistischer Überzeugungen wird versucht, das Leben und den Tod gleichermaßen zu übersteigen. Die beiden Dimensionen sind nur Momente im stetigen Fluss des Werdens und Vergehens, unter dem der gläubige Buddhist leidet. Und damit fällt ein erstes wichtiges Stichwort: das Leiden.

Alles ist Leiden:
Der Ausgangspunkt

Als im fünften Jahrhundert vor Christus der indische
Adlige Siddharta Gautama ein Leben in Wohlstand mit
dem Wanderstab getauscht hatte, begründete er seine
Entscheidung mit der Nichtigkeit der Welt; ihre Reize
scheinen groß zu sein, doch in Wahrheit gebiert sie nur
Tränen: »Dies, ihr Mönche, ist die edle Wahrheit vom
Leiden. Geburt ist Leiden, Alter ist Leiden, Krankheit
ist Leiden, Tod ist Leiden, mit Unliebem vereint sein ist
Leiden, von Liebem getrennt sein ist Leiden, nicht er-
langen, was man begehrt, ist Leiden.«[10] Siddharta Gautama, der spätere Buddha, war aber kreativ genug, auf diese
ernüchternde Diagnose einen Therapievorschlag folgen
zu lassen. Zu ihm gehört zunächst einmal die Erkenntnis, woher der unerfreuliche Umstand, dass alles Leiden
sei, eigentlich kommt. Die Antwort: »Dies, ihr Mönche,
ist die edle Wahrheit von der Entstehung des Leidens: es
ist der Durst, der zur Wiedergeburt führt, samt Freude
und Begier, hier und dort seine Freude findend: der Lüs-
tedurst, der Werdedurst, der Vergänglichkeitsdurst.«[11]
Sind die Ursachen des Elends – nämlich dass sich alles
Leid der Gier verdanke – erst einmal freigelegt, geht es
an die Bekämpfung der Misere. Auch hier weiß Buddha
Rat: »Dies, ihr Mönche, ist die edle Wahrheit von der
Aufhebung des Leidens: die Aufhebung dieses Durstes
durch restlose Vernichtung des Begehrens, ihn fahren-
lassen, sich seiner entäußern, sich von ihm lösen, ihm
keine Stätte gewähren.«[12] Und wie kann der Abschied
von der durstigen Gier gelingen? Dazu hilft der »edle

achtteilige Pfad, der da heißt: rechtes Glauben, rechtes Entschließen, rechtes Wort, rechte Tat, rechtes Leben, rechtes Streben, rechtes Gedenken, rechtes Sichversenken«.[13]

Wer vom frühen Buddhismus große philosophische Abhandlungen mit tiefschürfenden Gedankengängen erwarten wollte, wie man sie etwa bei Platon oder Aristoteles findet, muss enttäuscht sein. Buddha hat kein System vorgelegt. Er hat den theoretischen Diskurs über die großen Fragen von Leben und Tod sogar ausdrücklich verweigert. Wäre dadurch das Leiden in der Welt verringert worden?

Es ist, so pflegte man in Buddhas Kreisen zu erzählen, als hätte ein vergifteter Pfeil den Arm eines Mannes durchdrungen; der Verletzte setzt sich nieder und fängt zu grübeln an: Wer hat den Pfeil geschossen? Woher kommt der Schütze, von wem stammt er ab? Wie sieht er aus, welche Augen hat er, welche Hautfarbe? Und dann der Bogen, mit dem der Schuss abgegeben wurde: Aus welchem Holz war er, mit welchen Sehnen hat man ihn bespannt? War er mit Federn geschmückt? Mit welchen? Vom Geier, vom Reiher, vom Falken oder vom Pfau? Bis alle Fragen geklärt werden könnten, wäre der Mann längst tot. »So steht es auch«, lehrt Buddha, »mit dem, der spräche: ›So lange will ich nicht als des Erhabenen Jünger den Wandel der Heiligkeit führen, als der Erhabene mir nicht erklären wird: die Welt ist ewig.‹ Ehe der Vollendete darüber eine Erklärung gegeben hätte, würde der Mensch sterben.«[14]

Ganz klar: Nicht Einsichten soll der Weise erstreben, sondern den Verzicht auf sie. Die Jagd nach (falschem)

Wissen und philosophischer Tiefe wäre ja selbst nichts weiter als ein Ausdruck der Begierde. Wie – nach einer Bemerkung in Umberto Ecos Roman »Der Name der Rose« – für den Ehemann der Seitensprung und für den Priester das Geld zur großen Versuchung werden kann, so verlockt den Mönch die Erkenntnis. Aber der *buddhistische* Mönch gründet seine Existenz ganz auf die Stilllegung forschender Strebsamkeit. Weder der übermäßige Verzicht noch der übermäßige Genuss sollen ihn belasten. Und tiefgründige Fragen über Welt und Gott zu stellen wäre gerade eine Last. Das hieße, über »Gestaltungen« nachzudenken, aus denen alles Übel fließt. Das hieße, den Geist und den Intellekt als etwas Beständiges, Bleibendes zu nehmen, worin sich alle Einsicht sammelt – so sich das denkende, selbstbewusste Ich nur allzu gern für den Mittelpunkt der Welt hält.

Nach buddhistischer Überzeugung bedarf gerade diese Fehleinschätzung der restlosen Überwindung. Als »Selbst« wissen zu wollen, das ist in Wahrheit eine Form des Nichtwissens, des verhängnisvollen, Leid erzeugenden Nichtwissens. Denn das Ich – Geist und Intelligenz – wird dabei als festgefügte Wirklichkeit verstanden. Aber in der Welt der Erscheinungen gibt es nichts Festes und nichts von Dauer. Wie der Leib ist auch der Geist vergänglich; wie der Leib bleibt auch der Geist in den Fluss des Werdens und Vergehens eingetaucht, aus dem er keineswegs als unzerstörbare Kraft herausragt. Und da er es – scheinbar – doch tut, zeigt sich die Notwendigkeit der Erlösung umso klarer: Solange sich der Mensch als deutlich umrissenes Selbst wähnt, das denkt und fühlt; solange er als »Person« der Welt gegenübertritt und sich von allem anderen abhebt; solange er sich also auf diese Weise behaupten will, so lange erzeugt er nur Leiden.

Bloß Lug und Trug?
Vom Übel der Welt

Hier greift die urbuddhistische Lehre vom »Entstehen in Abhängigkeit«: »Aus dem Nichtwissen entstehen die Gestaltungen, aus den Gestaltungen entsteht Erkennen; aus dem Erkennen entstehen Name und Körperlichkeit; aus Namen und Körperlichkeit entstehen die sechs Gebiete (die menschlichen Sinne); aus den sechs Gebieten entsteht Berührung; aus Berührung entsteht Empfindung; aus Empfindung entsteht Durst, aus Durst entsteht Ergreifen (der Existenz); aus Ergreifen entsteht Werden; aus Werden entsteht Geburt; aus Geburt entstehen Alter und Tod, Schmerz und Klagen, Leid, Kümmernis und Verzweiflung. Dieses ist die Entstehung des ganzen Reiches des Leidens.«[15]

Sätze wie diese vermitteln unweigerlich den Eindruck, als sei gerade der Mensch das große kosmische Problem; aus seinem Fühlen, Denken und Wollen fließt alle Drangsal. Tatsächlich stellt das geistbegabte Geschöpf einen Angelpunkt in der buddhistischen Weltsicht dar. Dessen Süchte und Begierden treiben das Leid weiter und weiter. Doch andererseits hält allein der Mensch die Möglichkeiten zur Trendwende in der Hand. Nur er hat die Chance, den Anschub der Gier zu bremsen. Das ist ein traditionell hinduistischer Gedanke:

Die Stellung als Mensch kommt bereits einem Privileg gleich. Umso mehr gilt das Gebot der Wachsamkeit. Denn um die *Notwendigkeit* der Erlösung einzusehen, ist nach buddhistischer Logik sehr wohl beim menschlichen Geist, beim Selbstbewusstsein, bei der »Person« anzusetzen (das Wort stammt aus dem Abendland und kommt im Fernen Osten nicht vor). Aber wenn es darum geht, die Erlösung zu *ermöglichen*, dann verläuft der Weg gerade umgekehrt: weg vom Personalen, weg vom Selbst, weg vom Ich mit seinen Leidenschaften. Denn diese bringen nur eine Scheinwelt hervor und geben zu immer neuen Wiedergeburten Anlass.

Doch nehmen wir die Lehre von der »Entstehung in Abhängigkeit« noch ein wenig näher unter die Lupe. Sie mutet im Schwall buddhistischer Rhetorik sehr theoretisch an. Aber man hat sich auch um ihre bildhafte Umsetzung bemüht. Im Dekor buddhistischer Heiligtümer begegnet uns die Lehre von der »Entstehung in Abhängigkeit« symbolisch verschlüsselt, und zwar »als alte, blinde Frau, Töpfer mit Gefäßen, umherspringender, Früchte verzehrender Affe, Schiff mit Besatzung, Haus mit fünf Fenstern und einem Tor, Liebespaar, Pfeil im Auge, Biertrinker, Früchtesammler, schwangere Frau, gebärende Frau und Leichenträger«.[16] Was bedeuten die Bilder? Ich möchte wenigstens einige von ihnen erläutern.

Die blinde Frau steht für das Nichtwissen, mit dem alles Verhängnisvolle beginnt. Es handelt sich um jene Art des Nichtwissens, die den falschen Erkenntnisdrang zur Folge hat. Wieder klingt die hinduistische Mutterreligion des Buddhismus an: Der menschliche Geist war ursprünglich mit dem absoluten Selbst, dem Brahman, identisch. Weil er aber darauf vergaß, war es zum Absturz gekommen, zur Verstrickung in die Welt der Formen und Körper. Aber diese Welt ist als Ausfluss von Brahman nur Schein.

Auf die blinde Frau folgt der Töpfer. Er formt aus Lehm die verschiedenen Gefäße für den täglichen Gebrauch – die Gestaltungen treten ins Dasein. An ihnen entzündet sich der gefallene Geist. Er saugt sich daran fest, klügelt Philosophien und Namen aus, so dass die Illusion entsteht, die Gestaltungen wären wirklich. Und weil sie der Geist für wirklich hält, greift er danach. Er tut dies mit Hilfe des Körpers und dessen sechs Sinnen, wofür das Haus mit den fünf Fenstern und dem einen Tor steht: Sehen, Hören, Tasten, Riechen, Schmecken und – das ist indisches Sondergut – Denken. Dass mit der Tätigkeit der Sinne unweigerlich das Begehren aufflammt, versteht sich. Denn aus der Empfindung kommt der Durst und mit ihm die Gier. Gemeint ist – ich darf wieder »westlich« reden – die Versuchung zum Materialismus: Nur das Sichtbare ist wichtig; das Haben, das Besitzen, das Festhalten.

Mit klarem Auge hat Buddha gesehen, wohin das ständige Habenwollen führt. Zufriedenheit bringt es nicht, geschweige denn Frieden. Der Mensch will immer mehr mit immer weniger Rücksicht. Er stumpft ab, erklärt das Vorläufige zum Letztwert – und richtet dadurch nur Schaden an. Die Strafe ist vorprogrammiert. In der buddhistischen Gedankenwelt der frühen Zeit (im so genannten Theravada-Buddhismus) gibt es keinen Gott, der Regeln aufstellen, zur Ordnung rufen, helfend eingreifen oder Gericht halten würde. Stattdessen herrscht ein strenger Automatismus vor: Die falsche Einstellung selbst rächt sich. Denn wer in den Dingen dieser Welt aufgeht, muss sie so lange im Wahn durchkosten, bis sich besseres Wissen einstellt. Es ist die Tyrannei eines fehlgedeuteten Universums, das sich am verblendeten, noch nicht erwachten Menschen austobt. Vielversprechend baut es sich vor ihm auf, und er giert danach. Aber die vermeintliche Süße ist Gift für ihn, und solange er das nicht erkennt, wird ihm der Tisch mit den trügerischen Gaben immer wieder von neuem gedeckt. Geht nicht jeder irre, der in flirrender Wüstenluft eine Fata Morgana für handfeste Wirklichkeit hält? Sogar noch im Sterben leuchten die Trugbilder des Materiellen weiter, so dass die Ablösung davon schwer wird und meist sogar misslingt (ich komme darauf zurück). In diesem Fall wird eine neue Geburt unvermeidbar. Steht sie in enger Verbindung mit dem Leben zuvor?

Nichts bleibt:
Wiedergeburt statt Seelenwanderung

Buddha selbst hätte diese Frage weder verneint noch bejaht. Aber von einer Seelenwanderung kann keine Rede sein. Am allerwenigsten ist es das Ich, das sich während der Geburtenabfolge treu bleibt. Wir sahen es bereits: Was Person, was Individuum zu sein scheint, hat keinen Bestand. Die geistige Erkenntnisbewegung ist dauernd im Fluss und nimmt von Wiedergeburt zu Wiedergeburt neue Voraussetzungen an. Daran erinnert das Bild vom umherspringenden, Früchte verzehrenden

Affen, das wohl schon in Buddhas früher Lehrtätigkeit eine Rolle gespielt hat: »Was aber, ihr Jünger, Geist genannt wird oder Denken oder Erkennen, das entsteht und vergeht immer wechselnd Tag und Nacht. Wie ein Affe, ihr Mönche, der in einem Walde, einem Gehölz umherschweift, einen Ast ergreift und den fahrenlässt und einen andern ergreift, so entsteht und vergeht, was Geist genannt wird oder Denken oder Erkennen, immer wechselnd Tag und Nacht.«[17]

Dem falschen Selbstbehauptungstrieb, der immer tiefer in die Welt der Illusionen hineintreibt, stellt Buddha die Lehre vom *Nichtselbst* gegenüber: »Darum also, ihr Mönche: Was es auch an Körperlichkeit, was es auch an Empfindung, an Wahrnehmung, an Gemütsregungen, an Bewusstsein gibt, vergangen, zukünftig oder gegenwärtig, eigen oder fremd, grob oder fein, hässlich oder schön, fern oder nahe – alle diese Gestalten, Empfindungen, Wahrnehmungen, Gemütsregungen und alles Bewusstsein sollte man in rechter Einsicht der Wirklichkeit gemäß also ansehen: Das gehört mir nicht, das bin ich nicht, das ist nicht mein Ich.«[18]

Für europäisches Denken sind solche Aussagen nicht ohne weiteres begreiflich. Denn hier zeigen sich fundamentale Unterschiede zwischen den Mentalitäten. Entsprechend klafft das Bild vom Tod auseinander. Während nach westlicher Auffassung »jemand« stirbt, geht für das buddhistische Verständnis »etwas« in den Tod: ein flüchtiges Gebilde aus Körper, Wahrnehmung, Empfindung, Willensregung, Bewusstsein und Denken. Der große Fehler war ja gerade, dass dieses Etwas glaubte, jemand zu sein. Damit wurden die Weichen in eine falsche

Richtung gestellt. Man hat »Gestaltungen« – angebliche Wirklichkeiten – wie böse Geister heraufbeschworen, die sich nicht mehr so leicht vertreiben lassen. Sie beherrschen die Vergangenheit, die Gegenwart und die Zukunft. Sie wirken auf das Karma ein und halten so den bedauerlichen Geburtenkreislauf in Schwung, dem alle Lebewesen unterworfen sind.

Nach hinduistischem Vorbild legt auch die buddhistische Karmalehre den Finger auf die Folgen irdischer Verhaltensweisen. Was sich im Tod behauptet, ist nicht die Seele, ist nicht die Person. Es sind vielmehr bestimmte Taten und bestimmte Unterlassungen, die noch lange fortwirken. Oder anders ausgedrückt: Die Kraft, mit der Existenz an Existenz gereiht wird, geht vom Karma aus; es muss unter allen Umständen positiv beeinflusst und auf diese Weise abgebaut werden.

Dass es eine große Chance bedeutet, als *Mensch* geboren zu werden, wurde schon gesagt. Nur der Mensch – in der kurzfristigen, schillernden Zusammensetzung von Körper, Empfindung, Wahrnehmung, Willensregung, Bewusstsein und Denken – verfügt über die Voraussetzungen zur Überwindung des Karmas. Eigentlich hätten dem frühen Theravada-Buddhismus zufolge alle Erdenbürger nur im Status von Mönchen Erlösungschancen gehabt. Sie wären so – weitgehend bedürfnislos – am besten für den Ausstieg aus dem Geburtenkreislauf gerüstet gewesen. Aber eine Welt voller Mönche ist natürlich absurd; jedenfalls trat später, als der Buddhismus zu einer Volksbewegung geworden war, das Mönchsideal in den Hintergrund. Auch andere Möglichkeiten des Aufschwungs wurden gesehen, etwa die liebende, barm-

herzige Hinwendung zu allen Lebewesen oder der für-
bittende Einfluss herausragender Weiser, die bis heute
als Fackelträger auf dem Weg zur Erlösung gelten. Er
bleibt nach buddhistischem Empfinden jeder nicht-
menschlichen Daseinsform versperrt, etwa den Göttern.
Ihre Seligkeit ist in Wahrheit Trug, also ein Gefängnis.
Sie sind an das Rad der Wiedergeburten geflochten wie
die übrigen Lebewesen auch. Außerdem kann ungünsti-
ges Karma genauso gut zur Wiedergeburt im Rang von
Asuras führen. Das sind niedere Götter, die ständig ihre
höheren Artgenossen neidvoll beäugen und darüber zu
keinem vernünftigen Gedanken kommen.

Weitaus mehr Ungemach bereitet die Wiedergeburt
im Tierreich oder jene als Hungergespenst, als *Preta*.
Pretas tragen ein durchaus unterschiedliches Los. Manche haben trotz großer Mägen kleine Münder und müssen besonders schlimmen Hunger leiden, weil sie nicht
viel und nicht schnell genug in sich hineinlöffeln können.
Andere vegetieren dahin

»1. mit Nadelhaar und sich selbst durchstechend;

2. mit scharfem und stinkendem Haar;

3. mit großen Geschwülsten, deren Eiter sie selbst
essen müssen«.[19]

Dabei ist die Pein schlechtgestellter Hungergespenster nichts im Vergleich zu dem, was eine Wiedergeburt
in der Hölle mit sich bringt. Diesbezüglich entwirft der
Buddhismus ein grausames, geradezu sadistisches Szena-
rio. Allein steht er damit nicht. Auch anderswo war man
immer eifrig darum bemüht, an höllische Qualen mit
besonderer Inbrunst zu erinnern. Offensichtlich bietet
das Leben genügend Anschauungsmaterial dafür, und

der grausamen Phantasie sind nun einmal keine Grenzen gesetzt.

In der buddhistischen Hölle – ich bitte diesen Ausdruck nicht despektierlich zu verstehen – geht es vor allen Dingen blutig zu: Da wird zerhackt, zerschnitten und zerstückelt. Vögel mit eisernen Schnäbeln stürzen auf die Insassen herab und zerfleischen sie. An Bäumen hängen klingenscharfe Blätter. Sie geraten in Schwingungen, und wer vorbeigeht, wird zersägt. Jedoch dauert die Hölle nicht ewig. Auch im tiefsten Elend dreht sich das Rad der Wiedergeburten weiter. Und betritt eines Tages wieder ein neuer *Mensch* diese Erde, dann besteht dringender Handlungsbedarf für ihn: Barmherzigkeit und Liebe zu allen Geschöpfen, Suche nach Erleuchtung und Weisheit, wahres Wissen vom Schein und von der Überwindung des Scheins. So kann der Kreislauf des Werdens und Vergehens sein Ende finden. Denn es gibt ein großes Ziel – das sprichwörtliche *Nirwana*.

Das Nirwana:
Alles oder nichts?

Was sich hinter diesem Begriff verbirgt, verrät – wenigstens zum Teil – das bisher Gesagte: Im Nirwana, oder besser: im Nirwana-Zustand haben die ständigen Wiedergeburten ein Ende. Das heißt, dass dem Nichtwissen das Wissen folgt, das Wachsein, und dass sich das Karma erledigt hat. Demgemäß findet sich im Nirwana keine Gier mehr, keine falsche Anhänglichkeit, kein irriges Sich-Festhalten. Individuelles Bewusstsein – diese große, verführerische Täuschung mit den fatalen Konsequenzen – ist erloschen. Es verglüht wie die Flamme einer Kerze, wenn kein Docht und kein Wachs mehr da sind.

Tritt dann der endgültige Tod ein? Heißt Erlösung für Buddhisten, dass es besser sei, nicht zu sein als zu sein? Setzt das Nirwana jedweder Existenz ein Ende?

Obwohl Buddha selbst sehr zurückhaltend geblieben ist, was das Nirwana betrifft, so stand für ihn doch fest: Das Nirwana bringt keineswegs die schiere Vernichtung. Gewiss: Von all dem, was der Mensch hier auf Erden gewohnt war, bleibt keine Spur. Gerade so tritt freilich die Unvergleichlichkeit des erlösten Daseins zum Vorschein. Was mit dem Nirwana kommen wird, bleibt schlicht unaussprechlich. Man könnte an das glatte Gegenteil der Verhältnisse auf Erden, im Himmel oder in der Hölle denken. Immerhin hat Buddha diese Möglichkeit wohl angedeutet. Ein vielzitiertes Wort dazu lautet: »Es gibt, ihr Mönche, ein Ungeborenes, Ungewordenes, nicht Gemachtes, nicht Gestaltetes. Gäbe es nicht, ihr Mönche, dies Ungeborene, Ungewordene, nicht Gemachte, nicht Gestaltete, würde für das Geborene, Gewordene, Gemachte, Gestaltete kein Ausweg zu finden sein. Da es aber, ihr Mönche, ein Ungeborenes, Ungewordenes, nicht Gemachtes, nicht Gestaltetes gibt, so ist für das Geborene, Gemachte, Gestaltete ein Ausweg zu finden.«[20]

Also: Der Kosmos mit seinen ungezählten Welten und den darin erfolgten Wiedergeburten wurde gemacht und gestaltet und er ist geworden; das Nirwana hingegen bleibt ungeboren, ungeworden, ungestaltet. Der Kosmos

ist vergänglich, das Nirwana ewig; das eine ist sichtbar,
das andere unsichtbar; das eine verändert sich, das andere bleibt allezeit gleich – lässt sich tatsächlich *so* vom
Nirwana reden?

Ich fürchte, damit greift man immer noch zu kurz.
Dieses Modell erinnert stark an einen Strang im abendländischen Denken, wonach sich die Zeit von der Ewigkeit unterscheidet wie der Tag von der Nacht oder das
Wasser vom Land. Hier waltet nach wie vor eine gewisse Vergleichbarkeit zwischen den Verhältnissen: Man
schließt von der Zeit auf die Nichtzeit und vom nassen
Element auf das trockene. Die Nirwana-Vorstellungen
Buddhas jedoch übersteigen auch noch die Vergleichs-
möglichkeiten, selbst wenn man in Gegensätzen denkt.
Das Nirwana hat keinen Bezug mehr zu dem, was vorher
war. Es ist radikal anders: keine Gestaltungen mehr, keine Berührungen, keine Empfindungen, keine Personen.
Die zwei Worte: »... es gibt«, die vorhin im Zitat gefallen
sind, sagen im Grunde nur, dass nach Buddhas Meinung
das Nirwana etwas anderes ist als ein »Nichtsein«. Doch
nähere Auskünfte bleiben schwierig. Vielleicht genügt
schlicht der Hinweis auf das Erlösende, Befreiende des
von Buddha in Aussicht gestellten Zustands: »Wo keine
Lust ist, ist kein Kommen und Gehen. Wo kein Kommen und Gehen ist, ist kein Sterben und keine Geburt.
Wo kein Sterben und keine Geburt ist, ist kein Hienieden, kein Drüben, kein Dazwischen. Das ist des Leidens
Ende.«[21]

Könnte die Poesie helfen? Gelegentlich soll man im
Umkreis Buddhas und seiner Schüler das Nirwana in
einer Art und Weise besungen haben, die von ferne an

die Insel der Seligen erinnert. Etwa so: »In des furchtbaren Meers Mitte, da finden in der Wogen Wut die Alter – Tod – Verfallenen eine Insel! Die künd ich dir! Wo's kein Etwas, kein Festhalten gibt, die Insel, die einzige: Sie heißt mit Namen Nirwana, die Alter – Tod – entnommene. Gleichwie das Licht, vom Windeswahn getroffen zur Ruhe eingeht und dem Blick entschwindet, so geht der Weise, Nam' und Leib ablegend, zur Ruhe ein, entschwindend jedem Blicke.«[22]

Das Wort Ruhe! Ist an die »ewige Ruhe« gedacht, um die katholische Christen für ihre Verstorbenen beten? Jedenfalls scheint der Begriff im Zusammenhang mit Buddhas eigenem Tod eine gewisse Rolle gespielt zu haben. Nach der Überlieferung genoss der Erleuchtete schon zu Lebzeiten den Nirwana-Zustand. Als er starb, sei dies im Rahmen meditativer Versenkungen geschehen. Buddha habe in letzter Intensität die Reiche der »Raumunendlichkeit«, der »Bewusstseinsunendlichkeit« und des »Nichtseins« verkostet, »wo es weder ein Vorstellen noch ein Nichtvorstellen gibt«. Dort sei er »völlig zur Ruhe gegangen«.[23]

Wieder zeigt sich: Das Nirwana ist weder dieses noch jenes. Es ist nicht *so* beschaffen und es ist auch nicht *anders* beschaffen. Es besteht einfach. Oder nehmen wir noch einmal den Vergleich mit der Kerze: Solange Docht und Wachs vorhanden sind, brennt sie. Ist beides aufgebraucht, erlischt die Flamme. Aus buddhistischer Sicht kein Verlust! Docht und Wachs versinnbildlichen die Gestaltungen dieser Welt; die Gier zehrt davon und macht lauter Egoisten aus den Menschen. Sobald die Welt jedoch ihre verhängnisvolle Anziehungskraft verloren hat, erlischt mit der Gier auch das vermeintliche Ich. Es geschieht, damit fortan reine Ungebundenheit herrsche: völlige Bedürfnislosigkeit, absolutes Unbesorgtsein, vollkommene Rast in lauterer Wahrheit.

Nun hat sich natürlich die Vorstellung vom Nirwana in den unterschiedlichen Strömungen des Buddhismus weiterentwickelt und filigran verästelt. Für viele Buddhisten und Buddhistinnen des Mahayana-Zweiges, der Jahrhunderte nach Siddharta Gautamas Leben aufblühte, ist das Nirwana schlicht eine Art Paradies voller Wonne und Wohlsein. Hier schlägt weitgehend volkstümliches Empfinden durch. Eher denkerisch interessierte Kreise brachten hingegen den Begriff der »Leere« ins Spiel, der später für den so genannten Zen-Buddhismus maßgebend wurde. Dieses Wort – und die mit ihm verbundene Vorstellung – ist insofern besonders interessant, als es das *Ineinander* von Nirwana und Welt betont:

Welt bedeutet ja Illusion. Was sich als »etwas« ausgibt, ist in Wirklichkeit leer. Leer ist aber auch das Nirwana. Es trägt keine Bestimmungen an sich. Es bleibt wie ein unbeschriebenes Blatt; nicht dieses und auch nicht jenes steht darauf zu lesen. Wer also die Leere der *Welt* erkennt, schaut zugleich die Leere des *Nirwana*; das geschieht hier und jetzt. Im Gegensatz zu den abrahamitischen Religionen – Judentum, Christentum und Islam – tritt nach buddhistischem Verständnis der Zustand endgültiger Erlösung nicht erst am Ende der Zeit ein. Weil man im Fernen Osten zyklisch statt linear denkt, kann sich der restlos erleuchtete Mensch jederzeit vom Rad der Wiedergeburten lösen – falls die Leere der Welt erkannt wurde und das Nirwana nicht weiter verdeckt blieb. So befinden sich die einen bereits im unpersönlichen, ewigen Glückszustand, während den anderen noch eine Reihe ungezählter Neugeburten bevorsteht.

Allerdings rechnet der Mahayana-Buddhismus mit der Möglichkeit stellvertretender Beihilfe: Bereits Erleuchtete, Bodhisattvas genannt, erweisen den Mitmenschen Barmherzigkeit und Mitleid. Anderen zuliebe verzögern sie ihren Übertritt ins Nirwana oder kommen von dort als gottähnliche Heilandsgestalten hilfreich zurück. Der hochverehrte Bodhisattva Avalokiteshvara zum Beispiel tut dies, zum Vorteil und zum Trost für viele Buddhisten: »Allein das Vertrauen, das der Gläubige in diesen Bodhisattva setzt, bewirkt Linderung seiner Leiden und letztlich seine Befreiung aus dem Kreislauf des Werdens und Vergehens. Selbst bis in die tiefsten Höllen hinein strahlt sein mitleidvolles Wesen aus.«[24] Der Leistungsüberschuss eines Bodhisattva kommt also Gläubigen zugute, die noch wenig fortgeschritten sind, aber auf jemanden setzen, der bereits am Ziel ist. Parallelen zur christlichen Heiligenverehrung sind unübersehbar.

Intensivkurs Buddhismus:
Das Tibetische Totenbuch

Im Lamaismus Tibets begegnet eine sehr eigenständi-ge, besonders sinnfällige Weiterentwicklung der Lehre Buddhas. Bekannt sind die mächtigen Klöster, die Gebetsfahnen und Gebetsmühlen, die großen spirituellen Lehrer, nicht zuletzt der Dalai-Lama, der als Bodhisattva verehrt wird. Auch im Blick auf das Sterben hat der tibetische Buddhismus Besonderes vorzuweisen – und zwar ein höchst detailfreudiges Totenbuch.

Das Tibetische Totenbuch: Es handelt sich nicht um ein Verzeichnis Verstorbener mit Angaben zum Tag und Ort der Bestattung, wie man dies von katholischen oder protestantischen Pfarrämtern kennt. Vielmehr bietet das *Bardo Thödol*, so der tibetische Name, eine Hilfe an zur Bewältigung kritischer Augenblicke beim Sterben (die es nach lamaistischer Anschauung freilich genauso gut im Leben gibt). Das Buch richtet sich an einen Vorleser – einen Sterbebegleiter, so könnte man sagen – und *durch ihn* an einen Menschen in den letzten Zügen. Im Licht der buddhistischen Lehre gibt das Totenbuch Anweisungen, wie sich eine »Seele« während der bevorstehenden Reise ins »Jenseits« verhalten soll.

An dieser Stelle sind freilich sofort zwei kleine Anmerkungen zu machen. Erstens: Wie wir sahen, kennt der Buddhismus keine Seelenvorstellung im abendländischen Sinn. Trotzdem verlässt, dem Totenbuch zufolge, beim Sterben eine Art Bewusstseinsprinzip den Körper. Es ist in der Lage, weitere Erfahrungen zu machen. Ein religiös mittelmäßiger Mensch hat ja am Lebensende die Lehre vom Nichtselbst noch wenig verinnerlicht. Deshalb hält er auch im Tod an seinem illusionären Ich fest. Dieses wird freilich jetzt zum Adressaten tiefgreifender Eindrücke. Es durchschreitet eine Welt voll Angst machender Erscheinungen, die gedeutet und verkraftet werden müssen.

Die zweite Anmerkung hat mit dem von mir verwendeten Begriff »Jenseits« zu tun. Gemeint ist damit – im Sinn des Tibetischen Totenbuches – kein selbstständiger

Seinsbereich, in den das Leben hier und heute einmündet. So gesehen kann als eigentliches Jenseits nur das Nirwana gelten. Das Totenbuch hingegen hat einen *Zwischenzustand* im Auge. Es bezieht sich auf Bewusstseinsakte, die im Anschluss an den letzten Atemzug aufflackern. Die Neugeburt erfolgt nicht im selben Augenblick, und die wenigsten treten sofort ins Nirwana über. Also muss sich zuvor entscheiden, wohin die Reise gehen soll: entweder zurück in die Welt der Gestaltungen als Tier, Mensch, Gott, hinein in die Hölle oder ins Paradies. Oder vielleicht doch: Erlösung im Nirwana!

Um eine möglichst günstige Weichenstellung zu ermöglichen, wirkt das Totenbuch über den Vorleser auf die Seele (ich bleibe der Einfachheit halber bei diesem Begriff) Rat gebend ein. Oberstes Ziel *bleibt* das Nirwana. Steht es noch in zu weiter Ferne, wird wenigstens eine annehmbare Neuverkörperung angestrebt. Denn die richtigen Einsichten und Verhaltensweisen können gerade während des Sterbeakts von ausschlaggebender Bedeutung sein, und die Möglichkeit gläubiger Entscheidung hört im Tod nicht auf. Hier begegnet ein typischer Zug des fernöstlichen Denkens, das nur ungern ja oder nein sagt. Jederzeit und überall können sich die Dinge zum Besseren oder Schlechteren wenden, sei es im Himmel, in der Hölle oder eben irgendwo dazwischen. Aus dieser Überzeugung heraus bietet das Tibetische Totenbuch so etwas wie einen »Intensivkurs Buddhismus« im Augenblick des Sterbens an. Was zuvor versäumt wurde, kann nun noch einmal – und eindringlicher – erfasst und bewältigt werden. Der Verstorbene soll alles tun, um *keine* Neugeburt, *keine* weitere Verkörperung erdulden zu müssen.

Doch gehen wir der Reihe nach vor.

Ein Mensch – ein Buddhist, Mann oder Frau – liegt im Sterben. Wie es das Totenbuch festlegt, nimmt ein Vorleser bei ihm Platz, und zwar so, dass er dem Sterbenden (und dann Toten) ins Ohr flüstern kann. »Die Leitung durch den Vorleser ermöglicht ihm, den richtigen Weg zu finden sowie die Widerfahrnisse recht einzuordnen und entsprechend richtig zu handeln. Dieses fremde Land und die unbekannten Widerfahrnisse sind das, was den Zwischenzustand zwischen Tod und Wiedergeburt kennzeichnet.«[25] Es ist wie mit den ersten Atemzügen hier auf Erden: »Das soeben geborene Kind braucht viel Anleitung und Führung, um sich in der Welt zurechtzufinden, in die es hineingeboren ist. So bedarf auch der Tote der Anleitung und Führung, wenn er in die ihm völlig unbekannte Welt des Nachtodes hineingeworfen wird. In beiden Fällen geschieht der Übergang unfreiwillig.«[26] Was beim Sterben konkret vor sich geht, wird vom Tibetischen Totenbuch – was völlig selbstverständlich ist – im Rahmen der Bilder- und Symbolwelt des lamaistischen Buddhismus geschildert. Da die unmittelbare Anschauung bekanntlich fehlt, bleibt der Blick über den Tod hinaus von der visionären Kraft des Glaubens abhängig. Und was sieht er?

Die vom Körper getrennte Seele trifft auf Götter und Geister aller Art, denen gegenüber sie sich angemessen zu verhalten hat; der Vorleser hilft ihr dabei. Auch Schreckgestalten tauchen auf. Der Lehre des Totenbuches zufolge sind sie Erscheinungsbilder des Karma, so dass die Seele mit dem Ergebnis ihrer bösen Taten konfrontiert wird – ein zweifellos grandioser Gedanke. Man braucht kein Übermaß an Phantasie, um sich das Unbehagen vorzustellen, das von einer unrühmlichen Vergangenheit herrührt, wenn sie in Form hässlicher Fratzen auftritt. Da tun sich Abgründe auf, die vorher bestenfalls erahnt wurden oder die man geflissentlich überspielt hat. Dass sie erschrecken und verwirren, leuchtet ein; und dass in dieser Situation guter Rat teuer ist, liegt auf der Hand.

Laut Totenbuch soll der Vorleser in den Momenten der Bedrängnis dem Jenseitsreisenden gut zureden und ihm sagen, dass es sich lediglich um leere Erscheinungen handelt. Selbst wenn grausame Martern drohen, die als selbstverschuldete Strafe der verschreckten Seele zusetzen, gilt es die Nichtigkeit der Widerfahrnisse, deren Leere zu durchschauen. Zwar empfindet die Seele während ihres Aufenthalts im Zwischenzustand Schmerz und Freude inniger denn je, aber sie muss sich vor der Meinung hüten, all dies sei Wirklichkeit. Wie gesagt: Schon im irdischen Leben hätte die Leere der Dinge und des eigenen Selbst erfasst werden müssen. Schon zuvor wäre es notwendig gewesen, den Weg der Buddhaschaft anzutreten, der damit beginnt und sich darin vollendet, dass durch die Erkenntnis der Leere dem gierigen Ich ein Ende bereitet wird. Nun, im Sterben, gibt es eine neue Chance, einen neuen Anlauf mit sehr viel mehr Gespür für das Gute wie für das Böse.

Und dann geschieht dies: Ein Strahl klaren Lichts erscheint – das Licht der Leere, ein Vorschein des Nirwana. Aber die Seele hat Schwierigkeiten im Umgang mit ihm. Gemäß der Schwerkraft, mit der das Karma auf ihr lastet, schaut sie das Licht deutlich oder verschwommen. Auch locken andere Lichter, die in die Irre führen. Während die Verunsicherung zunimmt, richtet der Vorleser folgendes Wort an die Seele: »O Edelgeborener, höre. Jetzt erfährst du die Strahlung klaren Lichts reiner Wirklichkeit. Erkenne sie! O Edelgeborener, dein jetziger Geist, seiner wirklichen Natur nach leer, nicht zu irgendetwas wie Merkmalen der Farbe geformt, natürlicherweise leer ist die wahre Wirklichkeit.« Denn es gilt: »Dein eigenes Bewusstsein, leuchtend, leer und untrennbar von dem Großen Strahlungskörper, hat weder Geburt noch Tod und ist das unveränderliche Licht – Buddha.«[27]

Wenn trotz aller Mühe die Erkenntnis der Leere misslingt und die Seele an sich selbst festhält, steht eine Neugeburt an. Damit sie vergleichsweise günstig ausfällt, ergehen auch hierfür Anweisungen von Seiten des Vorlesers. Vor allem ist wichtig, dass immer wieder Schutzgottheiten angerufen werden, solche, die man schon im Leben gekannt und verehrt hat. Mit ihrer Hilfe steuert der Neugeburtsvorgang an ein »gutes Ufer«; das heißt: Es kommt zu einer Existenz, in der die Bedingungen für die Buddhaschaft wieder relativ gut sind. Die Seele verliert sich, in neuer Zusammensetzung, an eine weitere Daseinsform. Aber es bleibt die Aussicht, dass es später gelingen wird, im Urlicht, in der Leere aufzugehen.

Wandel und Einerlei:
Motive im östlichen Wiedergeburtsglauben

Wiedergeburt – es ist das große Stichwort in der hinduistisch-buddhistischen Glaubenswelt. Was hat diese Idee eigentlich plausibel gemacht? Dass sie sehr alt ist und rund um den Erdball eine Rolle spielt, steht außer Frage. Von den Griechen sympathisierten vor allem die Philosophen Pythagoras und Platon mit ihr. Deren Motiv war die Sehnsucht nach Vollkommenheit: Der eigentliche, ganz befriedete Mensch, das ist die Seele, das ist der Geist. Hingegen bringt alles Körperliche nur Mühsal und Beschränkung mit sich. Wiedergeburt hieß für sie: Man muss sich von Körper und Materie Schritt für Schritt lossagen, der Freiheit und der persönlichen Reifung wegen.

Von der Sehnsucht nach Vollkommenheit sind auch die östlichen Hochreligionen erfüllt. Deshalb ihre Distanz zur Welt: Der asketische Eifer vieler Hindus ist sprichwörtlich, und für Buddhisten fällt auf Körper und Geist gleichermaßen die Anklage, dass sich Illusion als Wirklichkeit ausgibt. Im Hintergrund des hinduistisch-buddhistischen Wiedergeburtsglaubens steht freilich das zyklische *Zeitverständnis* des Ostens: Nichts bleibt für immer. Alles bewegt sich, alles fließt, alles kehrt wieder. Immerhin bietet die tägliche Erfahrung einigen Anhalt für diese These: In der Natur gibt es den Wechsel von Tag und Nacht und die regelmäßige Wiederkehr der Jahreszeiten. Ich erinnere nur an den für Indien so wichtigen Monsunregen, dessen Kommen jedes Jahr sehnsüchtig erwartet wird.

Andererseits beschert gerade der Alltag sehr viel Einerlei. Es ist das ewig Gleiche, wodurch unser Leben weitgehend bestimmt wird. Sollte der Tod diesen Trott tatsächlich beenden? Selbst in der Bibel kommt Skepsis auf: »Was geschehen ist, wird wieder geschehen, was man getan hat, wird man wieder tun: Es gibt nichts Neues unter der Sonne.«[28] Wer mit der Wiedergeburt rechnet, traut auch dem Tod nichts wirklich Neues zu – und hält nach ganz anderen Ufern Ausschau.

Damit tritt das genuin religiöse Motiv des fernöstlichen Wiedergeburtsglaubens zutage. Ich meine die feste Überzeugung, dass der Mensch nur dann seine angemessene Bestimmung erreicht, wenn er – buddhistisch gesprochen – Mitleid gelernt hat. Der Egoist steht dem Wahren und Guten hartnäckig im Weg. Wer nicht begreift, am Übel in der Welt maßgeblich beteiligt zu sein, durchläuft die Abfolge von Geburt und Sterben, von Werden und Vergehen immer wieder, und wenn es Ewigkeiten dauert. Woran sich der Mensch in seiner Verblendung hängt, das wird ihm zum Fluch gemacht: die Ichverhaftung, das Kleinkarierte, die Oberflächlichkeit. Nicht der Körper ist sein Gefängnis, sondern die Gier, in deren Namen sich Fleisch und Geist nur zu gern die Hände reichen.

Mit dieser Art zu denken ist die irdische Existenz äußerst ernst genommen: Jede Idee, jedes Wort, jede Tat, alles hinterlässt Spuren. Nichts geht verloren. Der Mensch ist – zusammen mit allen Lebewesen – unendlich wichtig. Er bleibt als Moment am kosmischen Universum einmalig und unersetzlich, selbst dann, wenn auf seine Individualität und die Welt als solche gar kein Wert gelegt wird.

Auch die Überzeugung, dass alles Leben schicksalhaft vernetzt sei, hat mit Nachdruck auf Wiedergeburtsvorstellungen eingewirkt. Schon Pythagoras wusste von einem Band kosmischer Verwandtschaft zu sprechen. In den Religionen aus dem indischen Subkontinent begegnet uns dieselbe Ansicht. Deshalb wurden die Tier- und mitunter sogar die Pflanzenwelt in den Geburtenkreislauf einbezogen. Dieser Schritt konnte verhindern, dass sich der Mensch über die Natur erhebt und sie ausbeutet, wie übrigens auch nach christlichem Empfinden die Umweltzerstörung eine Sünde ist und nichts anderes. Hier stehen sich Ost und West näher, als viele meinen.

Die wohl stärksten Impulse empfing der religiös wie philosophisch begründete Wiedergeburtsglaube vom Ideenpaar »Vergeltung und Gerechtigkeit« her. Vergeltung: Jede lieblose Tat fällt auf den Täter oder die Täterin zurück – wenn nicht in diesem Leben, so doch im nächsten. Eine solche Erwartung tut gut in einer Welt, die Böses zur Genüge kennt. Und dann die Gerechtigkeit: Warum sind die einen reich, die anderen arm? Wieso gibt es Kranke, Dumme, Unterprivilegierte, während andere gesund bleiben, klug sind und herrschen? Uralte, bedrängende Menschheitsfragen schienen im Blick auf Wiedergeburten zureichend beantwortet zu sein: Wenn sich das gegenwärtige Schicksal als Echo zurückliegender guter oder schlechter Taten begreifen lässt, erübrigt sich jede Grübelei. Denn es ist nur gerecht, dass der vormalige Mörder nunmehr zu den Opfern zählt und die Weisen der Vergangenheit jetzt als Brahmanen oder Götter Ansehen und Glück genießen.

Doch an diesem Punkt wird auch die andere Seite der Medaille sichtbar. Denn wie das berühmt-berüchtigte hinduistische Kastenwesen zeigt, hat die soziale Frage unter solchen Vorzeichen wenig Chancen. Der Abbau gesellschaftlicher Unterschiede wäre gleichbedeutend mit der Missachtung des ewigen Karmagesetzes. Zwar hat sich die Strenge der hinduistischen Kastenwelt erst im fünften Jahrhundert nach Christus herausgebildet, und der moderne indische Staat propagiert offiziell die Gleichheit aller Bürgerinnen und Bürger. Aber die tatsächlichen Verhältnisse zeigen ein anderes Bild.

Mit dumpfer Resignation hat das Kastendenken indes nichts zu tun. Denn der Glaube an die Wiedergeburt schreibt die Unterschiede von Stand und Glück nicht für immer fest. Jeder Mensch kann im nächsten oder übernächsten Leben ganz anders gestellt sein. Je nach Karma erfährt sich die Gesellschaft bunt durchmischt. So hat niemand Grund, den gegenwärtigen Status für ein unveränderliches Los zu halten.

Der Gott des Lebens. Israel und das Judentum

So gut wie ohne Wiedergeburtsvorstellungen gestaltet sich im Judentum die Hoffnung auf ewiges Leben. Im Hintergrund steht ein ganz anderer Kulturkreis: nicht mehr die zerklüfteten Weiten des indischen Subkontinents, sondern die kleinflächige Welt Palästinas. Sie war aus einem schmalen Küstenstreifen am Mittelmeer herausgewachsen und stand kulturell wie politisch immer zwischen zwei übermächtigen Nachbarn: Im Westen herrschten die Ägypter, ostwärts lag Mesopotamien mit den dort aufeinanderfolgenden Großreichen.

Von seiner Umgebung unterschied sich das Volk Israel durch einen charakteristischen Gottesglauben; das ist bis heute – im modernen Judentum – so geblieben.

Was das Alter des israelitisch-jüdischen Bekenntnisses angeht: Man vermutet, dass im dreizehnten Jahrhundert vor Christus ein charismatischer Stammesführer namens Mose mit einigen Großfamilien aus Ägypten nach Palästina zog, wo er auf die im Land ansässigen Israeliten stieß. Während diese den Gott El verehrten, vertraute die Moseschar auf Jahwe. Es kam zur Verschmelzung der beiden Gruppen, und die Gottesvorstellungen flossen ineinander. Zugleich hatte sich der neue Glaube in der Auseinandersetzung mit den übrigen Völkerschaften Palästinas bewährt: Während dort unzählige Naturgottheiten unter der Aufsicht einiger Obergötter das Feld beherrschten, riefen die Israeliten (zu denen die Moseschar jetzt maßgeblich gehörte) einzig und allein den Gott *El-Jahwe*, schlicht Jahwe, an.

Leben und Tod sind in Israel etwas Einmaliges – im doppelten Sinn des Wortes: Es gibt keine Wiederholung. Und: Man ist dankbar für das kostbare Geschenk, überhaupt am Leben zu sein, und nimmt den Tod – wenngleich nicht ohne Protest – als natürliches Ende hin. Doch um es gleich vorweg zu sagen: Die Frommen Israels glaubten streng genommen weder an ein Jenseits noch an ein ewiges Leben noch an die Auferstehung der Toten. Ihre Hoffnung zielte einfach auf *Gott* – den Schöpfer und Lenker des Himmels und der Erde. An ihm hing alles andere.

Man spricht vom Theozentrismus Israels, der übrigens auch das Christentum und den Islam kennzeichnet: Im Mittelpunkt des Glaubens steht Gottes Heiligkeit und Liebe, was die Gläubigen ihrerseits zu Reinheit und Treue verpflichtet. Hätte man sich im Gottesvolk zu viele

Gedanken über den Tod an sich gemacht, so wäre das vielen wie ein Misstrauensbeweis vorgekommen. Der Herr, so war man überzeugt, wird in seiner Weisheit schon das Rechte tun. Wie kam es zu dieser Zuversicht?

Der Gott von Menschen

Den Anstoß gab die Erfahrung der Männer und Frauen um Mose und die Frömmigkeit der frühen Israeliten in Palästina: Ihr Gott geht völlig frei auf Menschen zu und lässt sich von ihnen mit »Du« anreden. Er hört, wenn sein Volk zu ihm ruft, und man darf sich sicher sein: Es hört immer der Richtige! Das war nicht selbstverständlich im Umkreis Palästinas. Denn dort, wie auch anderswo, gab es sehr viele Götter mit durchaus unterschiedlichen Zuständigkeiten; wie hätte man wissen sollen, ob sozusagen die Adresse stimmt? Und wenn ja, besaß die angerufene Gottheit gegenüber den Ansprüchen so vieler anderer genügend Durchsetzungskraft? Dazu kam, dass die Göttinnen und Götter des vorderen Orients in aller Regel nur lokale Bedeutung hatten. Sie waren ortsgebunden. Also musste hier jene, dort eine andere Macht verehrt werden. Hingegen folgt der Gott Israels seiner Anhängerschaft auf Schritt und Tritt. Seine Aufmerksamkeit gilt nicht Orten, sondern Personen, Männern, Frauen und Kindern, die um seine Gegenwart wissen und um seine Ansprechbarkeit – weshalb der tägliche Dialog mit ihm nicht abreißen durfte.

Israels Geschichte – die in der Hebräischen Bibel, dem Alten Testament der Christen, erzählt wird – ist wie eine großangelegte, farbenprächtige Illustration dieser gesprächsfrohen Lebensgemeinschaft. Dass sie immer völlig intakt gewesen wäre, wird nicht behauptet. Es gab Augenblicke und Situationen, in denen das Volk an seinem Gott irre wurde, weil er zu schweigen schien. Ein anderes Mal stellten sich die Israeliten taub oder horchten lieber auf die Gottheiten der Nachbarschaft. In diesem Fall ergriffen Propheten das Wort, um den Kontakt zwischen Jahwe und den Hebräern wiederherzustellen.

Die Propheten! Man darf ihre Bedeutung für die Entwicklung der israelitisch-jüdischen Glaubenswelt nicht unterschätzen. Durch ihr mutiges Wort wurden in Israel Zusammenhänge erkannt, die der gläubigen Hoffnung über den Tod hinaus entscheidende Impulse gaben. Dazu zwei Beispiele:

Nicht von Anfang an hatte Jahwe bei den Hebräern als der einzige Gott gegolten. Er war zunächst einer unter vielen gewesen, doch jemand, auf den das Volk ausschließlich vertraute. Mit der Zeit lernten ihn die Israeliten näher kennen, und es wurde ihnen bewusst, dass der Gott ihrer Väter alle anderen Götter weit überragt. Nicht nur, dass er sich größer und fordernder zeigte als sie; ohne ihn hätte es den Himmel und die Erde überhaupt nicht gegeben. Aus seiner Hand war gekommen, was Leben zuallererst voraussetzt: Licht, Luft, Wasser, trockenes Land, essbare Früchte, dazu die Tiere, Schafe, Ziegen und Rinder. Mit dem Propheten Jeremia – um ihn für viele andere zu nennen – konnte Israel sagen: »Gott hat die Erde erschaffen durch seine Kraft, den Erdkreis gegründet durch seine Weisheit, durch seine Einsicht den Himmel ausgespannt. Lässt er seine Stimme ertönen, dann rauschen die Wasser am Himmel. Wolken führt er herauf vom Rand der Erde; er lässt es blitzen und regnen, aus seinen Kammern entsendet er den Wind.«[29] Und der Tod?

Als Herr des Himmels und der Erde musste Jahwe in jedem Fall stärker sein als er. Langsam aber sicher wurde diese Ahnung in Israel zur Gewissheit. Ich erinnere an den Bericht über das grausame Martyrium der sieben Brüder, von dem im ersten Teil dieses Buches die Rede war. Er stammt aus einer Zeit, in der die Hoffnung auf die Wiederbelebung der Toten bereits zum unveräußerlichen Glaubensschatz Israels gehörte. Vorher wäre es kaum denkbar gewesen, dass eine Mutter beim Tod ihrer Söhne derart unerschütterlich blieb: »Der Schöpfer dieser Welt hat den werdenden Menschen geformt, als er entstand; er kennt die Entstehung aller Dinge. Er gibt euch gnädig Atem und Leben wieder, weil ihr jetzt um seiner Gesetze willen nicht auf euch achtet.«[30]

Damit komme ich zu einem zweiten Beispiel, welches zeigt, was Israel von den Propheten gelernt hatte, nämlich dies: Gottes *Transzendenz* zu achten.

Dieses vielgebrauchte, mitunter missverstandene theologische Fachwort bedarf einer kurzen Erklärung: Es bezeichnet das, was alles sinnlich und geistig Erfassbare trägt und zugleich übersteigt. Gedacht ist also auch an den radikalen *Unterschied* von Welt und Gott: Jeder Vergleich zwischen ihr und ihm hat seine Grenzen. Die Bibel lässt diesbezüglich nicht den geringsten Zweifel aufkommen: Gott ist *Gott* – nicht Welt, nicht Natur, nicht Kosmos, nicht All-Seele, nicht Urkraft, nicht universales Bewusstsein. Die Himmelsbewohner in Israels

Nachbarschaft waren im Grunde personifizierte Natur-gewalten gewesen. Das heißt: Unerklärliche Phänomene der Schöpfung hatten die Namen und das Gesicht von Göttinnen und Göttern erhalten. Die Sonne etwa ist ein klassisches Beispiel dafür, oder überhaupt, das Licht: Ohne Sonne und Licht gäbe es kein Leben, das wuss-te man überall. Ein Sonnengott also? Eine Lichtgöttin? Nicht in Israel.

Auch die Macht des Todes bot sich zur Personifi-zierung an. Sie ist dunkel und undurchschaubar; sie ist zugleich faszinierend. Sind Götter im Spiel? Kaum eine Kultur dieser Erde konnte hier widerstehen. Wir haben den hinduistischen Totengott Yama kennengelernt oder das Herrscherpaar der aztekischen Unterwelt, Mictlan-tecutli und Mictlanciuatl. Israel aber sagt nein. Sein Gott Jahwe ist kein Totengott. Er wäre, so gesehen, auch nicht sehr viel mehr gewesen als eine Art besserer Hausmeister. Denn nach antiker Vorstellung ist ja die Unterwelt ein abgegrenzter Bereich im Innern der Erde oder des Oze-ans, und irgendjemand musste dort schließlich nach dem Rechten sehen. An Jahwe zerbricht diese Vorstellung. Er überragt die Erde und den Himmel, die Unterwelt und die Oberwelt, den Tag und die Nacht, die Zeit und die Ewigkeit unendlich. Er bleibt der unergründbare, nicht in Bildern zu fassende, unaussprechliche Andere – der gleichwohl für Israel das rechte Wort gefunden hat und dessen Wege mitgeht.

Aber kann das sein? Ein Gott radikaler Transzendenz, der sich trotzdem in dieser Welt zu erkennen gibt und darin handelt, als wäre er wie ich und du? Vom hindu-istischen Brahman könnte man so etwas nie behaupten.

Für die Bibel aber besteht hier kein Widerspruch. Denn man darf sich das Verhältnis von Gott und Welt nicht so denken, als stünden sich zwei völlig gleichberechtigte, in sich abgeschlossene Wirklichkeiten gegenüber. Gottes Transzendenz bedeutet immer auch: Der Unaussprechliche, Unvergleichliche ragt in die Welt herein. Er umfängt, trägt und durchwirkt sie, und – er schenkt ihr eine gute Zukunft.

Von daher konnte sich Israel auf seinen Gott verlassen. Oder besser gesagt: Der Tod brauchte die Hebräer nicht weiter zu beunruhigen. Gott erfüllt seine Verheißungen schließlich nicht unter der Erde, über den Wolken, auf hohen Bergen oder in den Tiefen des Ozeans. Die Weggemeinschaft mit ihm führt unweigerlich dahin, wo *Leben* ist. Und wo ist Leben? Israel wusste es genau: vor Gottes Angesicht! Das ist bis heute die große Auskunft des Judentums geblieben: Leben entfaltet sich vor Gottes Angesicht! Darauf zu vertrauen genügt. Alles Weitere bleibt eine Angelegenheit theologischer Schulen, profilierter Lehrmeinungen oder zeitbedingter religiöser Strömungen. Einiges davon sei im Folgenden näher untersucht.

Der Gott von Lebenden

Zunächst gab es in Israel wenig Hoffnung über den Tod hinaus: Wer stirbt, geht in das Land der Finsternis und des Vergessens ein. Die Rückkehr ist ausgeschlossen, der Kontakt zu Jahwe beendet. So schien es jedenfalls. Tatsächlich war es so, dass gerade die Scheu vor dem Tod Israel gelehrt hat, was Gott für das Leben *hier und heute* bedeutet. Seine Gnade kommt zuallererst auf den Weiden und Bergen Palästinas zur Geltung. Jetzt, in jedem Augenblick, soll Israel Gottes Angesicht suchen. Jetzt steht die Entscheidung an für oder gegen Jahwe. Und dementsprechend ist der Alltag zu gestalten. Nicht theologische Spekulationen sind gefragt, sondern Gerechtigkeit und Liebe. Wer immer nur auf den Himmel starrt, vergisst, wie viel auf Erden zu tun bleibt. Und Jahwe hatte seine Pläne ausdrücklich für *diese* Welt gedacht. Deshalb gab er dem Volk das Gesetz: Nächstenliebe, Achtung vor den Eltern, Hilfe für Witwen, Waisen und Fremde, Respekt vor dem Leben und dem Eigentum anderer, Liebe zur Wahrheit, zur Familie, zur Überlieferung. Im täglichen Umgang der Gläubigen miteinander hätte sichtbar werden sollen, wie sich unter der Schirmherrschaft des höchsten Gottes leben lässt. Alle Welt hätte am Beispiel Israels lernen können, nach Kräften die *irdischen* Lebensverhältnisse zu verbessern; so wäre die Wahrheit Jahwes zur Wahrheit des ganzen Menschengeschlechts geworden.

Doch Israel erfüllt seinen Auftrag nur zum Teil und widerwillig. Wie anderswo auch, tritt an die Stelle von Recht, Gesetz und Liebe immer wieder die Untat. Sie belastet und verunsichert das Volk, natürlich. Aber sie verdeckt zugleich den Gott des Lebens – einmal mehr greifen die Propheten ein.

Für die Propheten ist bezeichnend, dass angesichts gottwidrigen Verhaltens – unter dem die Schwächsten am meisten leiden – gerade nicht auf ein tröstendes Jenseits verwiesen wird. Das Gegenteil ist der Fall: Die Verkehrung von Recht und Gesetz wird den Verantwortlichen ungeschminkt ins Gesicht gesagt. Sie müssen hören, dass Jahwe genau Bescheid weiß, dass er die Untat nicht will und ihr Ende fordert. Ein Gottesmann wie Amos kannte in solchen Fällen keinerlei Pardon: »Hört dieses Wort, ihr, die ihr die Schwachen verfolgt und die Armen im Land unterdrückt. Ihr sagt: Wann ist das Neumondfest vorbei? Wir wollen Getreide verkaufen. Und wann ist der Sabbat vorbei? Wir wollen den Kornspeicher öffnen, das Maß kleiner und den Preis größer machen und die Gewichte fälschen. Wir wollen mit Geld die Hilflosen kaufen, für ein paar Sandalen die Armen. Sogar den Abfall des Getreides machen wir zu Geld – beim Stolz Jakobs hat der Herr geschworen: Keine ihrer Taten werde ich jemals vergessen.«[31]

Gott wünscht, ja er verlangt – so der Prophet – Gerechtigkeit und Liebe *jetzt*, nicht danach. Seinn Interesse gilt dem Menschen, der leibt und lebt, und zwar im hellen Licht der Sonne. Keine »Seele« ist das vernunftbegabte Geschöpf für ihn, kein »Geist«, der nur von abstrakter Wahrheit zehrte und deshalb Getreide und Brot gar nicht bräuchte. Darum wäre es geradezu gotteslästerlich gewesen, wenn man in Israel auf ein Leben »danach« vertröstet hätte. Andere Völker hatten es darin zu ungleich höherer Meisterschaft gebracht, allen voran, wir sahen es, die Ägypter. Ein antiker Autor schrieb – in einer Mischung aus Bewunderung und Verwunderung – über sie: »Man hält bei den Ägyptern die Zeit des Lebens für sehr kurz, die Zeit nach dem Tod aber für sehr lang. Daher nennen sie die Wohnungen der Lebendigen Herbergen. Die Gräber der Verstorbenen aber heißen sie ewige Häuser. Auf jene verwenden sie keine erhebliche Mühe; diese aber statten sie großartig aus.«[32]

Israel denkt völlig entgegengesetzt. Was soll das Leben hier und heute, wenn es auf eine Zukunft ankommt, die nichts mehr von ihm weiß? Und was soll eine Frömmigkeit, die gleichgültig oder sogar verächtlich auf das Irdische blickt, aber vor dem Jenseits in die Knie geht? Was schließlich soll Gott *nach* dem Tod zu bieten haben, wenn er nicht in der Lage ist, sein Wohlwollen schon vorher spürbar zu machen? Die angestrengte Suche nach dem, was kommt, wenn man gestorben ist, hätte Israel zur »Ausflucht vor der Aufgabe in der Geschichte« verleitet.[33] Außerdem war bei den unmittelbaren Nachbarn Israels, den Kanaanitern, der Jenseitsglaube mit allerlei fragwürdigen Praktiken verbunden, zum Beispiel mit der Totenbeschwörung. Von ihr ging eine gefährliche Verlockung aus.

Kein Geringerer als König Saul, dem eigentlich bessere Einsicht angestanden hätte, verfällt am Ende seiner Tage auf den Geisterkult der Heiden: Weil Sauls Freund und Förderer, der Gottesmann Samuel, tot ist, und weil sich der König in einer schweren Krise ratlos fühlt, geht er zu einer Frau, die »Gewalt über Totengeister hat«. Es ist die Wahrsagerin von En-Dor. In ihrem Haus steigt, wie das Buch Samuel erzählt, der Geist des Propheten Samuel tatsächlich »aus der Erde herauf«. Der Geist redet auch, wobei er sich zugleich über die Störung beklagt. Aber seine Auskunft hilft dem geplagten König nicht weiter, im Gegenteil. Sie bestätigt Sauls Glaubensschwäche und kündigt sein bevorstehendes Ableben an. Es tritt kurz danach tatsächlich ein.[34]

Saul wird von Gott nicht deshalb verworfen, weil er zur Wahrsagerin ging. Es ist sein schwindendes Gottvertrauen, das ihm zum Verhängnis wird, und die verstohlene Totenbeschwörung zeigt, wie weit sein Aberglaube schon gediehen war. Hätte Saul als guter Israelit nach wie vor alles vom Gott des Lebens erwartet, wäre er nicht bei den Geistern gelandet. Die dürftige Auskunft des in seiner Ruhe gestörten Samuel unterstreicht, wie falsch das ist. Denn was der Fromme Israels wissen muss, sagen ihm das Gesetz und die Propheten. Es kommt auf den gläubigen Gehorsam, nicht auf die Einflüsterung der Toten an; von »dort kommt kein bedeutsames Wissen«.[35] Die Verstorbenen hatten ihre Stunde während der ihnen zugeteilten Lebenszeit. Aber sie hat ihr Ende gefunden, und der Rest ist Schweigen. Wer sich damit nicht abfindet, bleibt nach der Überzeugung des frühen Israel unreif und überspannt. Die Totenbeschwörung lästert Gott, weil von Vorletztem Letztes erwartet wird und die Hoffnung an Dingen hängt, die von seiner Macht und Größe ablenken.

Der Gott mit Zukunft

Jahwe ist also ganz und gar ein Gott für hier und jetzt; er ist ein Gott für die Belange des Alltags, ein Gott, der will, dass irdisches Leben blüht. Über sein Verhältnis zum Tod machte man sich deshalb in Israel zunächst kaum einmal Gedanken. Aber dabei blieb es nicht. Konnte es wirklich sein, dass der Gott des Lebens in der Unterwelt keine Bedeutung hat? Konnte überhaupt eine Unterwelt existieren, zumal doch Gott nichts anderes will als das Glück seines Volkes?

Betend und vertrauend hat man in Israel mehr und mehr erkannt, dass es für Gottes Macht und Liebe keine Schranken gibt. Damit weitete sich der Horizont: Jahwe trägt nicht nur für die Kinder Abrahams Sorge, sondern genauso für die übrigen Völker. Seine Gegenwart sprengt Zelt- und Tempelwände. Er thront auf den Wolken des Himmels, residiert in Donner und Sturm; zugleich kennt er das menschliche Herz von innen. Überall ist Gott. Und überall lässt er sich ansprechen – *auch* von den Toten. Großartig formuliert Psalm 139, der zu den schönsten Gebeten Israels gehört: »Herr, du umschließt mich von allen Seiten und legst deine Hand auf mich. Zu wunderbar ist für mich dieses Wissen, zu hoch, ich kann es nicht begreifen. Wohin könnte ich fliehen vor deinem Geist, wohin mich vor deinem Angesicht flüchten? Steige ich hinauf in den Himmel, so bist du dort; bette ich mich in der Unterwelt, bist du zugegen. Nehme ich die Flügel des Morgenrots und lasse mich nieder am äußersten Meer, auch dort wird deine Hand mich ergreifen und deine Rechte mich fassen. Würde ich sagen: ›Finsternis soll mich bedecken, statt Licht soll Nacht mich umgeben‹, auch die Finsternis wäre für dich nicht finster, die Nacht würde leuchten wie der Tag, die Finsternis wäre wie Licht.«[36]

Der ganze Gebetstext ist von dem Wörtchen »du« durchherrscht, und das bedeutet viel. Schließlich hat Gott den Menschen – woran wiederum Psalm 139 erinnert – schon im Mutterschoß liebevoll gewoben, staunenswert geformt und »kunstvoll gewirkt«.[37] Der Schöpfer hat zuerst »Du« gesagt, ganz am Anfang schon. Sollte er am Ende jene vergessen, die ihm geantwortet haben? Er tut es natürlich nicht. Darum wurde die Zuversicht der Gläubigen Israels fester und fester: »Mein Herz freut sich, und meine Seele frohlockt: Auch mein Leib wird wohnen in Sicherheit. Denn du gibst mich nicht der Unterwelt preis; du lässt deinen Frommen das Grab nicht schauen. Du zeigst mir den Pfad zum Leben. Vor deinem Angesicht herrscht Freude in Fülle, zu deiner Rechten Wonne für alle Zeit.«[38]

Die Argumentation wider das Verlöschen bleibt im Grunde sehr einfach (und sie ist uns im ersten Abschnitt dieses Buches bereits begegnet): Der Schöpfer des Menschen ist zugleich sein Erhalter; der Tod ändert daran nichts. Denn näher besehen gibt es kein Totenreich, jedenfalls keines, das für Gott tabu wäre. Es hätte ja auch sein können, dass sich hartherzige Menschen durch den Tod ihrer Verantwortung entziehen. Es hätte sein können, dass sie sterbend sich selbst und ihre böse Tat verstecken, so dass der Mörder über sein Opfer für immer triumphiert. Aber diese Rechnung geht nicht auf. Denn Jahwe schenkt zwar Liebe und Barmherzigkeit, aber er ist zugleich gerecht. Niemand, der das Gesetz mit Füßen tritt, der Witwen und Waisen wie Abschaum behandelt und ohne jede Rücksicht nur die eigene Tasche füllt, kommt ungeschoren davon.

Wie die großen Religionen des Ostens verbietet auch der Glaube Israels dem Tod, dass er die Schandtat ungesühnt lässt. Doch während nach hinduistischer und buddhistischer Auffassung das unpersönliche Karma der Bosheit zu Leibe rückt, macht sich Jahwe in höchst eigener Person zum Anwalt der Unterdrückten. Und während für die einen der Zwang zur Neugeburt Vergeltung und Gerechtigkeit bringt, hält Jahwe *Gericht* – indem er die Toten auferweckt; dann empfängt jeder nach seinem Lebenswandel. Für den Propheten Jesaja ist das ein Jubeltag: »Die Toten werden leben, die Leichen stehen wieder auf; wer in der Erde liegt, wird erwachen und triumphieren.«[39] Aber auch an diese Variante ist gedacht: dass *nur* die Guten auferweckt werden und dass gerade darin ihr Lohn besteht. Die Schlechten hingegen gehen leer aus, weil sie zum neuen Leben erst gar nicht kommen. Sie stehen »nie wieder auf«; denn Gott hat sie »bestraft und vernichtet«.[40]

Die Auferweckung der Toten also. Der Gedanke hat sich, wie gesagt, in Israel sehr zögerlich entwickelt. Was hat ihn stark gemacht?

Die wichtigsten Gründe wurden bereits genannt: Das Gebet trug dazu bei und das Wissen um ausgleichende Gerechtigkeit. Weil sich Israel ermächtigt fühlte, Gott in jeder Lebenslage mit »Du« anzureden, schmolz die Schreckensvision vom lähmenden Totenreich langsam, aber sicher dahin. Die Hebräer hatten erkannt: Der Dialog von Gott und Mensch ist nicht auf Zeit angelegt. Er hat einen Anfang, gewiss, aber kein Ende. Solange es zwischen Gott und Mensch persönliche Kontakte gibt, besteht kein Anlass, verzagt zu sein. Zwar stirbt der Mensch wirklich, und Israel hat das Ende niemals beschönigt. Es wurde – ganz im Gegenteil – immer mit großer Nüchternheit zur Kenntnis genommen; man hatte die Toten auch beweint. Aber der Optimismus behauptete sich: Kein Frommer geht jemals im Grab verloren.

Bei Verfolgungen war diese Zuversicht oft genug der einzige Trost geblieben. Ich erinnere ein weiteres Mal an das grausame Schicksal der sieben Brüder: Als im zweiten Jahrhundert vor Christus die heidnischen Machthaber Palästinas gegen jüdisches Brauchtum vorgingen, kam es zu zahlreichen Hinrichtungen. Ein schweres Problem entstand unter den Gläubigen: Wie können Märtyrerinnen und Märtyrer, Hebräer, die für ihren Glauben den Tod erleiden, Anteil erhalten an der großen Verheißung Gottes, eines Tages für sein Volk Recht und Gerechtigkeit höchstpersönlich aufzurichten? Man darf nicht übersehen, dass Israel immer und in erster Linie auf eine Zukunft hier auf Erden gesetzt hat. Dabei spielte der leibliche Nachwuchs eine entscheidende Rolle. Die Hoffnung war, in den Kindern und Kindeskindern am Genuss kommender Jubeltage beteiligt zu werden. Doch auf Dauer und angesichts brutalster Verfolgung gerade sehr junger Menschen konnte diese Aussicht allein nicht mehr tragen. Wie kamen auch die Ermordeten in den Genuss des versprochenen Triumphes? »Die *Belebung der Toten* musste die um den Preis des Martyriums Standhaften entschädigen für die ihnen entgehende geschichtliche Vollendung.«[41]

Diese Erkenntnis zog eine weitere Konsequenz nach sich. Denn mit der Hoffnung auf die Rückkehr der ermordeten Schwestern und Brüder schärfte sich der Sinn für das Individuum. Seit Jahrhunderten hatten die Israeliten *gemeinsam* das kommende Heil erwartet; zugleich war glaubend und betend jeder Fromme ganz persönlich dem rettenden Gott nahe gewesen. Jetzt, unter dem Druck der Verfolgung, tritt das Glück Einzelner in den

Brennpunkt des Interesses: Gerade sie, die man verstüm-
melt und verbrannt hatte, würden mit Haut und Haaren
Erben des Reiches sein. Man kannte ihre Namen, hatte
mit ihnen gelebt, gelacht und geweint; sie waren in Gottes Hand geschrieben. Und ihre Peiniger?

Sich in der scheinbar unparteiischen Nacht des Todes
verstecken konnten sie nicht. Der Tag des Gerichts musste also ihren Fall bedeuten. Siegesgewiss verkündet das
aus der Verfolgungszeit stammende Buch Daniel: »Von
denen, die im Land des Staubes schlafen, werden viele
erwachen, die einen zum ewigen Leben, die anderen zur
Schmach, zu ewigem Abscheu. Die Verständigen werden
strahlen, wie der Himmel strahlt; und die Männer, die
viele zum rechten Tun geführt haben, werden immer und
ewig wie die Sterne leuchten.«[42] Doch wann sollte es so
weit sein?

Das überwältigend Neue:
Jüdische Apokalyptik

Diese Frage führt zum Kernstück der späten israeli-
tischen Auferstehungshoffnung, zur jüdischen Apokalyptik. Hinter diesem Begriff aus dem Griechischen –
mit »Enthüllung« oder »Bekanntgabe« ist zu übersetzen –
steht die charakteristische Zeitauffassung der Bibel. Anders als der Ferne Osten kennt Israel ausschließlich einen
nach vorn orientierten Zeitverlauf: Beginn, Abfolge der
Tage, Ende der Tage, Vollendung.

Konkret: Am Anfang schafft Gott Himmel und Erde,
das heißt, ins Chaos tritt Ordnung ein. Dann nehmen die

Dinge ihren Lauf. Der Mensch erscheint, und mit ihm wird Geschichte geschrieben, vorab die Geschichte Israels. Generationen kommen und gehen, jeder Tag bleibt einmalig. Über alledem steht freilich ein Ziel: Gottes Reich. Es wird im Judentum als krönender Abschluss der Geschichte erwartet. Wie es sich durchsetzt, weiß Jahwe allein. Doch es ist einigermaßen klar: Am Höhepunkt der Tage wird mehr sein als irdische Geschäftigkeit. Man lebt in der unverstellten Gegenwart Gottes, und zwar völlig friedvoll, in Gerechtigkeit und Liebe. Jede Bedrohung durch Lüge, Neid und Krieg ist vorüber. Wer zu diesem Zeitpunkt noch am Leben ist, genießt die Vollendung sofort; die zuvor Verstorbenen werden auferweckt.

Man kann sagen: Diesseits und Jenseits fallen gemäß der Hoffnung Israels am Ende der Tage in eins. Irgendwelcher Unterscheidungen zwischen hier oder dort bedarf es nicht mehr. Es genügt einfach, dass Gott ist – und dass Israel vor ihm und vor aller Welt als sein Volk Bestand hat.

Allerdings lässt diese Umwälzung bis heute auf sich warten. Ungerechtigkeit, Neid und Gewalttat haben nach wie vor das Zepter in der Hand; noch gab die Erde ihre Toten *nicht* zurück; das jüdische Volk lebt verstreut in aller Welt. Seit dem so genannten Frühjudentum – es begann in etwa mit den Verfolgungen im zweiten Jahrhundert vor Christus – zogen viele Hebräer aus der unleugbaren Verzögerung der Zeitenwende einen ebenso glaubensfesten wie trotzigen Schluss: Das göttliche Friedensreich werde eines Tages abrupt und durchaus triumphal anbrechen. Es werde buchstäblich in die Geschichte hereinbrechen und das Neue von einer Sekunde auf die andere durchsetzen. Das ist das eigentliche Thema der frühjüdischen Apokalyptik.

Man erwartet und weiß: Die jetzige Zeit, gottlos wie sie scheint, wird ersetzt durch eine ganz andere, Gott ergebene, von Gott erfüllte Zeit. Tag und Stunde bleiben zwar ungewiss, aber es gibt Anzeichen, und dann wird es wie ein Paukenschlag sein – gerade wenn die Verfolgung und die Bedrängnis am größten sind. Der vorhin zitierte Abschnitt aus dem alttestamentlichen Danielbuch ist ein in diesem Sinn typisch apokalyptischer Text. Er beschwört die Auferstehung der Toten als einen Erweis göttlicher Gerechtigkeit. Und er sieht Israel als Gottesvolk wunderbar wiederhergestellt und verherrlicht. Aber die weltweite Anerkennung der Herrschaft Jahwes und seines geläuterten Volkes setzt eben eine Art Revolution voraus. Kein Stein darf auf dem anderen bleiben, sonst geht die Gottlosigkeit weiter, und man könnte meinen, Recht und Nächstenliebe wären die Sache der Dummen.

Aber so ist es nicht. Das hat mit allem Nachdruck das talmudische Judentum herausgestellt. Und einmal mehr beruft man sich auf die Auferweckung der Toten am Wendepunkt der Zeit.

Das talmudische Judentum hatte sich nach der endgültigen Zerstörung des Jerusalemer Tempels im Jahr 70 nach Christus etabliert. Es kennzeichnet den Übergang von der israelitisch-frühjüdischen Epoche zur jüdischen Geschichte der nachbiblischen Zeit. Damit die Identität des Gottesvolkes trotz der Zerschlagung Jerusalems gesichert blieb, setzten die Jahwegläubigen auf religiöse Texte, die über die Heilige Schrift hinausgingen oder sie

kommentierten. Als die großen Autoritäten galten theologisch fein gebildete Schriftgelehrte, die Rabbinen – natürlich unbeschadet des Ansehens der Urväter Israels
und der biblischen Propheten.

Man kann sicher nicht sagen, dass sich der apokalyp-
tische Eifer des frühen Judentums ungedämpft erhalten
habe. Die Anschauungen werden abgeklärter, vielfäl-
tiger, verschulter. Doch die Überzeugung, dass Gott
eines Tages alles zum Guten wenden und dabei die Gerechten auszeichnen und die Bösen strafen werde, blieb.
Demgemäß hatten sich die Rabbinen angewöhnt, von
»dieser Welt« und von einer »kommenden Welt« zu sprechen. In *dieser* Welt habe man sich unter Widrigkeiten
zu bewähren, in der *kommenden* aber gebe es dafür den
Lohn. Das Urteil darüber fällt beim göttlichen Gericht
am Zenit der Tage, eben dann, wenn die erwartete Zeit,
wenn der neue Äon angebrochen ist. Ihn vorauszusagen
oder gar zu berechnen gilt als unmöglich und ist darum
verpönt. Aber es bleibt nach einmütiger rabbinischer
Lehre unerlässlich, dass trotz aller Bedrängnisse das
Gebot Gottes unerschütterlich gelebt wird, Tag für Tag.
Denn Anteil am Glanz der kommenden Welt erhält,
wer »demütig ist und bescheiden auftritt, wer sich bückt
beim Kommen und Gehen, wer immerfort in der Tora
(den fünf Büchern Mose) studiert und sich nichts darauf
zugute hält«.[43]

Fällt göttliches Licht, wenn es so weit ist, nur auf
fromme Jüdinnen und Juden? Manche Rabbinen unter-
stützten diesen Gedanken. Sie sagten ja. Andere wider-
sprachen und setzten sich schließlich durch. Rabbi Je-
hoschua zum Beispiel lehrte ohne Wenn und Aber: »Die

Gerechten der Völker haben Anteil an der kommenden Welt.«[44]

Unbeirrte Erwartung:
Der Messias und das ewige Leben

Es ist weithin bekannt, dass die Juden auf den *Messias*, den Gesalbten Jahwes, warten. Seine Ankunft kündet den Höhepunkt der Geschichte an und bringt ihn gleichzeitig zur Geltung. Doch es gibt keine einhellige Meinung darüber, wie sich die Vorgänge im Einzelnen gestalten werden; hier legt sich das Judentum nicht fest. Gleichwohl gilt der Messias als strahlendes Zeichen der Hoffnung. Wenn er kommt, hat die alte Welt ausgedient. Denn der Messias errichtet eine Art »Übergangsregime«. Sein Reich »soll 400, 500 oder 1000 Jahre dauern«.[45] Dann macht er Platz für die neue Welt: die Toten stehen auf und leben fortan in ungetrübter Glückseligkeit.

Wer der Messias tatsächlich ist – auch davon gibt es im Judentum kein einheitliches Bild. Sein Wesen trägt politische sowie priesterliche Züge; er ist einerseits Mensch, wenn auch mit einer besonderen Aura, andererseits ein zeitenthobenes Himmelswesen. Über seine enge Beziehung zu Gott, die sich in der liebevollen Hinwendung zu Israel spiegelt, wurde weniger kontrovers diskutiert. Schon im siebten Jahrhundert vor Christus hatten offizielle religiöse Texte den Auftritt eines gottnahen und zugleich menschenfreundlichen Königs besungen. Sie wurden, nachdem sie in die Bibel eingegangen waren, sehr bald messianisch verstanden und so in ihrer ganzen

Tiefe erfasst: »Das Volk, das im Dunkel lebt, sieht ein helles Licht; über denen, die im Land der Finsternis wohnen, strahlt ein Licht auf ... Denn uns ist ein Kind geboren, ein Sohn ist uns geschenkt. Die Herrschaft liegt auf seiner Schulter; man nennt ihn: Wunderbarer Ratgeber, Starker Gott, Vater in Ewigkeit, Fürst des Friedens. Seine Herrschaft ist groß, und der Friede hat kein Ende. Auf dem Thron Davids herrscht er über sein Reich; er festigt und stützt es durch Recht und Gerechtigkeit, jetzt und für alle Zeiten.«[46]

Der Hinweis auf die Geburt und das Kindsein des erwarteten Friedensfürsten stellt dessen Unschuld heraus, die vor allem darin besteht, Jahwe gegenüber völlig gehorsam zu sein. So strahlt mit dem Messias die göttliche Liebe in die Welt herein, wie das Sonnenlicht durch Glasscheiben flutet. Dass freilich die restlose Verfügbarkeit des Gesalbten für Gott unter den Bedingungen einer sündhaften Welt womöglich schwere Drangsal auf ihn herabruft, deutet ein anderer Text in der Bibel an: »Gott, der Herr, gab mir die Zunge eines Jüngers, damit ich verstehe, die Müden zu stärken durch ein aufmunterndes Wort. Jeden Morgen weckt er mein Ohr, damit ich auf ihn höre wie ein Jünger. Gott, der Herr, hat mir das Ohr geöffnet. Ich aber wehrte mich nicht und wich nicht zurück. Ich hielt meinen Rücken denen hin, die mich schlugen, und denen, die mir den Bart ausrissen, meine Wangen. Mein Gesicht verbarg ich nicht vor Schmähungen und Speichel. Doch Gott, der Herr, wird mir helfen; darum werde ich nicht in Schande enden.«[47]

Oft genug hatte das gläubige Israel Aussagen wie diese auf sich selbst bezogen; einschlägige Erfahrungen, vor allem die Verschleppung nach Babylon, hatten es wohl dazu veranlasst. Umso deutlicher kam zum Ausdruck, dass sich der kommende Messias ganz auf die Seite des Volkes schlagen werde, um das Böse auf dem Boden dieser Welt zu entmachten. Mit innerer Konsequenz stieg die Messias-Gestalt zur Symbolfigur für Israels Zukunft auf.

Galt sie auch als Verheißung wider den Tod? Da mit dem Messias, wie man hoffte, die endgültige Heilszeit beginnt, ist das nicht grundsätzlich auszuschließen – wenngleich konkrete Aussagen dazu im Judentum eher spärlich sind.

Werfen wir noch einmal einen Blick auf das von mir bereits mehrfach zitierte Danielbuch. Dort tritt ein »Menschensohn« genannter Messiastypus auf, der in höchst eigener Person, aber im Namen Jahwes, das ewige Reich des Friedens garantiert. Ihm werden, sobald sich Gott zum Weltgericht anschickt, »Herrschaft, Würde und Königtum« gegeben.[48] Allerdings teilt der Menschensohn diese Auszeichnung mit den »Heiligen des Höchsten« und mit dem »*Volk* der Heiligen des Höchsten«.[49] Gemeint sind um Jahwe versammelte Engelwesen und eben das Volk *Israel*. Die Nähe zu Gott – welche vom Menschensohn und den Engeln verbürgt wird – verleiht ihm Leben und Herrlichkeit, den endgültigen Sieg über den Tod. Wie also hätte der Messias in Israel Hoffnung zu wecken vermocht, wenn nicht auch als Garant unzerstörbaren Lebens?

Jedenfalls suchen bis heute gläubige Jüdinnen und Juden den möglichst engen Anschluss an ihn. Das erklärt den Wunsch vieler nach einer Bestattung in Jerusalem, wo der Überlieferung nach das endzeitliche Geschehen seinen Anfang nimmt. Bis zum vierten Jahrhundert nach Christus wurden Gebeine, sofern dies möglich war, in kleinen Behältern dorthin überführt. Später setzte sich der Brauch durch, dass man Erde aus dem Heiligen Land in den Sarg legte oder diesen damit bestreute. Im Übrigen gibt es um Jerusalem herum bereits Gräber in Hülle und Fülle. Wenn der Messias kommt und in der Tempelstadt den Sieg ausruft, soll der Weg zu ihm möglichst kurz sein.

Dass er wirklich kommen wird, steht außer Frage. Diese Zuversicht äußert sich sogar im Wortlaut jüdischer Heiratsanzeigen. Es ist in religiös gesinnten Kreisen durchaus üblich, etwa folgendermaßen zu formulieren: »Hiermit geben wir erfreut Kenntnis von unserer Heirat. Die Hochzeitsfeier findet statt am 28. November um 16 Uhr in Jerusalem im Tempel im Beisein des Messias, des Hochgelobten.« Bei dem Wort »Messias« steht dann eine Fußnote: »Sollte sich wider Erwarten die Ankunft des Messias verzögern, so findet die Feier zur angegebenen Zeit im Manhattan-Hotel in New York statt.«[50]

Geist oder Fleisch?
Leben jenseits der Gräber

Doch zurück zum Thema »Auferstehung der Toten«. Wie lässt sich diese Erwartung – aus jüdischer Sicht – konkret verstehen? Die Bandbreite der Meinungen ist auch in diesem Punkt beachtlich. Sie reicht von sehr krassen Vorstellungen bis zur eher vergeistigten Vision. Krass dürfte zum Beispiel die Ansicht gewesen sein, die Verstorbenen würden so auferweckt, wie man sie begraben hat, nämlich mit denselben Kleidern am Leib. War nicht der tote Samuel so vor König Saul erschienen, als dieser die Wahrsagerin von En-Dor um Hilfe bat? »Er fragte sie: Wie sieht er aus? Sie antwortete: Ein alter Mann steigt herauf, er ist in einen Mantel gehüllt. Da erkannte Saul, dass es Samuel war.«[51] Als es – im Blick auf diese Schriftstelle – bei Mitgliedern nachbiblischer Gemeinden zu einer wahren Modewut angesichts der eigenen Bestattung gekommen war, protestierte ein angesehener Rabbiner, indem er sich selbst nur ein grobes Leinentuch gönnte: Das neue Gewand der Auferstehung werde reines Licht sein, wie auch der ganze Körper eine Verwandlung erfahre; schöne Kleider seien also völlig nutzlos.

Aber solche Reibereien waren natürlich Nebensache. Gemäß verbreiteter jüdischer Auffassung führt die Auferweckung der Toten in jedem Fall zur Belebung des *ganzen* Menschen mit Haut und Haaren. Schließlich geht das Leben danach – wenn die Heilszeit da ist – auf irdischer Ebene weiter. Die Bedingungen in der »kommenden Welt« dürfen deshalb nicht unter das Niveau der Vergangenheit zurückfallen. Als untrennbare Einheit von Leib und Seele *lebt* der Mensch und genauso *stirbt* er auch; die Auferstehung setzt ihn wieder in seine alten Rechte ein. Er genießt das Leben der kommenden Welt mit allen Sinnen. Ob deswegen der vermoderte Fuß unter der Erde mit dem neuen Fuß im Reich Gottes exakt identisch sein würde, ließen die meisten Gelehrten und Gläubigen dahingestellt.

Indes waren seit den Eroberungszügen Alexanders des Großen im Judentum hellenistische Einflüsse wirk-

sam geworden. Dass es nach griechischer Denkart geradezu peinlich war, von einer Auferstehung der Toten zu
reden, wurde bereits mehrfach betont. Bei den Verehrern
Platons stand die Unsterblichkeit der Seele im Zentrum
des Interesses. Der Körper galt als Ballast; wenn er zer-
fiel, sollte dies nur recht und billig sein.

So ganz wollten auch jüdische Gelehrte nicht auf pla-
tonisches Erbgut verzichten. Entsprechend vergeistigt
gestaltete sich ihr Bild von der Auferstehung der Toten.
Dafür bezeichnend ist ein Ausspruch des berühmten mittelalterlichen Arztes und Theologen Moses Maimonides:
»In der künftigen Welt gibt es keine Körper, sondern nur
die Seelen der Rechtschaffenen ohne Körper, wie die Engel. Da es in der künftigen Welt keine Körper gibt, wird
dort weder gegessen noch getrunken noch irgendetwas
anderes getan, dessen die Körper der Menschen in dieser
Welt bedürfen.«[52] Immerhin wurde Moses wegen seiner
Äußerung von Kollegen ermahnt, was einen gewissen
Eindruck auf ihn machte. Ob er wirklich zu einer anderen Überzeugung fand, bleibt offen, und es ist durchaus
fraglich, ob der Glaube an die Auferweckung der Toten
strikt gegen die Hoffnung stehen muss, dass die »Seele«
für immer Bestand hat. Jedenfalls zeigt sich das *moderne* Judentum in dieser Frage ziemlich vielschichtig und
tolerant: Von Seiten reformorientierter Kreise wird die
Unsterblichkeit der Seele sogar mit allem Nachdruck gelehrt. Sie ergebe sich, wie ein führender Theologe unserer
Tage unterstrichen hat, aus der gottähnlichen Natur des
menschlichen Geistes. »Der Weg zum Ewigen« sei dem
Menschen zuverlässig gewiesen, »und dieser Weg verliert sich nie, auch im Tode nicht.«[53] Sterbend kommt der

Gläubige seinem Gott besonders nahe, während ihn die »kommende Welt« als jenseitiges Lichtreich erwartet.

Es bleibt noch anzumerken, dass man seit dem Mittelalter in mystischen und volkstümlichen Traditionen des Judentums auch an die Seelenwanderung gedacht hat. Damit sollte dem berechtigten Anliegen nach Gerechtigkeit stattgegeben werden: Der Gute erlebt eine günstige, der Böse eine ungünstige Wiedergeburt, bevor der Übergang in die Ewigkeit gelingt. Auch der vorzeitige Tod von Kindern schien durch den Hinweis auf neue Chancen im Diesseits erklärlich zu werden. Wirkliche Bedeutsamkeit hat die Seelenwanderungslehre im Judentum jedoch nie erlangt.

DASEINSFREUDE IM PARADIES.
DER ISLAM

Als Mohammed, der Begründer der islamischen Weltreligion, um das Jahr 612 nach Christus zu predigen begann, spielte er oft und gern auf die Themen Tod, Gericht und ewiges Leben an. Sie haben ihn zeit seines Lebens beschäftigt, wovon der Koran, die muslimische Heilige Schrift, Zeugnis gibt: Fast ein Drittel des Textbestandes nimmt auf die Erwartung eines endzeitlichen Jüngsten Gerichts Bezug. Der Blick auf den belohnenden oder strafenden Gott steht denn auch im Zentrum der islamischen Jenseitsvorstellungen. Alles hängt davon ab, ob Gottes Einzigkeit anerkannt, die Hinwendung zu ihm vollzogen und sein Gebot erfüllt worden ist.

Wer in diesem Sinn den Islam, wörtlich: die Hingabe

an Gott (arabisch *Allah*), ein Leben lang geübt hat, erbt das Paradies. Wer als Muslim Böses tat, bekommt die Hölle zu spüren, jedoch nur vorübergehend. Wer hingegen das Bekenntnis zum einen und einzigen Gott verweigerte oder vom islamischen Glauben abfiel, geht für immer ins höllische Feuer ein – so lautet die Faustregel der islamischen Lehre von der Zukunft des Menschen. Aber wie in jeder Religion sind die wenigen Kernaussagen von reichen Details umsäumt. Sie finden sich im Koran, in den Hadithen – das sind Sammlungen der Aussprüche Mohammeds, dazu Erinnerungen an sein Leben – sowie im Islamischen Totenbuch. Auf meist hohem poetischen Niveau werden die näheren Umstände des Sterbens und der Endzeit in den Blick genommen: der Aufenthalt im Grab und die Befragung darin; der Weltuntergang mit der großen Gerichtsversammlung aller vom Tod erweckten Menschen; das Buch der Anklage, die Sündenwaage und die Brücke zum künftigen Bestimmungsort; schließlich die Freuden des Paradieses und die Qualen der Hölle.

Vom Lohn der Märtyrer:
Die Gottesfreunde

Ein besonderes Augenmerk gehört im Islam den Propheten und Märtyrern. Die Propheten waren an der Glaubensverkündigung, das heißt an der göttlichen Offenbarung, beteiligt: Adam, Noah, Abraham, Mose, David, Jesus und Mohammed. Die Märtyrer haben für den Glauben gekämpft und sind um seinetwillen gestorben.

Beiden Gruppen steht das Paradies weit offen. Sie erreichen es nach dem Tod sozusagen ohne Zwischenschritte, und das große Endgericht berührt sie nur am Rand. Seit den Selbstmordanschlägen extremistischer Muslime in vielen Teilen der Welt bewegt dieses Thema die Öffentlichkeit. Trifft es tatsächlich zu, dass der fanatische Angriff aus dem Hinterhalt mit seinen ungezählten Opfern direkt ins Paradies führt?

Es gibt Koranstellen, die in diese Richtung zu deuten scheinen. Sure 8,60–61 zum Beispiel: »Rüstet euch mit Kriegsmacht und Reiterscharen gegen die Ungläubigen, wie ihr nur könnt, um damit Gottes und eueren Feinden Schrecken einzujagen, und noch anderen außer diesen, die ihr zwar nicht kennt, wohl aber Gott. Was ihr um Gottes willen ausgebt, wird euch voll zurückbezahlt.« Oder Sure 9,5: »Sind die heiligen Monate, in denen jeder Kampf verboten wird, abgelaufen, dann tötet die Heiden, wo ihr sie auch finden möget.« Aber so einfach ist die Sache nicht.

Man muss erstens bedenken, dass aus islamischer Sicht der Heilige Krieg nur im Extremfall das Schwert meint. Viel eher ist an die tägliche Mühe gedacht, den Glauben aufrichtig zu leben – nicht zuletzt gegen den eigenen, inneren Widerstand. Jeder religiöse Mensch weiß, wie viel Kraft und Überwindung, welchen Kampfgeist das erfordert.

Zweitens dürfte klar sein, dass auch der Koran einen historischen Hintergrund hat. Mohammed war angesichts der Vielgötterei im Alten Arabien gezwungen gewesen, den Glauben an den *einen* Gott gegen bewaffneten Widerstand durchzusetzen. Seine Anhänger bedurften des Ansporns und der Ermutigung; dann zogen sie in den Krieg, der im Übrigen als offene Schlacht, nicht aus dem Hinterhalt geführt wurde.

Drittens fällt auf, dass viele Koranstellen, die den Heiligen Krieg mit Feuer und Schwert fordern, gleichzeitig zur Milde aufrufen: Man möge Barmherzigkeit walten lassen, auf Kompromisse eingehen, Frieden schließen, falls er von der Gegenseite gewünscht wird, Toleranz zumindest gegenüber Unterlegenen üben.

Viertens kommt es entscheidend auf die Interpretation heiliger Texte an, auch im Islam. Die vielen Aussagen zum Thema *Dschihad* (Heiliger Krieg) geben sich militant oder versöhnlich – je nach Sicht der Dinge, je nach Auslegung. Diesbezüglich sind die Stimmen unter den muslimischen Gelehrten keineswegs einheitlich. Und gegen Verdrehungen des Gotteswortes wehrt sich bereits der Koran selbst: Nicht jedes Gebot kommt tatsächlich vom Höchsten; manchmal sind übel gesinnte Menschen Väter des Gedankens.

So darf man fünftens und resümierend sagen: Der hinterhältige Fanatismus, der sich als Glaubenseifer ausgibt, kann schwerlich auf den Segen Allahs hoffen, zu dessen herausragenden Eigenschaften die Barmherzigkeit zählt. Nach eigenem Bekunden schöpft der Islam mit vollen Zügen aus dem jüdisch-christlichen Erbe. Deshalb muss er – wie diese beiden Religionen auch – täglich neu lernen, was es heißt, barmherzig zu sein. Gleichwohl bleibt bestehen, dass nach islamischer Überzeugung die Märtyrer unmittelbar nach dem Tod ins Paradies gelangen. Was geschieht bei ihrem Sterben und: Was geschieht beim Sterben überhaupt?

Die Märtyrer empfangen sofort, was den anderen erst nach dem großen Gericht zuteil wird: Sie genießen (in den Kröpfen grüner, himmlischer Vögel geborgen) paradiesische Freuden. Der Koran beruft sich dabei auf ein Versprechen Allahs aus uralter Zeit, das er laut Sure 9,111 schon »in der Tora und im Evangelium« gegeben habe. Da Gott reines, unzerstörbares Leben bedeutet, und da er deshalb nichts anderes als reines und unzerstörbares Leben schenkt, sind die Märtyrer am Ziel; ihr Blutzoll hat sie zu Erben des Himmels gemacht. Aber im Grunde kommt es auf den Tod und die Art und Weise des Sterbens gar nicht an. Schwerer wiegt der entschiedene Glaube angesichts innerer und äußerer Widerstände, zu dem, wie gesagt, ein hohes Maß an Kampfgeist gehört. Die Notwendigkeit, auch noch das Leben hinzugeben, führt dann zur letzten Erprobung dessen, was schon zuvor die Geisteshaltung bestimmt haben muss – wobei natürlich nicht auszuschließen ist, dass sich ein Mensch erst in der Krisensituation des Sterbens seinem Gott in die Arme wirft.

In jedem Fall unterstreicht die islamische Auffassung, der Märtyrer werde sofort ins Paradies geleitet, um »lebend beim Herrn zu sein«[54], die Tragweite der im Glauben zugesagten Gottesnähe. Da Juden, Christen und Muslime gleichermaßen auf den einen, persönlichen und allmächtigen Weltenherrscher setzen (man spricht von den drei monotheistischen Religionen), sind sie sich im Blick auf die herausragenden Glaubenszeugen einig: Gott setzt ihnen die Krone des Lebens auf. Doch ihr Triumph macht sie nicht zu Egoisten. Mohammed soll fest damit gerechnet haben, dass die ins Paradies eingegangenen Märtyrer als machtvolle Fürsprecher walten. Von Sündenschuld befreit und der drohenden Feuerpein entzogen, legt sich himmlischer Frieden auf sie, von dem auch ihre Angehörigen profitieren. Märtyrer und Märtyrerinnen sind wie ein Stoßtrupp in die Ewigkeit des endgültig Wahren hinein, und der Islam weiß darum. Von den monotheistischen Religionen ist er wohl die sinnenfreudigste. Denn die Freunde Allahs genießen das Paradies in vollen Zügen, gesegnet mit allen Wohltaten orientalischer Pracht. Sobald sich der Ort der Wonne für sie öffnet, kümmern sich betörend hübsche Mädchen um sie, die Gott eigens zur Erbauung seiner Getreuen geschaffen hat. Später, wenn die ganze Menschheit gerichtet ist, wird auch die angestammte Familie am Glück der Märtyrer beteiligt. Die rechtmäßigen Ehefrauen samt Kindern und Kindeskindern finden sich ein, und man verbringt nie endende Tage in ungestörter Heiterkeit. Auf die Blutzeugen aus den eigenen Reihen darf die Verwandtschaft besonders stolz sein: Ihre Lieben hatten sich, treu gegenüber Allah, nicht geschont; dafür gehören sie jetzt für immer zur himmlischen Prominenz.

Weniger heroischen Muslimen winkt zwar ebenfalls das Paradies, aber die besten Ränge sind bereits vergeben. Außerdem bedarf es, bis für sie das Morgenrot anbricht, bestimmter Zwischenschritte. Schauen wir uns also das Sterben der Durchschnittlichen an.

Geborgen im Wartestand:
Das Geschick der Biederen

Im Mittelpunkt des islamischen Jenseitsglaubens steht, wie gesagt, das große Endgericht Allahs über *alle* Menschen, und der Tod bietet einen Vorgeschmack davon. Wie das Islamische Totenbuch erzählt, tritt er mit Fragen und einer beklemmenden Visitenkarte an den Sterbenden heran: »Was hältst du von dieser Welt? Kennst du mich denn nicht? Siehe, du hast nichts Gutes für deine Seele vorangeschickt; und es ist nichts Gutes bei dir an dem Tag, wenn ich zu dir komme, und nichts Gutes wirst du in der Zeit nach meinem Erscheinen bei dir tun können. Ich bin der Tod, der die Seelen deiner Eltern und deiner Kinder weggeführt hat. Du wirst deine Eltern sehen, aber es wird dir heute nichts nützen. Ich nehme deine Seele. Und du wirst deine Kinder sehen. Aber es wird dir nichts nützen. Ich bin der Tod, der die früheren Geschlechter dahinschwinden ließ. Diese waren an Größe und Kraft größer als du.«[55]

Freilich weiß der gläubige Muslim, dass der unerbittliche Jenseitsbote im Dienst Allahs steht und nur seine Pflicht tut. Deshalb braucht kein Frommer das Äußerste zu fürchten. Schließlich gehört zum Islam auch das Bekenntnis zur Endlichkeit alles Irdischen. Gott hat es so gefügt, dass der Mensch stirbt. Er soll im Wissen darum den Glauben lieben und Allahs Gericht fürchten lernen, damit sein Leben »rechtgeleitet« werde. Wenn sich der Tod mit allerlei Schrecken brüstet, dann nur, um Frömmigkeit und Demut zu erzeugen: »Ich bin der Tod, der den Freund vom Feind scheidet, ich bin der Tod, der den

Mann von der Frau, den Gatten von seiner Gattin trennt, ich bin der Tod, der die Töchter von den Müttern, die Söhne von den Vätern, die Brüder von den Schwestern losreißt. Ich bin der Tod, der die Starken unter den Menschensöhnen bezwingt, die Gräber füllt, die Häuser und Schlösser verödet. Ich bin der Tod, der euch wegholt, ›auch wenn ihr in hochgebauten Türmen wärt‹, und es gibt kein Geschöpf, das mich nicht kennenlernt.«[56]

Der von Gott *ermächtigte* Schnitter also stellt sich dem Menschen in den Weg, und er setzt der irdischen Pilgerschaft ein Ende. Zu seiner Begleitung gehören mehrere Engel. Sie halten dem Sterbenden ein weißes, dann ein schwarzes Blatt Papier vor die Augen. Weiß deutet auf seine guten Taten hin und signalisiert Freude. Schwarz hingegen zeigt die Abgründe an und löst entsprechendes Zittern aus – das große Endgericht wirft seine Schatten.

Obwohl nach islamischer Auffassung der Tod die Seele vom Körper trennt, empfindet man wie zuvor leiblichen Schmerz und leibliche Lust. In dieser Verfassung gilt es einen zweiten Vorgeschmack des kommenden Gerichts zu bestehen, der nunmehr im Grab verabreicht wird. Und zwar fragen die Todesengel den Gestorbenen nach seinem Glauben: »Wer ist dein Herr und wer dein Prophet, und was ist deine Religion?«[57] Nur den bekennenden Muslimen gelingt die richtige Antwort: »Gott ist mein Herr, Mohammed, der Gottgesandte mein Prophet, und der Islam ist meine Religion.« Damit sind die Weichen für eine gute Zukunft gestellt. Der Neuling im Totenreich darf bis zum Jüngsten Tag ruhig in seinem Grab schlafen oder erwartungsvoll ins Paradies schauen, wo der für ihn ausersehene Platz bereits vorbereitet ist.

Etwas ganz anderes sieht der Islam für einen ungläubigen oder vom Glauben abgefallenen Menschen vor. Auch in diesem Fall nähern sich die Todesengel mit der gleichen Frage, aber sie tun es bereits grimmig. Nach der Antwort, die nur falsch sein kann, weil der Verweigerer von Allah und seinem Propheten nichts hält, bricht die Hölle los, und sie wächst sich später zum ewigen, schrecklichen Inferno aus: »Da wird von der Seite des Grabes gerufen: ›Schlagt ihn mit der eisernen Keule, die so schwer ist, dass selbst alle Geschöpfe, wenn sie sich vereinigen würden, sie nicht emporheben könnten.‹ Davon gerät sein Grab in Brand und verengt sich derart, dass seine Rippen aneinandergequetscht werden. Dann erscheint ihm ein Mann von hässlicher Gestalt und üblem Geruch und spricht: ›Möge dir Gott Böses zuteilwerden lassen! Denn deine ganze Handlungsweise war nur so beschaffen, dass du dich lässig im Gehorsam gegen Gott zeigst!‹ Da sagt der Tote: ›Wer bist du? Ich habe in der Welt nichts Hässlicheres gesehen, als du bist.‹ Und jener antwortet: ›Ich bin dein schlechtes Tun!‹ Dann öffnet er vor ihm eine Pforte der Hölle, und er sieht auf den für ihn bestimmten Platz. Dieser Zustand aber hört nicht früher auf, als bis die Stunde des Jüngsten Gerichts eintritt.«[58]

Die große Entscheidung:
Gericht, Paradies, Hölle

Das Gericht kommt unausweichlich am Ende der Zeit. Lebende und bereits Verstorbene, die sich im Wartezustand befanden und nun auferstehen, werden vor das göttliche Tribunal geführt. Sobald die große Stunde schlägt, läuten gewaltige Erschütterungen den Weltuntergang ein: Die Erde bebt, Gebirge zerbröckeln, das Meer schäumt über, der Himmel samt Sonne, Mond und Sternenzelt stürzt ein. Nichts bleibt, wie es war. Da nach islamischer Überzeugung Gott die Welt wohnlich eingerichtet hat und jede Sekunde am Leben erhält, liegt es an ihm, die Elemente wieder aufzulösen. Den Geschöpfen schmilzt buchstäblich der Boden unter den Füßen weg. Die Katastrophe schlechthin bricht herein – nur entfernt vergleichbar mit dem, was man von den Trickkisten Hollywoods her kennt.

Eingeleitet und ausgelöst wird das endzeitliche Geschehen durch Posaunenstöße von Engeln. Im selben Moment beginnt der Abbruch. Aber der äußere Niedergang dient dem eigentlichen Geschehen nur als Voraussetzung und Illustration. Denn der Sinn aller Zerstörung liegt nach dem Koran darin, dass nunmehr zu Tage tritt, was bisher verborgen war und wofür jetzt die Vergeltung kommt: »Wenn die Himmel sich spalten, die Sterne sich zerstreuen, die Meere übertreten und die Gräber sich umkehren, dann wird jede Seele wissen, was sie getan und unterlassen hat. Mensch, was hat dich denn verführt, gegen deinen verehrungswürdigen Herrn zu handeln, der dich geschaffen, gebildet, geformt und in eine Gestalt zusammengefügt hat, die ihm gefiel?«[59]

Unter den Tisch gekehrt oder entschuldigt wird an diesem Tag nichts. Alles, was dem Willen Gottes zuwiderlief, zeigt sich offen und wächst sich zur großen Anklage aus: »Und wer auch nur so viel Böses getan hat, wie eine Ameise schwer ist, der wird dies sehen.«[60] Ganz klar:

Auch der Islam nimmt – wie jede große Religion – den Menschen und seine Lebensführung bis zum Letzten ernst. Da ist keine Tat, die nicht Auswirkungen hätte, kein böses Wort, das ungestraft verhallen würde, kein Gedanke, der vor Gott belanglos wäre. Entsprechend klagt das Endgericht *jeden* Menschen an – Mann, Frau und Kind. Fürsprecher oder Verteidiger stehen allenfalls nach Allahs Erlaubnis zur Verfügung, worauf freilich niemand ein Anrecht hat.

Hingegen gibt es in jedem Fall Zeugen der *Anklage*. Dafür sind zuallererst die Propheten zuständig, die erwählten Glaubensboten, welche Allah einst zu den Völkern sandte, um sein Wort und seinen Willen bekanntzumachen. Hierzu muss man wissen, dass sich Mohammed als deren »Siegel« verstand. Das heißt: Mit der von ihm übermittelten Kundgabe Gottes im Koran hat die Offenbarung ihren abschließenden Höhepunkt erreicht. Seitdem steht buchstäblich schwarz auf weiß und ein für alle Mal fest, was Allah der Menschheit sagen wollte. Mohammed hatte also offen zugegeben, dass die Wahrheit bereits lange vor ihm verkündet worden war: in der Tora, der Heiligen Schrift der Juden, und im Evangelium, mit dem das Christentum seinen Anfang nahm. Doch sowohl die Juden als auch die Christen hätten das Gotteswort durch eigenmächtige Bräuche und Lehren verdunkelt, ja sogar verfälscht; es *musste* der Koran in Erscheinung treten. Jetzt aber, am Ende der Tage, findet dieser Ungehorsam, wie jedes andere Delikt, seinen Richter. Und der Prophet Jesus von Nazaret – für Muslime nach Mohammed der größte unter den Gottesboten – tritt als Zeuge *gegen* die Juden und Christen auf.

Weitere Stützen der Anklage sind von unpersönlicher Art: das große Gerichtsbuch, die Waage und die Brücke.

Laut Koran zeichnet Gott die Taten der Menschen säuberlich auf oder lässt dies durch einen Engel tun. Am Gerichtstag wird dieses Register zum Zweck der Anklage und Beweisführung in Stellung gebracht. Zugleich kommt die Waage zum Einsatz, die nur bestätigt, was von den Aufzeichnungen her zu erwarten steht. Wenn die bösen Taten schwerer wiegen als die guten, weist der Weg in Richtung Hölle.

Tritt der umgekehrte Fall ein, öffnet sich das Paradies. Bei Ungläubigen aber ist die Verdammung vorprogrammiert, so dass selbst die gute Tat nichts mehr ausrichtet. Hingegen kennt die Hölle für gläubige Muslime ein Ende. Ihre Strafen sind nur vorübergehend. »Jeder, der in seinem irdischen Leben das islamische Glaubensbekenntnis gesprochen hat, wird einmal von der Tortur der Hölle befreit und erlöst werden.«[61] Trägt Allah, der die Nicht-Muslime verdammt, ungerechte, grausame Züge?

Man muss einfach akzeptieren, dass es dem Islam ganz und gar auf den einen und einzigen Gott ankommt. Es gibt keine Zukunft ohne ihn, und das Leben hier und jetzt ist die einzige Gelegenheit, das zu begreifen. In diesem Punkt stimmen die Auffassungen der drei monotheistischen Religionen weitgehend überein. Obwohl der Islam bezüglich der Erlösung von Ungläubigen am wenigsten mit sich reden lässt, besitzt sein Zeugnis für den Gott *aller* Menschen visionäre Kraft. Angesichts des erklärten göttlichen Willens, der immer auf das Gute zielt, wäre es nach muslimischer Auffassung widersinnig, mit dem Bekenntnis zu Allah gleichzeitig die Verweigerung oder das Versäumnis zu tolerieren.

Doch zurück zum Geschehen am Jüngsten Tag: Alle Gerichteten, deren Vergangenheit in Erinnerung gebracht und gewogen wurde, müssen vom Gerichtsort aus eine Brücke über höllisches Feuer passieren. Sie ist dünner als ein Haar und schärfer als die Schneide eines Rasiermessers. Wer ein günstiges Urteil gehört hat, geht ohne jede Mühe über diese Brücke zum Paradies. Alle anderen verletzen sich, straucheln und fallen ins Feuer. So wird der göttliche Richtspruch unverzüglich vollzogen. Und was kommt dann?

Im Paradies herrscht – Seite an Seite mit den Propheten und Märtyrern – unvorstellbare Wonne. Man bekommt für die Hoffnungen der Muslime ein gewisses Gespür, wenn man sich eine Oase in der Wüste vorstellt: Nach sengender Hitze, Durst und Staub auf dem holprigen Rücken der Kamele wartet die pure Erholung: Schatten, Kühlung, frisches Wasser zum Trinken und zum Baden, gepolsterte Ruhebänke, dienende Hände, die mit feinsten Speisen aufwarten, dazu edle Düfte, kostbare Steine, Blumen, Kräuter und Bäume aller Art. Dass bei alledem die gute Unterhaltung im Kreis interessanter Persönlichkeiten nicht fehlt, versteht sich, ebenso, dass alle Sorgen und Ängste, Bosheiten und Kriege vorüber sind.

Dürfen die auf diese Weise Seligen *Gott selbst* schauen? Den Andeutungen im Koran zufolge lebt der erlöste Mensch *vor* Gott, nicht *mit* ihm. Es genügt, wenn er Allahs Wohlgefallen auf sich ruhen weiß, wovon die Paradiesesfreuden der schönste Ausdruck sind. Allerdings kann sein, dass sich Gott, falls er das will, tatsächlich zeigt. Dann wird es, nach Sure 75,23, »strahlende Gesichter« geben. Doch nur Auserwählten wird dieser Anblick zuteil. Der Rest geht in den von Allah gewährten Vergnügungen auf und hat genug daran. Und ganz gewiss hebt sich das neue, nunmehr unvergängliche Dasein scharf von den Qualen der Hölle ab.

In ihr geht es – buchstäblich – heiß her. Feuer brennt, und siedendes Wasser gibt es zu trinken. Die Verdammten werden geschmort, ihre Innereien zergehen vor Glut, so dass Flammen aus ihren Mündern schlagen. Zugleich werden Kälteschocks verabreicht, aber nicht zum Ausgleich, sondern zur Steigerung der Pein. Wieder mag die Erfahrung der Wüste dem theologischen Gedanken dienlich gewesen sein: stechende Hitze am Tag, erbärmliche Kälte in der Nacht – ein Vorgeschmack der großen Strafe. Hohn und spöttische Ironie steigern die von ihr auferlegte Qual, vor allem bei den Ungläubigen und Zweiflern, die über Mohammeds Warnungen gelacht haben. Sure 44, 34 f.: »Zu den Peinigern wird gesagt: ›Ergreift ihn (den Verurteilten) und schleppt ihn in die Mitte der Hölle und gießt über sein Haupt das siedend heiße Wasser, damit es ihn peinigt.‹ Dann sprecht: ›Jetzt bekommst du es zu spüren, du mächtiger und hochgeehrter Mann! Dies ist die Strafe, die ihr bezweifelt habt.« Auch Sure 52,7 f. redet so: »An diesem Tag werden sie ins Höllenfeuer hinabgestoßen mit den Worten: ›Das ist nun das Feuer, das ihr geleugnet habt. Ist das etwa eine Täuschung? Oder seht ihr es nicht? Brennt nur darin! Ihr sollt seine Marter geduldig oder ungeduldig ertragen, was gleichgültig ist. Ihr erhaltet den Lohn eures Tuns!«

Unzerstörbare Geborgenheit:
Die Entvölkerung der Friedhöfe

Wie im späten Israel, im talmudischen Judentum oder bei den Christen wird auch nach islamischer Lehre die Auferweckung der Toten, sprich jene des Fleisches, erwartet. Gott selbst fügt Körper und Geist wieder zusammen, damit die Freuden des Paradieses oder die Qualen der Hölle ohne Minderung spürbar werden. Zugleich schafft die Auferweckung der Toten die Voraussetzung für das Gericht. Denn der Mensch hat sein irdisches Dasein körperlich und seelisch gestaltet, also müssen auch Körper und Seele zusammen für die Folgen einstehen.

Dass Mohammed den ganzheitlichen Aspekt des ewigen Lebens so eindringlich betont hat, hängt einmal mehr mit den historischen Umständen seiner Predigt zusammen. Denn der Vielgötterglaube Altarabiens wusste von einer Totenauferstehung kein Wort, und als der Prophet auf sie zu sprechen kam, machten sich die Einwohner Mekkas darüber lustig: Wie soll in vertrocknetes Gebein wieder neues Leben fahren? Wer tot ist, ist tot, so hieß es, und wenn es anders wäre, warum ist dann bis jetzt noch keiner von den Alten zurückgekommen? Die Argumente der Skeptiker haben sich im Grunde bis heute nicht geändert, und der Augenschein steht auf ihrer Seite. Was man sieht, ist tatsächlich der Verfall: Moder oder Asche. Äußert sich die Natur nicht deutlich genug?

Mohammed widerlegt im Namen Allahs diese ebenso verführerische wie platte Einschätzung der Dinge. Er setzt mit den Juden und Christen auf die Macht des Schöpfergottes und weiß, dass dessen Tun nicht von der

Vorstellungskraft des Menschen abhängt. Nach der ersten Schöpfung kommt die zweite und sie ist bleibende Heimat. Im Vertrauen auf sie wird beim Sterben eines gläubigen Muslims Sure 36,79–84 aus dem Koran rezitiert:»Wer wird den Gebeinen wieder Leben geben, wenn sie dünner Staub geworden sind? Antworte: Der wird sie wiederbeleben, der sie auch zum ersten Mal ins Dasein gerufen hat, der die ganze Schöpfung kennt, der euch Feuer gab aus dem grünen Baum, an dem ihr nun Feuer anzündet. Hat der, der Himmel und Erde geschaffen hat, nicht die Kraft, ähnliche Geschöpfe hervorzubringen? Sicherlich, denn er ist ja der weise Schöpfer! Sein Befehl ist so: Wenn er etwas will, spricht er: ›Es werde!‹, und es ist. Darum sei er gepriesen, in dessen Hand die Herrschaft über alle Dinge liegt. Zu ihm kehrt ihr einst zurück!«

An diesem Text fällt – wie so oft – der auf den souveränen Herrn bezogene, Gehorsam und Ergebung fordernde Charakter islamischer Frömmigkeit ins Auge: Die Auferstehung der Toten ist alles andere als ein unpersönlicher Automatismus. Kein kosmisches Weltgesetz liegt ihr zu Grunde, keine vom Schicksal diktierte Notwendigkeit. Sie steht und fällt mit dem Willen des allmächtigen Schöpfers. Wer sich ihm unterwirft, empfängt das ewige Leben leibhaft und konkret als Mitgift für Glaube, Treue und Herzensgröße.

Auf diese Verheißung wird besonders in den mystischen Traditionen des Islams Wert gelegt. So fassen die tieffrommen Sufis das irdische Leben als Schule für die Liebe zu Gott auf. Die Sufis sind weithin bekannt, nicht zuletzt wegen ihrer weißen Kleider und Hüte sowie der ekstatischen, kreisenden Tanzbewegungen, die sie meditativ vollführen. Sie schöpfen aus der in Sure 50,16 beschworenen Überzeugung, dass Gott dem Menschen näher stehe als seine eigene Halsschlagader. Deshalb wird alles getan, damit gleichsam der Himmel offen bleibt. Das Sterben und der Tod erscheinen aus sufischer Perspektive als ein mystischer Gang in Gott hinein, durch den das Geschöpf seinem Schöpfer ähnlich wird. »Zahllos sind die Bilder: Der Mystiker ist wie die Kerze; sie brennt zwar noch, wird aber im überhellen Licht der Sonne unsichtbar. Oder er ist gleich einem Eisen im Feuer, ganz durchglüht, in seiner Substanz aber immer noch Eisen.«[62] Natürlich hat das Feuer in diesem Fall eine positive Symbolkraft. Es steht für die Einheit des Menschen mit dem von ihm geliebten Herrn. Es steht für das »strahlende Gesicht«, das der Koran auserwählten Gläubigen in Aussicht stellt, sobald sie Gott schauen dürfen.

Doch der mystischen Gedankenwelt steht der offizielle Islam eher reserviert gegenüber. Entscheidend bleibt für ihn das Wort des Korans, den Mohammed im Namen Gottes übermittelt hat, und der Glaube daran. Wer der Schrift gehorcht, legt das Fundament einer glorreichen Zukunft, auch wenn von Allah selbst wenig oder nichts zu spüren sein sollte. Der Glaube allein muss genügen – und der Zuspruch des Propheten. Dieser soll übrigens, wie das Islamische Totenbuch berichtet, der Meinung gewesen sein, die Menschen würden »in dem Zustand auferweckt, wie ihre Mütter sie geboren haben, nämlich nackt und barfüßig« – Frauen wie Männer. Der schamhaften Sorge, man könne dann womöglich »aufeinander sehen«, war Mohammed mit entwaffnender Logik begegnet: »An jenem Tag ist die Aufmerksamkeit der

Menschen so in Anspruch genommen, dass sie für einen Blick, der ihren sinnlichen Gelüsten entspringt, keine Zeit haben. Ihre Blicke sind vielmehr auf den Himmel gerichtet ... Jeder von ihnen schwitzt dann aus Scham vor Gott. Bei den einen reicht der Schweiß bis zu den Füßen, bei den anderen bis zum Schienbein, zum Bauch oder zur Brust. Der Schweiß aller rührt von der Länge des Stehens her.«[63]

Damit schließt sich der Kreis: Allah muss anerkannt werden als der souveräne Herrscher und machtvolle Richter der ganzen Welt. An der Ehrfurcht vor ihm hängt alles andere.

DRITTER TEIL

Die Christen

Wie sich gezeigt hat, kreist die Hoffnung der Menschheit über den Tod hinaus im Wesentlichen um drei grundlegende Vorstellungsbereiche: Da ist der Glaube an die Unsterblichkeit der menschlichen Seele; da sind Ideen in Richtung Seelenwanderung und Wiedergeburt, verbunden mit der Sehnsucht, dass dieser Kreislauf einst durchbrochen werde; da ist schließlich das Bekenntnis zur Auferweckung und Auferstehung der Toten.

Von der Seelenwanderung hat sich das Christentum immer distanziert. Hingegen wurde der Glaube an die Unsterblichkeit der menschlichen Seele – trotz mancherlei Einwände – nie aufgegeben. Im Zentrum der christlichen Jenseitshoffnung steht freilich der gekreuzigte und von den Toten auferweckte Jesus von Nazaret: Weil er, der getötet und begraben wurde, in wunderbarer Weise lebt, ist der Tod endgültig besiegt. Welche Auffassung besaß Jesus selbst vom Tod und vom Leben danach?

JESUS UND DER TOD

Es überrascht vielleicht, aber Jesus hat über das Jenseits – so wie wir es heute verstehen – kaum etwas gesagt. Andere Themen sind ihm viel wichtiger gewesen. Als religiös empfindsames Mitglied einer jüdischen Familie war ihm besonders an der Ehre des einen Gottes Israels gelegen, von dessen Reich er mit Nachdruck sprach. Nach dem Zeugnis der vier Evangelien, die das Herzstück des Neuen Testaments ausmachen, hat Jesus aber nicht nur vom Gottesreich geredet; er hat sich so verhalten, als sei es in seiner Umgebung bereits pure Wirklichkeit geworden. Mehr noch: Jene, die den Galiläer besonders gut kannten, waren über kurz oder lang zu der Überzeugung gekommen, dass das Reich Gottes gerade *mit Jesus* angebrochen sei. Ich glaube kaum, dass diese Menschen so etwas behauptet hätten, wenn nicht etwas ganz und gar Außergewöhnliches geschehen wäre.

Der umgreifende Rahmen:
Jesu Maßnahmen gegen den Tod

Versetzen wir uns geistig in die Situation von damals: Ein wenig bekannter, lange Zeit völlig unauffälliger Bauhandwerker aus der galiläischen Provinz spricht über den heiligen Gott Israels, als habe er ihn persönlich gesehen. Das Gebetsleben dieses Mannes ist reich und intensiv. Er achtet – mehr als sonst üblich – Frauen und Kinder. Er schart einen Schülerkreis um sich, zu dem auch sehr widersprüchliche Charaktere gehören. Was vor allem ins Auge springt, ist sein Umgang mit Armen und Kranken, vor allem mit Aussätzigen. Wer damals unter der Verpflichtung stand, schon aus der Ferne mit einer knarrenden Rassel vor der möglichen Ansteckung zu warnen, war so gut wie tot; man war eine Art lebender Toter.

Selbst der Gottesdienst im Jerusalemer Tempel oder in der örtlichen Synagoge blieb den Ärmsten der Armen verwehrt. Sie wurden als unrein betrachtet und hätten den Kult nur gefährdet.

Jesus hat, wie man sicher weiß, dieses Tabu durchbrochen. Er holt die Kranken in die Gemeinschaft der Lebenden zurück und tut dies selbstbewusst im Namen Jahwes. Dass manche dabei wieder gesund wurden, blieb eigentlich Nebensache. Eher kam es Jesus auf den Gesinnungswandel an, den er mit seinem Verhalten herbeiführen wollte: Für ihn gibt es keine lebenden Toten, die Gott vergisst. Was einem Menschen auch zustößt – er bleibt in des Schöpfers Hand.

Hatte also *Gottes* Hand die Aussätzigen berührt, als Jesus sie umarmte? Kam in seiner Nähe die heilende Kraft des *Höchsten* zur Geltung? Für die Christen und Christinnen der ersten Stunde gab es keinen Zweifel mehr: In Jesus von Nazaret hatte der allmächtige Gott selbst gehandelt. Sein Reich begann in dem Moment Wirklichkeit zu werden, als Jesus betete, die Schrift auslegte, Jüngerinnen und Jünger berief, Aussätzige und Krüppel heilte, Besessene zur Besinnung brachte und gegen allen Hass Feindesliebe übte. Letzten Endes war das Lebenswerk des Galiläers eine groß angelegte Aktion gegen den Tod gewesen. Doch sehen wir uns die Zusammenhänge etwas genauer an.

Die Aussätzigen: Ihre Wiedereingliederung in den Kreis der Gesunden muss als Protest gegen die tödliche Isolation von Randgruppen verstanden werden. Dieses Signal hat heute, angesichts ungezählter Aidskranker, eine neue, herausfordernde Aktualität gewonnen.

Dann das Gebet und die Lehre Jesu: Wenn es Gott wirklich gibt und wenn beten heißt, sich in ihm zu bergen, dann stellt der Tod keine wirkliche Bedrohung dar. Denn wer geliebt wird, darf sich dessen sicher sein: »Du wirst nicht sterben.«[1] Aus dieser Gewissheit hat der gläubige Jude Jesus geschöpft, und er hat das Gottesvolk – seine Schwestern und Brüder – neu mit ihr vertraut gemacht. Schließlich kennt auch die Hebräische Bibel in ihrem Kern kein anderes Thema als die Liebe. Wir sahen es: Jahwe wendet sich mit zärtlichem Interesse an die Kinder Abrahams und will, dass sie umgekehrt dasselbe tun. Auf dem Fundament dieser vertrauensvollen Allianz soll eine neue Zivilisation entstehen. Ihretwegen hat Jesus wie die großen Propheten Israels in Wort und Tat gegen die Unkultur des Bösen protestiert: keine Unterdrückung von Witwen und Waisen, kein Wegsperren der Kranken, kein schleichender oder offener Werteverlust zu Gunsten des Geldes, keine Missachtung Fremder oder Andersdenkender. Und die Krone seines Protests heißt Feindesliebe. Eine Maßnahme gegen den Tod? Natürlich. Jeder halbwegs vernünftige Mensch weiß, dass Gewalt immer wieder neue Gewalt hervorruft. Wer geschlagen wird, schlägt zurück und tut es meist noch härter und unbarmherziger. So entsteht ein wahrer Teufelskreis, eine Spirale der Gewalt, die alle in sich hineinzieht. Es gibt nur eine Möglichkeit, ihre zersetzende Kraft zu bremsen: Man muss das Böse bei sich enden lassen.

Das war im Leben Jesu und derer, die ihn begleitet hatten, die Herausforderung des Kreuzes gewesen. Als Jesus tödlich misshandelt wurde, schlug er *nicht* zurück und predigte *nicht* den Hass als letzte Vergeltung.

Die ihm übelwollten, hörten etwas ganz anderes: »Vater, vergib ihnen, denn sie wissen nicht, was sie tun.«[2] In die gleiche Richtung weist das radikale Mitleid und der Gewaltverzicht Buddhas oder der stille Heroismus eines Mahatma Gandhi. Bekanntlich hat der Einspruch dieses großen Hindu gegen ungerechte Unterdrückung dem indischen Volk neuen Lebensmut geschenkt. Der Tod zeigt sich nämlich nicht erst am Sterbebett. Jede Schandtat trägt den tödlichen Keim bereits in sich, und die böse Ernte bleibt nicht aus. Denn der »Krieg, der wirkliche Krieg«, jener große Triumph des Todes, ist – nach Ingeborg Bachmann – »nur die Explosion dieses Kriegs, der der Frieden ist«.[3] Selbst wenn die Waffen schweigen, so will die Dichterin sagen, herrscht ein böser Geist. Gottes Herrschaft setzt deshalb dort zu wirken an, wo die lebensfeindliche Missgunst beginnt: in der Tiefe des menschlichen Herzens. Jesus wusste das, und er rief seine Schwestern und Brüder zur Umkehr auf. Im Reich Gottes ist kein Krieg vorgesehen, folglich auch kein Sterben und kein Sterben auf Raten. Jahwe und der Tod, so hatte Israel im Lauf seiner Geschichte zu verstehen gelernt, passen nicht zusammen. Und nun ist da ein Mensch, der diese Wahrheit mit aufsehenerregender Überzeugungskraft zum Programm eines ganzen Lebens macht.

Noch einmal: Wenn im Umfeld Jesu nichts geschehen wäre, das über gewohnte Dimensionen hinauswies, hätte es kein Neues Testament gegeben. Kein Petrus und kein Paulus hätten sich für den Mann aus Nazaret auslachen und dann auch noch hinrichten lassen. Auch zum Kreuz wäre es nicht gekommen; denn ein Durchschnittsbürger provoziert kein Todesurteil, schon gar nicht durch auffälliges Verhalten im Jerusalemer Tempelbezirk. Man weiß aber, dass Jesus wegen Gotteslästerung der römischen Behörde überantwortet wurde, welche ihrerseits in der so genannten »Tempelreinigung« einen politischen Aufruhr sah. Die für die Auslieferung verantwortlichen jüdischen Autoritäten in Jerusalem hatten den Nagel durchaus auf den Kopf getroffen, als sie sich darüber empörten, Jesus rede und handle so, als ob er an Gottes Stelle stünde. Das war in der Tat der entscheidende Punkt. Denn die Provokation, die der Galiläer für seine zweifellos frommen Zeitgenossen bedeutete, lief – von der Gleichgültigkeit einmal abgesehen – faktisch auf zwei Antworten hinaus: Man konnte sich dafür einsetzen, dass einem Hochstapler wie ihm so schnell wie möglich das Handwerk gelegt wurde. Man konnte aber auch einen ganz anderen Schluss ziehen und sagen: »Tatsächlich, dieser Mensch war Gottes Sohn«; er ist in allem »Gott gleich«; er ist »der Herr«.[4] Jedenfalls haben die ersten Jünger und Jüngerinnen Jesu mit diesem damals wie heute ungeheuerlichen Bekenntnis der Welt ein anderes Gesicht gegeben.

Die Gestalt Jesu steht in der Religionsgeschichte einzigartig da. Weder Buddha noch Mohammed werden persönlich als gottgleiche Wesen verehrt, von Abraham und Mose ganz zu schweigen. Aber erst mit dem Glauben an Jesu *Göttlichkeit*, die sich an Ostern in einem noch klareren Licht zeigte, erschloss sich sein Triumph über den Tod: Da der eingeborene Sohn des himmlischen Vaters selbst am Kreuz gelitten und das Sterben durchkostet hatte, war die Unterwelt endgültig entmachtet. Für Christen und Christinnen steht seitdem fest: Leben

– Leben in Fülle – findet sich in *Jesus*. Aber man muss, um daran teilzuhaben, gleichsam »auf Atemnähe« an ihn herantreten.[5] Mit dem Auferstandenen fließt göttliches Leben auf die Welt über, und es wird deutlich, dass der Tod immer auch der schmerzliche Ausdruck von *Sünde* ist.

Hier steht das Christentum gegen so vieles, was anderswo über den Tod gesagt wurde und immer noch gesagt wird – dass er das Ende eines im Grunde unzumutbaren Weges sei; dass er die Seele aus dem Kerker des Leibes befreie; dass er die Gelegenheit gebe, mit theatralischer Überheblichkeit den Lächerlichkeiten des Daseins Adieu zu sagen; dass er nichts weiter bedeute als den Übergang von einer Lebensform in die andere. Nein. Der Tod ist ein Übel. Er entstellt den Menschen, denn er verstellt Gott. Aber seit Jesu Leben und Sterben haben sich die Verhältnisse von Grund auf geändert.

Das Machtwort:
Jesu Predigt vom Leben

Nun ist der Horizont abgesteckt, vor dem die Frage, wie Jesus über den Tod gesprochen hat und wie er mit ihm umging, sinnvoll erörtert werden kann. Wie gesagt: Es ist, was den Tod an sich und das Leben danach betrifft, vergleichsweise wenig überliefert. Doch die Andeutungen zum Thema sind tiefgründig.

Das Johannesevangelium zum Beispiel berichtet von einem Streitgespräch Jesu mit gegnerischen jüdischen Glaubensbrüdern: Nach der Heilung eines Gelähmten, der schon seit Jahrzehnten an seiner Behinderung zu leiden hatte, stellen sie den Galiläer zur Rede. Seine hilfreiche Hand war an einem Sabbat, dem jüdischen Ruhetag, tätig geworden und verletzte deshalb den Wortlaut des Gesetzes.[6] Doch Jesus geht auf das ihm vorgeworfene Vergehen nicht lange ein. Er holt sehr viel weiter aus und redet über die ihm eigene Vollmacht als Sohn des himmlischen Vaters. Seine Worte gipfeln in der Erklärung, dass er zusammen mit dem Gott Israels Herr des Lebens wider Sünde und Tod sei: »Amen, amen, ich sage euch, wie der Vater die Toten auferweckt und lebendig macht, so macht auch der Sohn lebendig, wen er will. Wer mein Wort hört und dem glaubt, der mich gesandt hat, hat das ewige Leben; er kommt nicht ins Gericht, sondern ist aus dem Tod ins Leben hinübergegangen.«[7]

Es fällt auf, dass Jesus nicht von der Zukunft, sondern von der Gegenwart spricht: Wer glaubt, hat das ewige Leben bereits – jetzt, auf der Stelle, sofort. Und dann: Jesus bringt den Tod mit dem Gericht in Verbindung und macht die Auferstehung von den Toten am Glauben an Gott und an den »Sohn« – ihn selbst – fest. Das heißt: Der Glaube entscheidet über das Gericht. Denn wer wirklich auf Gott setzt und im Sohn die fleischgewordene Güte des Vaters erkennt, verhält sich so, dass dem kommenden Glück nichts mehr in Weg steht. So werden die Weichen für das Leben danach in jedem Augenblick hier auf Erden gestellt.

Indes war Jesus ganz gewiss nicht so naiv, dass er den Tod verharmlost hätte. Nicht bloß als Ausdruck der Sünde muss ihn das Sterben der Kreatur belastet haben, sondern auch, weil er als feinsinniger Mensch besonders

sensibel empfand. Die Evangelien berichten von Tränen am Grab eines Freundes, und ab einem bestimmten
Zeitpunkt seines Lebens war Jesus bewusst auf das Ende
zugegangen, was ihm bestimmt nicht leichtgefallen ist.
Diese realistische Einstellung erklärt die auf die *Zukunft*
bezogenen Aussagen Jesu über das ewige Leben, von denen wiederum das Johannesevangelium Zeugnis gibt:

Während des erwähnten Streitgesprächs mit jüdischen
Kritikern betont der Nazarener seine gottgleiche Vollmacht gegenüber Sünde und Tod auffallend energisch.
Aber man muss sich darüber im Klaren sein, dass der Bericht über diese Szene niedergeschrieben wurde, als Jesus
die Krise seines eigenen Sterbens bereits bestanden hatte. Mit den Ereignissen an Ostern war er zum alles über-
strahlenden Zeichen der Hoffnung geworden. Deshalb
blickt die frühe christliche Gemeinde zwar auf den vom
Vater erweckten Sohn, doch sie schaut damit zugleich in
ihre *eigene* Zukunft nach dem Tod. Obwohl der Sieg für
sie bereits feststand, war das Sterben an sich noch nicht
aus der Welt geschafft. Nach wie vor galt es dem Ende
ins Auge zu sehen, und nicht wenige waren Jesus bereits
als Märtyrer nachgefolgt. Genau das ist die Situation, die
sich im Neuen Testament spiegelt: Der Jüngerkreis be-
sann sich auf die Worte Jesu während der Jahre in Gali-
läa und Jerusalem und verknüpfte den Glauben an seine
bereits *erfolgte* Auferweckung mit der *erwarteten* Auferweckung aller am Ende der Zeit. In diesem Sinn konnte
der Evangelist Johannes schreiben: »Wie der Vater das
Leben in sich hat, so hat er auch dem Sohn gegeben, das
Leben in sich zu haben. Und er hat ihm Vollmacht gegeben, Gericht zu halten, weil er der Menschensohn ist.

Wundert euch nicht darüber! Die Stunde kommt, in der alle, die in den Gräbern sind, seine Stimme hören und herauskommen werden: Die das Gute getan haben, werden zum Leben auferstehen, die das Böse getan haben, zum Gericht.«[8]

Ganz klar: Die dunkle Pforte des Todes muss auch in Zukunft jeder Erdenbürger höchstpersönlich betreten. Aber es hängt von Entscheidungen hier und heute ab, wie dieser Schritt tatsächlich empfunden wird. Der Tod ist für das Johannesevangelium wie das Siegel einer feierlichen Urkunde: Er bestätigt den *Glaubenden* die in Jesus erhoffte Gottesnähe; und alle, die nach Kräften Gutes taten, erfahren den letzten Sinn ihrer Liebe. Für die *Verweigerer* und *Übeltäter* aber hält der Tod eine bittere Erkenntnis bereit: Sie haben ihre Chance vertan. Ihre Verblendung hat zeitlebens verhindert, dass die von Jesus eingeleiteten Maßnahmen gegen den Tod greifen konnten. Wie sollten sie am Ende Licht sehen, wenn sie daran gewöhnt waren ihre Augen hartnäckig verschlossen zu halten?

Dass freilich der Tod nach Jesu fester Überzeugung tatsächlich zu Gott führt, zeigt ein anderer Bericht aus dem Neuen Testament, den das Markusevangelium überliefert.[9] Wieder handelt es sich um ein Streitgespräch zwischen Jesus und einigen seiner Glaubensbrüder. Doch dieses Mal geht es schlicht um die Frage, ob neues Leben für die Toten überhaupt denkbar sei – der Disput hat also einen durchaus zeitlosen Charakter.

Jesu Gegner sind Sadduzäer. So hießen die Anhänger einer eher konservativen jüdischen Religionspartei, die nur den fünf Büchern Mose – der Tora – als Heilige Schrift

Israels Anerkennung zollte. Von einer Totenauferstehung wollte das sadduzäische Credo deshalb nichts wissen; sie war außerhalb der Tora zum Thema geworden.

Um die Absurdität dieser Erwartung zu zeigen, richten die Sadduzäer an Jesus eine Fangfrage: »Meister, Mose hat uns vorgeschrieben: Wenn ein Mann, der einen Bruder hat, stirbt und eine Frau hinterlässt, aber kein Kind, dann soll sein Bruder die Frau heiraten und seinem Bruder Nachkommen verschaffen. Es lebten einmal sieben Brüder. Der erste nahm sich eine Frau, und als er starb, hinterließ er keine Nachkommen. Da nahm sie der zweite; auch er starb, ohne Nachkommen zu hinterlassen, und ebenso der dritte. Keiner der sieben hatte Nachkommen. Als Letzte von allen starb die Frau. Wessen Frau wird sie nun bei der Auferstehung sein?«

Die Frage ist raffiniert. Denn an der Autorität des Mose darf Jesus, wenn er bei den Sadduzäern glaubwürdig bleiben will, keinerlei Abstriche machen. Doch da er sie achtet, scheint er seinen Gegnern in die Hände zu spielen. Ihr Argument ist betont plump gehalten: Falls es die Totenauferstehung wirklich gibt und das Gesetz weiterhin Geltung hat, steht in der neuen Welt *eine* Frau sieben rechtmäßigen Ehemännern gegenüber – für jüdisches Empfinden ein Unding. Jesus entkräftet den Einwand der Sadduzäer, indem er dessen ironische Pointe ins Leere laufen lässt. Er unterscheidet im Blick auf die Totenauferweckung das allzu Naive vom eigentlich Gemeinten und stellt den überirdischen Charakter dieser Verheißung heraus: »Wenn die Menschen von den Toten auferstehen, werden sie nicht mehr heiraten, sondern sie werden sein wie die Engel im Himmel.«

Hier kommt modernes Denken ins Stocken: Wie leben die Engel und wer sind sie überhaupt? Für gläubige Juden von damals war dieser Vergleich unmittelbar verständlich: Bei Gott ist der Mensch der Sorge um Nachkommenschaft enthoben. Denn eine Generationenabfolge gibt es nicht mehr. Sie ist das Merkmal der fortlaufenden Geschichte, ein Zeichen des Alterns und Sterbens von Geschöpfen, die kommen und wieder gehen müssen. Im Himmel ist Schluss mit alledem; er bedeutet bleibendes Glück für alle.

Doch Jesus beschränkt sich nicht nur auf die Widerlegung des gegnerischen Einwands. Er will seine Gesprächspartner überzeugen. Deshalb argumentiert er so, dass er verstanden wird, und das heißt im Fall der Sadduzäer: Er zitiert aus den *mosaischen* Schriften und verteidigt den Auferstehungsglauben indirekt, tut dies aber gerade so unwiderleglich: »Dass die Toten auferstehen, habt ihr das nicht im Buch des Mose gelesen, in der Geschichte vom Dornbusch, in der Gott zu Mose spricht: Ich bin der Gott Abrahams, der Gott Isaaks und der Gott Jakobs? Er ist doch nicht ein Gott von Toten, sondern von Lebenden.«

Spätestens jetzt müssen die Sadduzäer einlenken. Dass Gott allmächtig sei, leugneten sie nicht; dass neben dem Allmächtigen kein anderer das Sagen hat, lag auf der Hand; dass demnach die Stammväter Israels – Abraham, Isaak und Jakob – nicht tot sein konnten, sondern leben mussten, war die klare Konsequenz. Weil Gott eben Gott ist, kraftvoll und menschenfreundlich, hat sein Geschöpf Zukunft und zwar nirgendwo sonst als bei ihm.

Die Machttat:
Jesus, Herr des Lebens

Hat Jesus seine Lehre durch Zeichen bekräftigt? Das Neue Testament erzählt, er habe Verstorbene wiederbelebt. Besonders markant ist der Bericht im Johannesevangelium über die Auferweckung des Lazarus, eines Freundes Jesu aus der ländlichen Umgebung Jerusalems.[10] Lazarus war, so heißt es, längst bestattet gewesen, als Jesus dessen Schwestern Maria und Marta besucht, um sie am Grab des Bruders zu trösten. Marta glaubt fest an die Auferstehung der Toten am Jüngsten Tag und darüber spricht sie mit Jesus auch. Offensichtlich hat sie zu ihm grenzenloses Vertrauen, obwohl sie das Unabänderliche, wie es scheint, bereits akzeptiert hat: »Herr, wärst du hier gewesen, dann wäre mein Bruder nicht gestorben. Aber auch jetzt weiß ich: Alles, worum du Gott bittest, wird Gott dir geben.« Dann geschieht das trotz allem Unerwartete: Jesus ruft Lazarus aus der Grabkammer; der Tote gehorcht und kehrt, noch mit den Leichentüchern umwickelt, zu seinen Schwestern zurück. Haben sich die Dinge tatsächlich so zugetragen?

In jedem Fall transportiert diese Erzählung das Glaubensbekenntnis der Urkirche, wie der Evangelist Johannes es versteht: Der Jüngste Tag ist bereits angebrochen. Er ist da in Jesus. Er ist da im Glauben an ihn; die Gräber können ihre Toten nicht halten. Das ändert zunächst nichts an dem, was man auf Friedhöfen äußerlich wahrnimmt. Wer aber wie Marta tiefer blickt, »sieht die Herrlichkeit Gottes«[11], und auf sie kommt es dem Evangelisten an.

Womit die Trauergemeinde – *jede* Trauergemeinde – konfrontiert ist, sind nur die Kulissen des Todes: der Sarg, die Draperien und Blumen, das offene Grab, getragene Musik, bleierner Schock bei den nächsten Verwandten und Freunden. Doch die Wahrheit liegt jenseits dieser Szenerie. Es geht um eine Wirklichkeit, die man immer noch am besten mit dem etwas aus der Mode gekommenen Wort »Verklärung« zur Sprache bringt: Der Tote ist mit dem, was sein persönliches Leben ausmacht, geborgen in Gott. Mehr zu wissen braucht es im Grunde nicht. Es genügt der Blick auf Jesus. Mit ihm war, um es ganz jüdisch auszudrücken, die Herrlichkeit der »kommenden Welt« bereits in »dieser Welt« aufgeleuchtet – und damit stehen wir wieder am Grab des bestatteten und auferweckten Lazarus, der bereits »zu riechen« begonnen hatte.[12]

Den Kontrast zwischen dem Naturgesetz des Verfalls und der göttlichen Lebenskraft, die von Jesus an Lazarus herangetragen wird, hat der Evangelist absichtlich scharf gezeichnet. Er geht ohne Zweifel auf historische Erinnerungen zurück. Anders wäre es nie zum Jesusglauben gekommen, auch nach Ostern nicht. Hätte das, was Jesus tat, nicht unbändiges Staunen, ja staunendes Entsetzen ausgelöst, wäre man schnell wieder zur Tagesordnung übergegangen. Es muss also im Zusammenhang mit Jesus Gotteserfahrungen an *Gräbern* gegeben haben. Lässt sich von vornherein ausschließen, dass es sich um wirkliche Totenerweckungen gehandelt hat?

Ich wage es nicht zu tun – wobei bestehen bleibt, dass der Glaube an den auferweckenden Jesus ungleich wichtiger ist als die Frage nach dem auferweckten Lazarus. Denn Lazarus musste wieder sterben, und seine Rückführung ins Leben bedeutete keinen Gang ins völlig Neue hinein. Gerade das aber wurde von der Auferweckung *Jesu* gesagt: Als er, der Gekreuzigte, den man wie alle Toten bestattet hatte, das Grab verließ, hatte sich sein Leben – das des »Ersten der Entschlafenen« – *verklärt*.[13] Da ist also wieder dieses Wort: Verklärung. Aber wie soll man sich ausdrücken? Jedenfalls war Jesus nicht ins irdische Dasein zurückgekehrt. Er war, wenn man so will, in eine andere Dimension getaucht; er hatte das Endgültige erreicht, das Ewige berührt, war zur Quelle, zum Licht gelangt – wie auch immer. Vielleicht ist es besser, gar nicht erst nach Begriffen zu suchen. Wie das buddhistische Nirwana entzieht sich auch das verklärte Leben des auferweckten Jesus jeder Beschreibung. Wir haben einfach keine Anschauung von dem, was ihm an Ostern widerfahren sein muss. Wir wissen ebenso wenig vom Leben in der Herrlichkeit, wie beispielsweise ein Kind im Mutterschoß vom Leben nach der Entbindung eine Vorstellung hat. Deshalb weigert sich das Neue Testament standhaft, so etwas wie eine »Jenseitsgeographie« zu entwerfen, worin der Stolz so vieler Kulturen lag. Farbenfrohe Reiseberichte über geheimnisvolle Wegstrecken und Grenzflüsse muss man andernorts suchen.

Das Auge der ersten Christinnen und Christen blieb schlicht und einfach auf Jesus geheftet. Sie dachten und handelten aus dem Bewusstsein heraus, dass ihr Herr seit Ostern endgültig beim Vater sei und gerade so mit allen, die an ihn glauben, in Verbindung stehe. Auch die Erzählung von Lazarus nahm erst nach Ostern Gestalt an. Denn nun war sozusagen die Nagelprobe bestanden: Was Jesus während seiner irdischen Tage getan hatte, wurde jetzt in der ganzen Tragweite erfasst: die Krankenheilungen, der Kampf gegen Besessenheit und Geldgier, das liebevolle Eintreten für Randgruppen und – sein Machtwort an der Bahre von Gestorbenen. All die Maßnahmen gegen den Tod hatten mit Ostern ihre volle Durchschlagskraft entfaltet. So wurde sichtbar: Jesu Auferweckung ist nicht auf einen bestimmten Augenblick im Grab beschränkt. Sie überstrahlt sein Lebenswerk als Ganzes und steht als Gütesiegel hinter jeder Zeile des Neuen Testaments. Von daher wäre es gut, wenn man die Seiten dieses Buches einzeln nähme und gegen die Sonne hielte; so lesen sich die Evangelien sachgemäß – im Licht von Ostern. Auf diese Weise ließe sich zugleich veranschaulichen, dass Jesus *vor* seinem Tod und seiner Auferstehung kein anderer war als *danach*.

Der Durchbruch: *Jesu Auferstehung und das Leben vor dem Tod*

Doch wie glaubwürdig sind die biblischen Osterberichte? Ist der Gekreuzigte tatsächlich von den Toten auferstanden? Dieses für das Christentum so entscheidende Ereignis wird nirgendwo geschildert. Niemand hat es beobachtet. Niemand war dabei. Und die Bibel respektiert das. Wäre es anders, müsste man sehr viel skeptischer sein. Jeder Versuch, etwas zu beschreiben, das sich nicht beschreiben lässt, ist zum Scheitern verurteilt. Die Evangelien belegen nur, dass Jesus den Tod besiegt hat; wie es geschah, das lassen sie offen. Gerade deshalb sind sie glaubwürdig. Dem Neuen Testament geht es nicht um Sensationen; es enttäuscht jeden, der eine reißerische Reportage über die Beschaffenheit des Jenseits erwarten wollte. Dazu hat der auferstandene Jesus keine Angaben gemacht. Das Erste, was er seinen Jüngern sagt, ist zugleich das einzig Wichtige und alles andere Umfassende: »Geht hinaus in die ganze Welt und verkündet das Evangelium allen Geschöpfen!«[14]

Wer sein Leben von der Auferstehung Jesu, also vom Evangelium her, begreift, misst jeder Stunde darin größte Bedeutung bei. Mit träumerischer Weltflucht hat die Osterbotschaft nämlich nichts zu tun. Sie bleibt ganz und gar geerdet. Denn *diese* Welt ist es ja, die mit dem verklärten Christus in ihre Vollendung hineinwachsen soll. Folglich hat jedes menschliche Schicksal eine unabsehbare Tragweite; kein Gedanke, kein Wort, keine Tat geht jemals verloren. In diesem Punkt stimmen die großen Religionen der Erde weitgehend miteinander überein. Ich erinnere an die beiden Stichworte »Karma« und »Wiedergeburt«.

Das Karma: Es bildet sich mit den großen und kleinen Entscheidungen Tag für Tag aus und entscheidet über das künftige Befinden. Um es zu bewältigen, muss es abgebaut werden, und das gelingt nur hier und heute. Dann die Wiedergeburt: Der Mensch wird, wenn seine Lebensführung nicht in Ordnung war, vom Tod buchstäblich auf diese Welt zurückgeworfen. Wer nicht begreift, dass *jetzt* die Stunde ist, an der alles hängt, hat noch eine lange Lehrzeit vor sich. Deshalb legen Hindus und Buddhisten Wert darauf, im Dasein als Mensch die große Chance zu sehen. Man kann die Gelegenheit nutzen oder verstreichen lassen. Aber eine Weichenstellung in diese oder jene Richtung muss und wird erfolgen.

Das Christentum denkt also ähnlich: Zuerst kommt das Diesseits und der Auftrag darin; das Jenseits fährt die Ernte ein. Es besteht kein Grund, mit neugierigen Augen über den Zaun zu stieren. Die Versuchung zur Weltvergessenheit oder gar zur Weltverachtung wäre einfach zu groß. Gottlob hat der jüdische Mutterboden des Christentums von Anfang an dafür gesorgt, dass die Osterbotschaft praxisbezogen blieb. Was die Auferstehung Jesu in dieser Welt beglaubigt, ist die nüchterne, tätige Liebe.

Dass sie beim Jüngsten Gericht am Ende der Zeit, wenn Ostern für alle erfahrbare Wirklichkeit wird, die schlichtweg entscheidende Rolle spielt, hat das Matthäusevangelium herausgestellt: »Wenn der Menschensohn in seiner Herrlichkeit kommt und alle Engel mit ihm, dann wird er sich auf den Thron seiner Herrlichkeit setzen. Und alle Völker werden vor ihm zusammengerufen werden, und er wird sie voneinander scheiden, wie der Hirt die Schafe von den Böcken scheidet. Er wird die Schafe zu seiner Rechten versammeln, die Böcke aber zur Linken.«[15] Die Aufforderung, sich rechts oder links einzufinden, hängt vom jeweiligen Vorleben ab: »Dann wird der König denen auf der rechten Seite sagen: Kommt her, die ihr von meinem Vater gesegnet seid, nehmt das Reich in Besitz, das seit der Erschaffung der Welt für euch bestimmt ist. Denn ich war hungrig, und ihr habt mir zu essen gegeben; ich war durstig, und ihr habt mir zu trinken gegeben; ich war fremd und obdachlos, und ihr habt mich aufgenommen; ich war nackt, und ihr habt mir Kleidung gegeben; ich war krank, und ihr habt mich besucht; ich war im Gefängnis, und ihr seid zu mir gekommen. Dann wird er sich auch an die auf der linken Seite wenden und zu ihnen sagen: Weg von mir, ihr Verfluchten, in das ewige Feuer, das für den Teufel und seine Engel bestimmt ist. Denn ich war hungrig, und ihr habt mir nichts zu essen gegeben; ich war durstig, und ihr habt mir nichts zu trinken gegeben; ich war fremd und obdachlos, und ihr habt mich nicht aufgenommen; ich war nackt, und ihr habt mir keine Kleidung gegeben; ich war krank und im Gefängnis, und ihr habt mich nicht besucht.«

Natürlich ist mit den Titeln »Menschensohn« und »König« niemand anderer als der von Gott auferweckte Jesus gemeint. Das Jüngste Gericht findet unter seinem Vorsitz statt. Denn »Christus ist gestorben und lebendig geworden«, schreibt der Apostel Paulus, »um Herr zu sein über Tote und Lebende«.[16] Das aber heißt: Der verklärte Christus identifiziert sich mit jedem Menschen dieser Erde – ausnahmslos. Deshalb zielt noch die kleinste Geste der Liebe, genauso wie der Hass oder die Gleichgültigkeit, immer auch auf den Gottessohn selbst: »Amen, ich sage euch: Was ihr für einen meiner geringsten Brüder getan habt, das habt ihr mir getan.« Und ebenso: »Was ihr für einen dieser Geringsten *nicht* getan habt, das habt ihr auch mir nicht getan.«

Vielleicht sei von hier aus erneut ein kurzer Blick auf andere Religionen geworfen, diesmal auf den Islam. Wir haben das Weltgericht aus muslimischer Perspektive bereits kennengelernt: Gott beurteilt die Geschöpfe streng nach ihrem Glauben und gemäß ihren Taten. Die Propheten und Märtyrer erheben zusammen mit dem allwissenden Buch, mit der Waage und der Gerichtsbrücke unbestechlich Anklage. Nach christlicher Überzeugung hingegen steht dem *Gekreuzigten* das letzte Wort am großen Gerichtstag zu. Er ist ein blutender Richter. Er hat die Gleichgültigkeit und den Hass am eigenen Leib verspürt und er weiß, wie schnell es auf dieser Welt zu Gleichgültigkeit und Hass kommen kann. Deshalb fühlt er mit den Opfern *und* mit den Tätern. Ist der Mensch nicht immer beides, Opfer und Täter, zugleich? Da sich Jesus am Kreuz ohne Vorbehalt auf die Seite des schuldig gewordenen Geschöpfs geschlagen hat, wächst sein Gericht über das Diktat des unpersönlichen Sündenregisters hinaus. Es verliert – jedenfalls nach irdischen Maßstäben – jede Berechenbarkeit. Dem Richter und seiner Liebe allein muss es überlassen bleiben, was mit der vor ihm versammelten Völkerschaft geschieht. Fürsprecher braucht es nicht. Denn niemand hat eine größere Barmherzigkeit als er, dem das Wohl und Wehe des Daseins aus eigenem Erleben vertraut ist.

Dazu tritt ein Weiteres: Nach islamischer Lehre führt der Weg Nicht-Gläubiger unfehlbar und für immer in die Hölle. Weil das Bekenntnis zum einen Gott verweigert wurde, beginnt schon im Grab die schreckliche Vergeltung. Jesus hat die Dinge wohl anders gesehen. Obwohl von Seiten des Auferstandenen der klare Auftrag erging, *alle* Menschen zu seinen Jüngern zu machen[17], bleibt es dabei: Beim Jüngsten Gericht kommt es zuallererst auf die Liebe an. Ihr gegenüber tritt die Frage nach Religion und Glaube in den Hintergrund.

Christen und Christinnen muss diese doppelte Auskunft kostbar sein. Denn der Hang, ihren Herrn für sich zu vereinnahmen, droht den Blick auf den Gott *aller*

Menschen zu verstellen. Sein Respekt vor dem freien Geschöpf unterstreicht, wie ich meine, in besonderer Weise die Glaubwürdigkeit der Osterbotschaft. Der vom Vater auferweckte und als Richter über Lebende und Tote eingesetzte Sohn übt nämlich seine Herrschaft nicht triumphalistisch aus. »Der *irdische* Jesus hatte gesagt: Bei euch sei es nicht so wie bei den Herren der Welt; vielmehr wer bei euch groß und der Erste sein will, der sei der Letzte und der Diener und Knecht aller (Mk 10,44). Und Jesus hatte dies selbst bis zum Ende gelebt. Nun, da der Knecht *erhöht* ist, hat er seinen Knechtsdienst nicht abgestreift, um den hohen Herrn herauszukehren. Der erhöhte Herr bleibt der Knecht, der auf alle Demonstration der Stärke verzichtet, den letzten, unscheinbarsten Platz einnimmt und – in dieser Verborgenheit – allen dient. Er bleibt der *Diener am Leben.* Er ist nicht für sich selbst, sondern allen zugute der Herr.«[18]

Das leere Grab und die Erscheinungen des Auferweckten

Wie ist die Auferstehung Jesu entdeckt, wie ist sie wahrgenommen worden? Beobachtet wurde sie ja nicht. Hat das leere Grab auf die Spur des Auferstandenen geführt? Diese Annahme prägte und prägt noch immer die Meinung breiter Schichten im gläubigen Kirchenvolk. Dazu hat auch allerhand Brauchtum beigetragen. Zum Beispiel wurden seit dem Mittelalter zur frommen Erbauung so genannte »Heilige Gräber« errichtet. Es handelt sich um mehr oder weniger kunstvolle Nachbildungen der Ruhestätte Jesu gemäß alter Überlieferung. Sie stehen in Kirchen, auf Friedhöfen oder am Ende von Kreuzwegstationen und zeigen den toten Galiläer meist als vollplastische Schnitz- oder Steinfigur. Am Ostersonntag wurde sie vielerorts demonstrativ entfernt, und jedes Kind sah es mit eigenen Augen: Das Grab ist leer, der Herr wahrhaft auferstanden!

Während der Liturgie am Fest Christi Himmelfahrt kam es darüber hinaus in manchen Gotteshäusern zu einem besonderen Spektakel: Eine Statue des österlichen Christus erhob sich – an einem Seil befestigt – langsam von ihrem Sockel, bis sie unter dem Beifall der Gläubigen in einer Deckenöffnung verschwand. Damit war Jesus tatsächlich »weg« – den Blicken entzogen; sein Grab schien endgültig geräumt zu sein.

Nun ist es so, dass ein leeres Grab an sich noch gar nichts besagt. Immerhin könnte eine Verwechslung vorliegen, weil man kein leeres, sondern ein unbenütztes Grab untersucht hat. Außerdem kann der Leichnam verlegt, gestohlen oder vernichtet worden sein. Vermutungen dieser Art wurden schon kurz nach Jesu Tod geäußert, als die österliche Aufregung begann. Trotzdem spielte das leere Grab in den ersten Tagen des Christentums eine gewisse Rolle. Wenn es auch nichts bewies, so warf es immerhin Fragen auf. Dass ein Missverständnis vorlag, darf man wohl ausschließen. Jesu Freunde und Verwandte haben sicher sehr genau gewusst, an welcher Stelle ihr Meister bestattet worden war. Und als sie von seiner Auferweckung sprachen, wurde das Grab zweifelsohne überprüft. Hätte man dort den Leichnam noch vorgefunden, wäre die Hochstimmung der ersten Gläubigen empfindlich gedämpft worden. Gegner der österlichen Botschaft hätten den bandagierten Toten herausgezerrt und höhnisch darauf verwiesen, dass nichts Nennenswertes geschehen sei. Aber davon steht nirgendwo etwas zu lesen.

Hingegen legt das Neue Testament Wert darauf, dass sich die Auferweckung Jesu durch das Zusammenspiel mehrerer Faktoren bemerkbar machte.

Da waren vor allem die Begegnungen des verklärten Jesus mit seinen Jüngerinnen und Jüngern gewesen. Der Apostel Paulus berichtet, dass »Christus«, der Herr, mehr als »fünfhundert Brüdern (und Schwestern) zugleich erschienen« sei.[19] Jesus gab sich, wie es ausdrücklich heißt, »zu sehen«; er »offenbarte sich« und soll sogar mit den Seinen »gegessen und getrunken« haben.[20]

Aber auch solche »Erscheinungen« wären ziemlich nichtssagend geblieben, wenn die Jüngerschaft nicht aus einer lebendigen Erinnerung geschöpft hätte. Ihr war bestens bekannt, dass Jesus seinen Weg im Vertrauen auf den allmächtigen Gott gegangen war. Und sie hatte erlebt, dass er im Namen dieses Gottes nicht zuletzt an Gräbern Außergewöhnliches sagte und Außergewöhnliches tat. Als die Freunde Jesu ihren Herrn nach seinem Tod wieder zu Gesicht bekamen, war also nichts völlig Undenkbares an sie herangetreten. Es muss sich eher um eine Art Bestätigung gehandelt haben, die das zuvor Erlebte abrundete und nunmehr tiefer zu verstehen half.

Mit den Erscheinungen des vom Tod Erweckten war mit großer Klarheit ans Licht getreten: Wer wie Jesus ganz aus der Liebe lebt und diese Liebe noch als Gefolterter und Sterbender gegenüber seinen Peinigern intensiviert (»Vater, verzeih ihnen, denn sie wissen nicht, was sie tun«), *ist* kein Todeskandidat. Der Tod hat mit Sünde, Verzweiflung und Gottferne zu tun. Gegen all das hatte Jesus zeitlebens angekämpft und es mit nie erlebter Konsequenz getan. Darum *konnte* ihn die Unterwelt nicht festhalten. Und genau das »sehen« die Freunde Jesu beim Anblick des Auferstandenen. Sie sehen, dass sich Gott gegenüber Sünde und Tod durchsetzt. Zugleich »hören« sie ihren Herrn, und zwar so deutlich, dass die Angst der letzten Tage wie im Nu von ihnen abfällt: »Seid gewiss, ich bin bei euch alle Tage bis zum Ende der Welt.«[21]

Damit kommt ein weiteres, meiner Meinung nach sehr starkes Indiz für die Glaubwürdigkeit der biblischen Osterbotschaft zum Vorschein: das *Verhalten* der Jünger. Sie hatten am Tag der Kreuzigung bis auf wenige Ausnahmen das Weite gesucht. Sie standen regelrecht unter Schock; auch um die eigene Sicherheit war zu fürchten. Die römische Besatzungsmacht in Jerusalem fackelte nicht lange, wenn sie sich einmal zum Zuschlagen entschieden hatte. Und den jüdischen Oberen war die Bewegung um Jesus ohnehin ein Dorn im Auge gewesen; die Gelegenheit durchzugreifen schien nach seiner Hinrichtung günstig zu sein. Trotz dieser Gefahrenlage änderte sich das Benehmen der Jüngerschaft schlagartig: Sie ging mit einem Mal beherzt an die Öffentlichkeit und ließ sich auch durch gewaltsamen Widerstand nicht mehr davon abbringen, den Gekreuzigten als den Herrn und Richter aller zu verkünden. Vielen von ihnen hat diese Entschlossenheit über kurz oder lang das Leben gekostet. Zuvor mussten sie Redeverbote, Ausschlussverfahren, Spotttiraden, Gefängnis und Folter ertragen.

Es ist einfach nicht vorstellbar, dass es zu einer derart abrupten Wende ohne ein aufrüttelndes Ereignis gekommen sein soll. Den Evangelien zufolge war es tatsächlich der gekreuzigte Jesus selbst, der sich als Lebender zu erkennen gab und der tatsächlich als Lebender erkannt wurde. Die Frage, wie dies konkret geschah, hat im Vergleich zum Faktum selbst wenig Bedeutung. Man sollte sich aber nicht an die neutestamentliche Bilderwelt verlieren und allzu einfältig denken; Jesu Erscheinen vollzog sich jenseits jeder Beschreibbarkeit. Trotzdem griffe zu kurz, wer die österlichen Erzählungen und Bekenntnisse mit platter Vernünftelei abtäte: Die Jünger hätten wegen ihrer anfänglichen Feigheit Schuldgefühle gehabt und sich, um sie zu bewältigen, mit den noch frischen Erinnerungen getröstet. Oder: Ihre tiefe Trauer sei in Wahnvorstellungen übergegangen, wie sich das in vergleichbaren Situationen auch anderswo und immer wieder beobachten lasse; man glaubt plötzlich einen jüngst verstorbenen, nahestehenden Menschen greifbar vor sich und meint, es wäre alles wie zuvor.

Nein. Die Osterberichte im Neuen Testament bezeugen klar und unbeirrt, dass ein Getöteter von sich reden machte, dessen wiedererlangtes Leben der Anfang einer neuen Schöpfung ist. Und dieses Zeugnis erfolgt nicht leichtfertig oder naiv. Es ruht auf der Basis von Indizien, die nur zusammengenommen aussagekräftig sind.

Die Auffindung des leeren Grabes ist also nur *ein* Element im Netzwerk außergewöhnlicher Vorfälle gewesen. Der Einwand, die Jünger hätten alles gekonnt inszeniert, unterschätzt die kurze Zeitspanne, innerhalb der sich die Ereignisse geradezu überstürzt haben: Erscheinungen

Jesu vor unterschiedlichsten Charakteren; der schlag-
artige Sinneswandel kleinmütiger Feiglinge; ihr mutiges
Bekenntnis in der Öffentlichkeit. Im Übrigen hätte ein
großangelegter Betrug und die dafür notwendige Propaganda wahre Genies vorausgesetzt; das waren die Jünger
und Jüngerinnen Jesu nicht. Sie sind als einfache Hand-
werker, Bauern und Fischer zu Glaubenszeugen geworden.

Doch zurück zum Grab Jesu. War es tatsächlich leer?
Die Antwort muss lauten: Ja, es war leer. Es war leer in
dem Sinn, dass Jesus dort nicht mehr zu finden war. Es
war leer, wie seit Ostern alle Gräber leer sind, an denen
getrauert und geweint wird. Kein Mensch liegt im Grab;
niemand wird je in eine Urne gepresst. Was zurückbleibt,
sind im wahrsten Sinn des Wortes »sterbliche Überreste«.
Und im Fall Jesu?

Selbst wenn man seinen Leichnam gefunden und damit die österliche Verkündigung erschwert hätte – sie
wäre keineswegs verhindert worden. Denn die Auferstehung des Gekreuzigten bedeutete ja nicht, Jesus sei
ins irdische Leben zurückgekehrt und habe zu diesem
Zweck jedes Molekül seiner einstigen Statur neu erstattet
bekommen. Der Gekreuzigte lebt bei *Gott* und ist mit all
dem, was seinen Charakter und seine unverwechselbare
Persönlichkeit ausmacht, in Gott geborgen. Gerade so
lebt der Auferstandene bei den *Menschen*. Denn Gott
wohnt nicht abseits von den Geschöpfen, irgendwo über
den Wolken in unerreichbarer Ferne. Er steht seinen Söh-
nen und Töchtern näher als ihre eigene Halsschlagader
(wie der Koran sich ausdrückt). Entsprechend entgrenzt
– nämlich in souveräner Weise Materie, Raum und Zeit

durchwirkend wie zugleich übersteigend – muss man sich die Reichweite des verklärten Christusleibes denken. Von daher hätten die sterblichen Überreste Jesu durchaus im Grab verbleiben können, wie das bei allen Bestatteten der Fall ist.

Und doch: Ich meine, dass in der Totengruft Jesu nichts mehr von ihm zu finden war. Denn das leere Grab ist ein *Zeichen* gewesen: damit das neue Leben des Auferstandenen überhaupt erfasst und glaubend verinnerlicht werden konnte.

Was ich mit dieser These sagen will, erschließt sich, wenn man an die biblischen Berichte über die von Jesus gewirkten Heilungswunder denkt. Die Mitteilungen darüber sind auffallend schematisch gestaltet und wirken geradezu hölzern. Zum Beispiel die Aussätzigen: Sie treffen auf Jesus, fassen Vertrauen zu ihm und werden rein. Oder die Gelähmten: Man legt sie Jesus zu Füßen, sie bitten ihn um Hilfe und stehen gesund auf.

Dieser schematische Erzählstil wurde von den Verfassern der Evangelien deshalb gewählt, weil sie etwas ganz Bestimmtes herausstellen wollten, nämlich: Heilungen sind keine Mirakel. Sie setzen Glaube und Hoffnung voraus oder wollen zu Glaube und Hoffnung führen. Denn sobald die Beziehung zu Gott in Ordnung kommt, wird der Mensch *innerlich* gesund – wofür die sichtbare Heilung das äußere Zeichen ist. Nun fanden durch Jesus viele kranke Menschen zu Gott, aber nicht alle wurden von ihren Gebrechen befreit. Man kann auch ohne großes Aufsehen den Schatz im Acker finden und ihn heben. Noch heute besteht das eigentliche Wunder eines Wallfahrtsortes wie im westfranzösischen Lourdes darin, dass sich Schwerkranke mit ihrem Schicksal aussöhnen. Die allermeisten kehren in ihren Krankenbetten wieder nach Hause zurück. Doch nur wenige leugnen die neue, innere Kraft, die ihnen zukam. Wenn freilich einige wider alle Logik tatsächlich gesund werden, so dient ihr Beispiel den Übrigen als Zeichen der Ermutigung: Gott vergisst niemanden, der zu ihm ruft.

Das in jeder Hinsicht leere Grab Jesu also war, wie ich meine, genau in dem Sinn ein Zeichen. Dass gerade *dieser* Leichnam die Verwesung nicht geschaut hat, zeigt, was für *alle* Toten gilt, obwohl ihre sterblichen Überreste zerfallen: Ihnen wird kein Haar gekrümmt. Doch darüber sei an anderer Stelle mehr gesagt.

Wider die Verkopfung: Unsterblichkeit und Gebet

In keiner Religion äußert sich die Zuversicht, dass der Mensch den Tod überleben werde, nur in Form von Lehrsätzen. Sie ist wesentlich eine Sache des Herzens, eine Angelegenheit der ganzen, den Glauben feiernden Persönlichkeit. Zwar kommt religiösen Schlüsseltexten verschiedenster Art eine jeweils hohe Bedeutung zu; indem man sie hört, spricht oder liest und auf diese Weise verinnerlicht, wirkt himmlische Kraft auf das Leben ein. Aber das heilige Wort hat seinen vornehmsten Sitz in der Liturgie, im Gottesdienst. So wird, anders gesagt, der Tod betend entmachtet.

Gläubige Hindus höherer Kasten zum Beispiel verrichten dreimal am Tag eine rituelle Meditation. Sie nimmt etwa dreißig bis vierzig Minuten in Anspruch, muss sorgfältig vorbereitet und – jedenfalls am Morgen – im Schneidersitz auf einer Matte aus heiligem Gras vollzogen werden. Ihr Ziel ist die günstige Beeinflussung der persönlichen Lebensführung und damit des Karmas; es entscheidet ja über die Qualität der nächsten Wiedergeburt. Auch die kosmische Ordnung einschließlich des für sie zuständigen Götterhimmels spielt beim dreimaligen »Dämmerungsgebet« eine Rolle. Im Vertrauen auf ihre Segenskraft wird der Hauptteil des Rituals mit einer symbolischen Reinigung eröffnet: »Der Gläubige rezitiert vedische Hymnen, die die göttlichen Eigenschaften des Wassers lobpreisen, und sprengt dabei Wasser auf seinen Kopf und seine Körperglieder. So verbrennt er Sünden, die er in der Nacht oder am Tag mit dem Geist, mit Worten, Händen, Füßen, mit dem Bauch oder mit dem Geschlechtsorgan begangen hat, im Licht der Sonne.«[22]

Meditierend und betend vertrauen sich genauso Juden und Muslime ihrer Zukunft an. In der Zwiesprache mit Gott wird dessen überragende Würde gepriesen, von der das ewige Leben abhängt.

Ein frühes jüdisches Sabbatgebet erinnert in diesem Sinn an die Treue und Majestät des Schöpfers: »Keiner ist dir gleichzustellen, Herr, unser Gott, in dieser Welt, und keiner ist außer dir, unser König, im Leben der kommenden Welt; nichts ist ohne dich, unser Erlöser, in den Tagen des Messias, und keiner ist dir ähnlich, unser Helfer, bei der Belebung der Toten.«[23] Dass gerade am Sabbat die endgültige Rettung Israels aus Leid und Tod beschworen wird, hängt mit der theologischen Symbolik dieses Tages zusammen: Die kommende Welt wird wie ein einziger, ewiger Sabbat sein, der vor Gottes Angesicht heilige Ruhe schenkt und universale Versöhnung auf Grund seiner Gerechtigkeit. Das bedeutet Hoffnung für alle.

Nach islamischer Lehre schützt vor allem die bedingungslose Hingabe an Allahs Willen vor Tod und ewiger Hölle. Es kommt, wie wir sahen, ganz und gar auf das rechte Bekenntnis an, welches allein der Koran ermöglicht. Aber dem Bekenntnis muss ein guter Charakter entsprechen, der Milde, Nächstenliebe und Barmherzigkeit übt. Dazu der Koran: »Ich schwöre beim Zwielicht des Abends und bei der Nacht und bei dem, was sie zusammentreibt, und beim Mond, wenn er sich füllt: Ihr werdet von einem Zustand in den anderen versetzt. Warum wollen sie denn nicht glauben? Warum fallen sie nicht nieder und beten, wenn ihnen der Koran vorgelesen wird? Ja, die Ungläubigen erklären ihn zur Lüge! Aber Gott kennt ihre verborgene Bosheit. Darum verkünde ihnen eine schlimme Strafe! Die Gläubigen aber, die rechtschaffen handeln, erhalten einen unvergänglichen Lohn.«[24]

Zum Zeichen ihrer Unterwerfung beten Muslime fünfmal am Tag auf dem Boden ausgestreckt in Richtung Mekka, und am Freitag hören sie in der Moschee die Predigt über das Gotteswort. Sie soll den Gehorsam stärken und gegebenenfalls zur Umkehr bewegen. Auch die große Wallfahrt nach Mekka, die jeder männliche Muslim nach Möglichkeit einmal im Leben zu unternehmen hat, sagt das Wohlwollen Gottes im Blick auf das Jüngste Gericht zu. Man kennt die Bilder aus den Medien (Nicht-Muslimen ist der Zutritt zu den heiligen Stätten strikt verboten): Eine riesige Menge von Gläubigen umkreist mehrmals die Kaaba und beugt sich im Takt zur

Anbetung. Sie vollzieht außerdem rituelle Waschungen und eine mehrfach wiederholte symbolische Steinigung des Satans, dessen verderblicher Neid mit Kieselbrocken buchstäblich niedergeworfen wird. Während der Pilgerschaft ist es verboten, sich Haare, Bart und Nägel zu schneiden. Diese »Vernachlässigung«, wie der Koran sich ausdrückt, findet in Mekka, am Ziel der Reise, ihr Ende. So ergibt sich ein schönes Sinnbild für die Vollendung des Menschen im Paradies.

Ganz auf das Wirken, den Tod und die Auferweckung *Jesu* ist das christliche Gebetsleben zugeschnitten. Es gipfelt für die meisten Konfessionen im Herrenmahl, das als rituelles Gedächtnis an Worte und Gesten des Nazareners während einer letzten Zusammenkunft mit seinen Jüngern abgehalten wird. Getaufte begehen diese Feier in der Überzeugung, dass der Genuss von Brot und Wein an der uneingeschränkten Liebe des Auferstandenen Anteil gibt, welcher in höchst eigener Person dem Gottesdienst vorsteht. Einer der schönsten Texte im Neuen Testament nimmt auf das Herrenmahl ausführlich Bezug:

Zwei Anhänger des Gekreuzigten sind zu Fuß von Jerusalem aus in ein weit entfernt liegendes Dörfchen namens Emmaus unterwegs. Was sie besonders beschäftigt, sind die jüngsten Vorkommnisse in der Hauptstadt, wo ihr Herr verhaftet, getötet und begraben worden ist. All das belastet sie, und sie trauern; die Hoffnungen von früher sind dahin. Während ihres Marsches, bei dem sie über die Tragödie reden, gesellt sich ein Unbekannter zu ihnen. Da er vertrauenswürdig scheint, wird er bereitwillig in das Gespräch einbezogen. Es steuert schnell dem Thema »Auferstehung« zu: Einige Frauen aus dem

Jüngerkreis hätten in Jerusalem große Aufregung verursacht; man habe das Grab Jesu ohne den Toten vorgefunden und von Engeln gesagt bekommen, dass er lebe.

Nun ergreift der Fremde das Wort und legt »ausgehend von Mose und allen Propheten« seine Sicht der Dinge dar, bis die drei am Abend in Emmaus ankommen. Zu Tisch gibt sich der Fremde durch eine charakteristische Geste zu erkennen: Er nimmt das Brot, »spricht den Lobpreis« und reicht die Mahlzeit an die beiden Gefährten weiter. Es ist Jesus. »Da gingen ihnen die Augen auf, und sie erkannten ihn; dann sahen sie ihn nicht mehr.« Noch in der Nacht kehren sie nach Jerusalem zurück, um die Kerngemeinde davon zu unterrichten, »was sie unterwegs erlebt« und wie sie den Herrn »erkannt hatten, als der das Brot brach«.[25]

Diese meisterhafte Erzählung spiegelt den Verlauf der urchristlichen Eucharistiefeier, wie er bis heute üblich ist: Zuerst werden Abschnitte aus der Bibel verlesen, dafür stehen Mose und die Propheten. Dem folgt die Schriftauslegung, entweder in Form einer kurzen Ansprache oder einer längeren Predigt. Dann werden Brot und Wein zum Altar gebracht mit der Bitte an Gott, er möge durch diese Gaben Anteil gewähren an der unzerstörbaren Lebensfülle des verklärten Christus. Nach dem gemeinsamen Verzehr der Gaben und einem Segenswunsch endet das Herrenmahl. Es trägt, so kann man sagen, das österliche Geschehen von damals ins Heute der glaubenden Gemeinde herüber: Der Tod ist entmachtet, Christus ist der Sieger.

Gemäß römisch-katholischer Tradition finden Bestattungen im Anschluss an die Eucharistiefeier statt. Die

Toten werden dem, der für immer lebt, gleichsam in den Schoß gelegt. Dass sich mit der zunehmenden Entfremdung von Gesellschaft und Kirche das Totengeleit *nur* am Grab oder während einer kurzen Andacht in den Vordergrund schiebt, ist bezeichnend. Diese Entwicklung hat mit der religiös unbedarften Auffassung zu tun, die Verstorbenen lebten bestenfalls im Gedächtnis der Hinterbliebenen weiter. Aber auch dort, wo die Vollform des kirchlichen Trauerrituals noch vollzogen wird, fassen sie viele nur mehr als einen Akt letzter, traditionsbedingter Höflichkeit gegenüber dem Toten auf. Christliches Gedankengut verkommt unter diesen Umständen zur hohlen Staffage, woraus man vor allem in den Großstädten mehr und mehr die Konsequenzen zieht. Vielfach trägt dann – sofern auf eine Feier nicht ganz verzichtet wird – der weltanschaulich neutrale Leichenredner zur Trauerbewältigung bei. Ob dieser Dienst der Tiefendimension des menschlichen Heimgangs gerecht wird, mag jeder selbst entscheiden. Immerhin wird über die Vergänglichkeit nachgedacht und über das Abschiednehmen. Es kommt sozusagen die dem Diesseits zugewandte Seite des Sterbens zur Sprache; aber dabei bleibt es in der Regel auch.

Demgegenüber stellt die recht verstandene christliche Totenfeier Lebende wie Gestorbene in den umfassenden Horizont der Gotteswirklichkeit. Auch in dieser Hinsicht spricht der Bericht von den Emmaus-Jüngern Bände. Denn er zeigt Jesus als einfühlsamen Trauerbegleiter, der die Gefühle der Betroffenen kennt, ernst nimmt und behutsam weiterführt. Blenden wir also noch einmal zurück:

Jesus dämpft nicht das momentane, schmerzliche

Empfinden der beiden Jünger. Es wäre ja auch falsch, Trauer kleinzureden. Sie darf umgekehrt nicht so ins Unermessliche wachsen, dass Verzweiflung daraus entsteht. »Indem Jesus den beiden Jüngern die Gelegenheit gibt, über ihre Trauergefühle zu sprechen, ermöglicht er ein Dreifaches: Zum einen können sie noch einmal Revue passieren lassen, was an Leidvollem geschehen ist«; dann »erhalten sie die Möglichkeit, ihre Hoffnungslosigkeit zu artikulieren. Jesus hilft ihnen also dabei, die ersten beiden Aufgaben der Trauer zu bewältigen. Doch indem er dies tut, legt er zugleich die unbewusste Hoffnung der Jünger frei.«[26]

Die unbewusste Hoffnung der Jünger! Worauf zielt sie? Wohl darauf, dass die erfahrene Liebe trotz der nun zerbrochenen Gemeinschaft nicht vergeblich war; darauf, dass die Ohnmacht, die der Tod allen Betroffenen auferlegt, gesprengt wird; und darauf, dass die Lücke, die der Tod reißt, den Sinn für die Vielschichtigkeit zwischenmenschlicher Beziehungen schärft.

Nach der Emmaus-Erzählung holt der zunächst unerkannte Weggefährte die trauernden Jünger aus ihrer Lähmung heraus, indem er seelische Blockaden abbaut. Er sagt ihnen gleichsam Folgendes: »Euer sehnsüchtiges Verlangen nach Jesus von Nazaret, das aus jedem eurer traurigen Worte spricht und das davon zeugt, dass er euch noch immer etwas bedeutet, ist nicht einfach sinnlos, denn Jesus ist nicht tot, sondern er lebt. Da er jedoch nicht mehr in irdischer Gestalt unter euch ist, müsst ihr eine andere, neue Beziehung zu ihm aufnehmen. In dieser Beziehung können eure Hoffnungen auf eine Weise erfüllt werden, die weit über das hinausgeht, was ihr bisher für möglich gehalten habt.«[27] Gerade das *Herrenmahl* führt den Gekreuzigten, der für immer lebt, mit den Seinen in neuer Weise zusammen. Und da die Toten dort sind, wo Christus ist, besteht zwischen den Menschen diesseits und jenseits der Todeslinie eine unlösbare Verbindung. Hinterbliebene beteuern oft, ihr Kontakt zur toten Mutter oder zum toten Kind sei niemals abgerissen. Genau das ist es: Nichts anderes lehrt die christliche Liturgie, nichts anderes sagt die Weisheit großer, spiritueller Traditionen in aller Welt. Gläubig zu sein heißt, das Vergängliche in den Horizont unvergänglicher Liebe zu stellen. Der Mensch *an sich* tritt in den Lichtschein des Ewigen und tut es mit den unabweisbaren Fragen seiner Existenz: Woher komme ich? Wer bin ich? Wohin gehe ich?

Antworten auf diese Fragen geben der christliche Gottesdienst im Allgemeinen und die kirchliche Trauerfeier im Besonderen. Doch das große Panorama gläubiger Hoffnung wird in der breit angelegten Liturgie der so genannten »Osternacht« mit ihrem Reichtum an Lesungen, Gebeten und Symbolen ausgeleuchtet. Seit das Fernsehen religiöse Festlichkeiten auch in Wohnzimmern heimisch gemacht hat, dürfte dieser wichtige Gottesdienst einen gewissen Bekanntheitsgrad erlangt haben. Die Zeremonien aus dem römischen Petersdom zum Beispiel werden Jahr für Jahr in voller Länge übertragen. Aber auch Liturgien kleinerer Gemeinden kommen zum Zug – und nicht nur römisch-katholische (die freilich neben denen ostkirchlich-orthodoxer Prägung am sinnfälligsten sind). Was zeichnet die zentrale Feier der Christinnen und Christen an Ostern aus?

Von einiger Bedeutung ist schon einmal der Zeitpunkt selbst: die Nacht. Aber die Nacht wird erhellt, das Dunkel vertrieben: zuerst von einem Meer frisch entzündeter Kerzen, dann mit den ersten Strahlen der Morgendämmerung, schließlich durch das volle Tageslicht. Der wärmende Glanz deutet symbolisch auf Christus, den Auferstandenen. Die Gemeinde dankt Gott dafür, dass es ihn gibt: dass er wahrer Mensch ist ohne aufzuhören, Gott gleich zu sein. Am Bekenntnis zu Christus hängt alles andere: Der Tod ist *durch ihn* entmachtet, die Sünde überwunden.

Tiefgründig wie das Spiel mit dem Licht sind die in der Osternacht vorgesehenen Lesungen aus dem Alten und Neuen Testament. Sie fallen üppiger aus als sonst, und das mit gutem Grund: Es zieht »gleichsam die ganze Bibel an den Feiernden« vorüber »und mit ihr der lange Weg der Geschichte von den Wurzeln der Menschheit und Abraham an« bis heute, »um Tod und Auferstehung Jesu Christi in seinem ganzen Umfang zu erfassen«.[28] Obwohl es hinsichtlich der Auswahl dieser Lesungen Zugeständnisse an das Fassungsvermögen der Hörerinnen und Hörer gibt, sollen folgende Texte unter keinen Umständen fehlen: der alttestamentliche Schöpfungsbericht, die Erzählung vom Zug des Mose und seiner Leute durch das Meer (auf der Flucht vor den ägyptischen Sklavenhaltern) und natürlich das Osterevangelium selbst.

Der Schöpfungsbericht: Er bezeugt, dass alles, was existiert, aus Gottes Hand kommt und deshalb »gut« ist. Der Schöpfer will das Leben. Er will Leben in Fülle. Wenn stattdessen der Verfall droht, so liegt das nicht an ihm, sondern am Menschen: Da er sich selbstsüchtig von Gott entfernt hat, spürt er das Wohlwollen der ewigen Liebe kaum noch. Misstrauen kommt auf und mit ihm die Angst, die Angst vor dem Tod und vor der Zukunft überhaupt. Jeder kennt sie. Ist vielleicht doch alles sinnlos, eben nicht »gut«? Angst ist ein Zeichen von Sünde. Und Sünde bedeutet Verknechtung. Deshalb wird in der Osternacht an den dramatischen Freiheitskampf der Mose-Schar gegen die Ägypter erinnert. Der vorgesehene Textabschnitt aus dem Buch Exodus soll neues Vertrauen wecken: Gott lässt sein Geschöpf nicht fallen. Er hasst die Verknechtung – in welcher Form auch immer – und kämpft gegen sie an. Wie er die Gläubigen um Mose trockenen Fußes durch das Meer geführt hat, so geleitet er jeden Menschen aus Sünde, Todesangst und Todesnot zum Triumph der Kinder Gottes. Das Wahrzeichen dafür ist der auferstandene Jesus aus Nazaret, den das Osterevangelium der Öffentlichkeit vorstellt. Er ging vom Tod zum Leben hinüber und hat durch seine Verklärung die ganze Schöpfung erneuert: Ja, sie ist gut!

In Dankbarkeit gegenüber Gott wird der liturgischen Ordnung gemäß bereits vor den Bibellesungen das große Osterlob angestimmt – es dient der ganzen Feier gleichsam als festliche Eröffnungsfanfare. Darin frohlockt die Kirche zusammen mit Israel über den machtvollen Gott unverbrüchlicher Treue, und sie preist das mit Ostern aufkeimende Leben der kommenden Welt: »Dies ist die Nacht, da Christus die Fesseln des Todes gesprengt hat und aus denen, die unter der Erde sind, als Sieger emporstieg«; ihr heiliges Geheimnis »jagt die Verbrechen fort, spült weg jede Schuld, gibt Gestrauchelten wieder die Unschuld und Trauernden Freude. Feindschaft vertreibt sie, bereitet die Eintracht und beugt die Gewalten«.[29] Orgel- und Glockenklang unterstützt den Jubel nach Kräften, und die Feier mündet in ein geselliges Mahl noch im Gemeindezentrum oder zu Hause.

AUFERSTEHUNG DES FLEISCHES?

Der Osterglaube des Christentums stellt klar heraus: Die Menschheit wird mit *Jesus* vor dem Untergang bewahrt. In frühen Glaubensbekenntnissen war sogar von der Wiederbelebung *des Fleisches* die Rede. Damit sollte – neben anderem – unterstrichen sein, dass jeder Erdenbürger als unvertretbare Persönlichkeit in das Leben bei Gott eingeht. Körperliche Merkmale sind nun einmal charakteristisch für die einzelnen Individuen. Wer möchte schon aussehen wie alle anderen? Fingerabdrücke und Augenpartien belegen das Besondere eines Menschen. Neuerdings erlaubt die Technik der Biometrie, Gesichter exakt zu vermessen, genauer, als es manch einem lieb sein kann. In Zeiten terroristischer Bedrohung scheint die absolute Unverwechselbarkeit der Bürgerinnen und Bürger erhöhte Sicherheit zu versprechen. Und auf »unveränderliche Kennzeichen« hat man Wert gelegt, seit es Pässe gibt. Unter den Bedingungen dieser Welt kommt also dem körperlichen Erscheinungsbild eines Menschen große Bedeutung zu. Sollte sich das im Jenseits ändern?

Auch um der Wiedererkennbarkeit willen haben christliche Theologen die Auferweckung des Fleisches betont. Der eigentliche Anstoß aber war – wie so oft – die Tradition Israels und des Judentums: Niemand lebt als reiner Geist vor Gott. Der Mensch isst und trinkt. Er muss atmen und schlafen. Er braucht zärtliche Zuwendung, eine warme (oder kühle) Wohnung, er hat einen Sinn für Farben, Musik und Poesie. So ist es in *diesem* Leben, so wird es auch in der *kommenden* Welt sein.

Als jüdische Männer und Frauen den auferstandenen Jesus von Nazaret gesehen und wiedererkannt hatten, dachten sie nicht anders. Deshalb berichtet das Neue Testament ziemlich ungeniert, dass der Auferstandene mit den Jüngern gegessen und getrunken habe, dass er sich von ihnen berühren ließ und dass er nach wie vor die Wundmale seines Leidens an Händen und Füßen trug. Ähnlich realistisch stellte man sich die Existenzweise der in Christus verstorbenen Schwestern und Brüder vor; entsprechend wurde der tote Körper ehrerbietig behandelt.

In dem wohl ältesten erhaltenen Märtyrerbericht aus christlicher Zeit, der vom Feuertod eines gewissen Polykarp erzählt, fallen diesbezüglich deutliche Worte. Polykarp wird betrauert und beweint; aber da ist auch Stolz bei seinen Freunden: »So sammelten wir später seine Gebeine auf, die wertvoller sind als kostbare Steine und besser als Gold, und setzten sie an geeigneter Stelle bei.«[30] Der gleichen Mentalität verdanken sich mit Edelstein und Goldzwirn gefasste Skelette auf den Altären vieler Barockkirchen. Es war damals in Mode gekommen, so genannte heilige Leiber aus den Katakomben Roms über die Alpen zu holen, damit sie öffentlich ausgestellt und von den Gläubigen verehrt werden konnten. Überhaupt ist die Barockzeit in Sachen »schöner Tod« auffallend phantasievoll gewesen. Lebensfreude und Nichtigkeitsgefühle

gehen eine innige Verbindung ein: Man fürchtet den Tod
als das Schlimmste aller Übel. Dennoch wird er begrüßt,
ja gefeiert, weil er hohles Getue entlarvt und mit majes-
tätischer Gebärde auf die Ewigkeit verweist. Mit praller
Sinnlichkeit verherrlicht der barocke Mensch das Leben,
während sich zugleich der Tod zum grandiosen Schau-
spiel auswächst, an dem sich die Öffentlichkeit satt sieht.
Das anschauliche Symbol von alledem ist die Leiche, und
je höher der soziale Rang eines Verstorbenen war, desto pompöser gestaltet sich die Aufbahrung. Im Fall von
Fürsten und Regenten werden riesige Podien errichtet
und glanzvoll ausstaffiert. Den toten Kaiser Leopold I.
von Österreich zum Beispiel hatte der Habsburger Hof
»zum Sehen ausgesetzt«, und man hatte zu diesem Zweck
tief in die Taschen gegriffen: »Die Paradebühne, auf der
der Kaiser lag, war mit Gold und Silberstoff bezogen und
mit einem Baldachin aus schwarzem Samt überspannt.
Zahlreiche große und kleine silberne Leuchter mit brennenden weißen Wachskerzen umgaben sie.«[31] Natürlich
diente dieses Arrangement nicht nur nebenbei der Glori-
fizierung des Herrscherhauses mit der ganzen Dynastie.
Aber die gläubige Erwartung, ein Christ werde »in seinem
Fleisch« die Freude des Himmels genießen, wurde vom
Gehabe der Macht nicht vollends verdrängt.

Damit stehen wir wieder vor der Frage, ob der jüdisch-
christliche Auferstehungsglaube zur Annahme zwingt,
es würden eines Tages sämtliche Knochen und Sehnen
wieder ineinandergefügt und neu belebt. Die Antwort
muss wohl lauten: nein. Denn der Mensch ist weitaus
mehr als sein Körper. Er ist *Leib*, das heißt, er ist *beseelter*
Körper.

Nun täten tiefschürfende philosophische Überlegungen not, um diese Aussage näher zu erläutern. Ich widerstehe dieser Versuchung so weit es geht, möchte aber doch einen kleinen Denkanstoß geben: Was bedeutet es eigentlich, wenn ein Mensch »ich« sagt? Was bringt dieses knappe, unverzichtbare Grundwort unseres täglichen Sprachgebrauchs zum Vorschein? Meinetwegen der Satz: »Ich spiele Klavier.« Natürlich sitze ich selbst am Instrument und niemand anderer. *Ich* spiele also. Aber das heißt: Meine *Finger* laufen über die Tasten, und mein *Gehirn* – ein biologisches Wunderwerk – steuert sie. Der Satz »Ich spiele Klavier« zeigt wie selbstverständlich die unlösbare Einheit von Geist und Körper an. In den bewegten Fingern drücke ich mich selbst aus. Ich, der ich gerade am Klavier sitze und spiele, bin sozusagen in den Fingern da. Anders wäre es nicht möglich zu musizieren.

Doch nehmen wir nun an, ich breche mir die Hand und bin, weil man sie in Gips gelegt hat, vorübergehend außer Stande, die Tasten zu drücken. Dieses Missgeschick würde an meiner Fähigkeit, am Klavier Musik zu machen, nichts ändern. »Ich« könnte es ja; nur sind die Finger im Moment nicht einsatzbereit. Trotzdem: »Ich« könnte es; schließlich bin ich mehr als ein vom Gehirn gesteuertes Muskelpaket. Reiner Geist bin ich freilich auch nicht. Denn anders als mit Hilfe meiner Finger, die im rechten Moment auf die rechte Taste drücken (oder sie auch verfehlen), hätte ich das Klavierspiel niemals gelernt. Und sobald der Gips entfernt ist, kann ich es weiter pflegen.

Also: Während der Mensch lebt, zeigt sich sein Ich fest und untrennbar verwoben mit dem Körper – mit

Fleisch und Blut, mit Nervenzellen, Sehnen und Muskeln. Jedes Ich kommt *körperlich* zum Ausdruck, niemals anders. Und der Leib? Er ist beseelter Körper, so hieß es vorhin. Das bedeutet: Der Leib fügt Körper und Geist zur Persönlichkeit. Er gibt einen Charakter zu erkennen, eben einen Menschen mit diesen und jenen Eigenschaften. Darauf weist ja das Bild vom Klavierspiel gerade hin: Ein Pianist mit gebrochenen Fingern bleibt Pianist, obwohl seine Hand (vorübergehend) in Gips liegt. Es gehört zu seiner Biografie, Musiker zu sein. Und nun der Überstieg: Ein Mensch, der stirbt, bleibt nach wie vor Mensch – obwohl der Körper zerfällt. Was ihn als Persönlichkeit mit ganz bestimmten Fähigkeiten und einer ganz bestimmten Lebensgeschichte auszeichnet, findet sich in seinem »Ich« für immer aufgehoben und bei Gott geborgen. In diesem Sinn redet das Christentum von der Auferstehung des *Fleisches,* und das heißt, um beim gewählten Beispiel zu bleiben: Das Genie am Klavier bereichert auch den Himmel mit seiner Kunst. Der Tod lähmt – die Auferstehung beflügelt.

Wem Gedanken dieser Art zu gewagt erscheinen, möge sich das vielbemühte Faktum in Erinnerung rufen, dass sich der biologische Organismus in seinem Zellenbestand alle sieben Jahre vollständig erneuert. Trotzdem bleibt jeder Mensch – ich klammere das Problem seelischer Erkrankungen einmal aus – sich selbst treu. Kann das Ich altern? Wohl kaum. Der Körper altert. Das Ich aber nimmt in der Regel an Erfahrung und Wissen (und manchmal sogar an Weisheit) zu. Es wird reifer, gefüllter, der Welt gegenüber freier. Es findet Minute für Minute mehr in seine Leiblichkeit hinein, so dass die Persönlich-

keit über das rein Körperliche, Diesseitige auch, hinaus-
wächst. Denn ihr biologischer Unterbau wird im wahrsten Sinn des Wortes *verinnerlicht*.

Auferstehung des Fleisches heißt also: Wer stirbt,
geht als historisches Individuum unversehrt ins Leben
ein: gekennzeichnet freilich durch eine Vergangenheit,
die mit Händen und Füßen, Augen, Ohren und Mund
erstritten und erlitten wurde. Auf die stofflichen Mole-
küle von einst kommt es dann zwar nicht mehr an, aber
es besteht die begründete Hoffnung, dass sie der Schöpfer – verwandelt und verklärt – von neuem schenkt. Deshalb glaube ich, dass Christinnen und Christen die toten
Körper ihrer Märtyrer und Heiligen zu Recht in Ehren
halten. Die liebevoll behüteten und kostbar gefassten
Gebeine sind ein sprechendes Symbol für das vergangene Leben *vor* Gott und das zukünftige (und bereits
begonnene) Leben *bei* Gott. Nichts wesentlich anderes
signalisieren Grabdenkmäler überall auf der Welt, völlig unabhängig von Kulturen und Konfessionen. Selbst
das Ritual, die Asche verbrannter Körper ins Meer oder
in unwegsames Gebirge zu streuen, bestätigt zumindest
dies: Da ist ein Mensch gewesen, den Fleisch, Blut und
Geist zur Persönlichkeit formten. Ostern sagt: Sie blüht
in Gott vollends auf.

Unsterblichkeit der Seele?

Das »Ich« des Menschen – nennen wir es ruhig die »Seele« –
stirbt demnach nicht? Ein unkommentiertes Nein riefe
in weiten Kreisen christlicher Theologen scharfen Pro-

test hervor: So zu reden sei ein Rückfall in griechisches Denken, das den vergänglichen Körper abwertete und das Menschsein auf das unvergängliche »Seelesein« beschränkte. Aber wir haben gesehen, dass niemand ohne Körper, ohne Fleisch und Blut zur Persönlichkeit heranreift. Die konkrete Geschichte macht den Menschen aus; sie ist im Leib eines Individuums bleibend aufgehoben, auch wenn der Körper verfällt.

Ein anderer Einwand lautet: Wer die Unvergänglichkeit der Seele lehrt, schmälert die Macht Gottes. Denn nur er allein ist ewig und nur er vermag Leben zu schenken, das über den Tod hinweg trägt. Aber wer behauptet, dass die Unvergänglichkeit der Seele von Natur aus besteht? Sie ist ein Geschenk; denn »Gott ist die Liebe, und wer in der Liebe bleibt, bleibt in Gott, und Gott bleibt in ihm«.[32]

Schwerer wiegt dieses Bedenken: Der Tod werde nicht ernst genommen, wenn man davon ausgeht, dass ihn die Seele überleben könne. Außerdem sei in der Bibel nirgendwo von einer unsterblichen menschlichen Seele die Rede, im Gegenteil: »Staub bist du, und zum Staub kehrst du zurück.«[33] Aber sind das wirklich Argumente gegen den Glauben an die Unvergänglichkeit der Seele, an die Unvergänglichkeit des Ich? Dass der Mensch, wenn er stirbt, seinem Kern nach unbeteiligt bliebe, wird im Namen eines solchen Glaubens nämlich nicht gesagt. Es ist schon so: Der Tod verursacht »eine Zerstörung, eine Sprengung, etwas Gewaltsames und Katastrophisches – weil in ihm etwas von Natur und von Schöpfungs wegen Verbundenes getrennt wird«.[34] Der Mensch will deshalb auch nicht sterben. Er empfindet völlig angemessen, wenn er sich gegen das Ende sträubt. Und wenn es dann so weit ist, kämpft er und ergibt sich, was noch einmal zeigt, wie sehr ihm der Tod zuwiderläuft. Und doch, das Ende kommt. Es muss kommen. Denn das Neue und Bleibende wächst nur, wenn Vergangenes losgelassen und die Majestät des Unvermeidlichen respektiert wird. Der islamische Aufruf zur völligen Gottergebenheit erreicht hier seine letzte Tiefe: Allah selbst verfügt den Tod zum Zweck der Prüfung, und »mit der Todesangst«, lehrt der Koran, »kommt die Wahrheit zu Tage, der du immer zu entfliehen versuchst«.[35] Im Tibetischen Totenbuch wird der Sterbende unablässig beschworen, die Nichtigkeit des Vergangenen zu durchschauen. Nur so tut sich der Weg zu neuen Ufern auf. Es wird nicht damit gerechnet, dass der Ablöseprozess leichtfällt, die Weisungen und Trostworte des Totenbuches wären sonst ganz überflüssig.

Der Tod schneidet also den Menschen ins Fleisch. Er bedeutet Zwang und Gericht. Aber Zwang und Gericht sind von Gott gewollt. Deshalb wandelt sich das Unvermeidliche, Zerstörerische in Segen. Es ist wie mit dem Kind im Schoß der Mutter: Ein einziger Blutkreislauf sorgt für beide; so will es die Natur. Aber die Natur will auch, dass die Mutter das Kind freigibt. Die Geburt, so weiß man heute, erfolgt gegen die Neigung des Kindes; es möchte aus der angestammten Geborgenheit nicht herausfallen. Das Licht der Welt löst sogar einen regelrechten Schock bei ihm aus. Aber es ist ganz in der Ordnung, dass der »Katastrophenfall« eintritt. Er bringt die Dinge voran.

Mit dem Vergleich von Geburts- und Sterbeprozessen

kommt, wie ich meine, das Unzerstörbare der menschlichen Seele sehr anschaulich in den Blick. Die Seele: Das
ist der Mensch in seiner unvertretbaren Einmaligkeit.
Seele: Das ist die geistige Vertrautheit mit sich selbst –
welche freilich nicht anders als durch den Körper erwor-
ben wird. Wie gesagt: Es gibt »mich« nur mit Haut und
Haaren. Aber ich bin nicht mit Haut und Haaren identisch. Während der Körper altert, wachse ich als Persönlichkeit über die Wechselfälle der Zeit hinaus. Und was
den Tod überdauert, bin ich selbst im Spiegel meiner Lebensgeschichte. So stirbt der Mensch als »Seele« in Gott
hinein. Der Abbruch hier ist die Bedingung für den Auf-
bau dort. Aber was am Ende – und im Ende – gültig sein
wird, ist während der Jahre zwischen Wiege und Grab
gereift. Von der Unvergänglichkeit der menschlichen
Seele zu sprechen heißt demnach zu bekennen, dass der
wahre Charakter eines Menschen zu jeder Sekunde hier
auf Erden geformt, im Tod aber offenbar wird.

Solche Zusammenhänge ahnend, hat man in der
christlichen Kunst bei der Wiedergabe von Sterbeszenen
die Seele gern als kleines, nacktes Menschlein abgebildet.
Es entschwebt dem geöffneten Mund der Todgeweihten
und wird sofort von Engeln oder – je nachdem – von Dä-
monen umringt. Der gotische Regensburger Dom zum
Beispiel zeigt solche Motive auf Glasfenstern aus dem
vierzehnten Jahrhundert, die den Kreuzestod Jesu ver-
herrlichen: »Eines davon stellt den Schächer dar, dessen
Seele ein geflügelter Teufel mit bleckendem Gebiss ent-
gegennimmt.«[36] Gelegentlich erscheinen diese Seelen-
menschlein »auch bekleidet, und zwar genauso wie der
Tote, als dessen kleines Abbild sie erkennbar sind«.[37]

Das künstlerische Empfinden des Mittelalters illustriert, was vorhin über die im »Ich« verinnerlichte, persönliche Geschichte eines Menschen gesagt wurde: sie hat bleibenden Wert. Deshalb darf man sich die Seele zwar unabhängig vom Körper, doch niemals leiblos denken. Sie durchwaltet – als Ich – den Menschen zu seinen Lebzeiten bis in die Fingerspitzen hinein. Kommt der Tod, trägt sie ihn mitsamt allen guten und bösen Taten, allen schönen und bitteren Erfahrungen zu Gott. Aber es handelt sich nicht um ein harmonisches Hinübergleiten, sondern – wie angedeutet – um einen durchaus sperrigen Geburtsvorgang.

Dieser Gedanke kommt denn auch besonders schön in der bildlichen Darstellung der Seele als *nacktes* Menschlein zum Ausdruck. Man hatte mit Bedacht an ein frisch entbundenes Kind erinnert. Denn auch in der christlichen Tradition wird der Tod als eine Wiedergeburt verstanden – welche freilich kein weiteres Leben unter den gewohnten Bedingungen von Raum und Zeit auferlegt. Vielmehr: Das kleine, nackte Kind symbolisiert den neuen Anfang bei Gott. Nicht dass die Zukunft vom Ertrag der abgeschlossenen Vergangenheit völlig unabhängig wäre. Aber im Jenseits erscheint der Mensch tatsächlich wie ein hilfloses Kind, über das verfügt wird; dann aber stellt es sich auf die eigenen Füße und kann so alle mitgebrachten Anlagen entfalten.

Auferstehung im Tod?

Auferstehung der Toten oder Unvergänglichkeit der Seele? Worin zeigt sich das eigentlich Christliche? Nach dem, was bisher gesagt wurde, dürfte klar geworden sein, dass die beiden Vorstellungskreise nicht gegeneinander auszuspielen sind. Wer an die Auferstehung der Toten glaubt, spricht der menschlichen Seele Unvergänglichkeit zu. Dabei bleibt in jeder Hinsicht Gott selbst der Garant ewigen Lebens. Die Annahme, dass sich eine neue Welt verborgenen kosmischen Gesetzen verdanken könnte, widerstreitet dem Christentum – wie allen monotheistischen Religionen – von Grund auf: Ewiges *Leben* setzt den ewigen *Gott* voraus. Ohne ihn gibt es keine Hoffnung. Nichts anderes hatte im Übrigen schon Platon gelehrt, der freilich zugleich hinzufügte, Gott weder »gesehen noch hinreichend erkannt zu haben«.[38] Im Blick auf das Geschick Jesu von Nazaret aber, der verkündet hat, was von sich aus niemand weiß, darf gelten: Gott schenkt die Unvergänglichkeit der Seele, *indem* er die Toten auferweckt. Aber wann geschieht das und wie? Hier gehen die Meinungen christlicher Theologen auseinander.

Nach traditionell römisch-katholischer Auffassung ergibt sich folgendes Bild: Ein Mensch stirbt. Das bedeutet: Körper und Seele werden voneinander getrennt. Der Körper zerfällt, die Seele aber steigt zu Gott auf und erfährt sofort, wie ihre Zukunft aussieht: Himmel, Fegfeuer oder Hölle. Dieser ersten Begegnung der körperlosen Seele mit Gott schließt sich ein zeitlich gedachter Zwischenzustand an: Die bereits beurteilte geistige Persönlichkeit muss – im Himmel, im Fegfeuer oder in der

Hölle – auf das große, allgemeine Gericht am Jüngsten Tag warten. Sobald er anbricht, wird der zerfallene Körper belebt und mit der Geist-Seele wieder vereint; die eigentliche Auferstehung der Toten beginnt. Ewiges Leben im Himmel oder in der Hölle wird schließlich dem konkreten Menschen mit Haut und Haaren zuteil.

Protestantische Theologen haben sich demgegenüber an der Vorstellung gestoßen, die Seele bliebe vom Tod unberührt. Der Mensch stirbt, so ihre Gegenthese, ganz. Nichts von ihm bleibt. Am Ende der Tage aber wird er zusammen mit allen Toten von Gott auferweckt zu *neuem* Leben. Der Vorteil dieser Sicht: Die Seele braucht nicht körperlos gedacht zu werden. Sie muss (und kann) auch nicht warten. Denn sie ist ja tot – und wird, wenn die Zeit kommt, mit ihrem Körper aus dem Grab geholt; sie wird regelrecht neu geschaffen. Aber auch hier ergeben sich Fragezeichen, zum Beispiel: Bleibt ein wirklich toter, ganz und gar ausgelöschter Mensch mit sich selbst identisch, wenn er am Ende der Tage neu ins Dasein tritt?

Um Denkschwierigkeiten hier wie dort zu umgehen, wurde neuerdings der Vorschlag gemacht, von einer *Auferstehung im Tod* zu sprechen. Damit soll gesagt sein: Wenn der Mensch stirbt, fällt er aus der Zeit heraus. Er stirbt, näher betrachtet, in das *Ende* der Zeit hinein und erlebt damit *sofort* den Jüngsten Tag – den Tag der Auferstehung und des Weltgerichts für alle. Ein profilierter Vertreter dieser These hat sich dazu wie folgt geäußert:

»Raum und Zeit sind Anschauungsformen, in denen wir irdische Wirklichkeit erleben. Sie stehen und fallen mit der Erfahrung dieser unserer Welt. In der Welt Gottes gibt es nicht mehr unseren Raum – und genausowenig unsere Zeit.« Wenn es also »bei Gott keine irdische Zeit mehr gibt, dann ist in dem Augenblick, da ich sterbe, die Geschichte schon abgelaufen, dann fällt meine Begegnung mit Gott in eins mit der Begegnung der ganzen Menschheit mit Gott. Wenn es bei Gott keine irdische Zeit mehr gibt, dann ist mein Tod bereits der Jüngste Tag, und dann ist in meinem Tod die Auferstehung des Fleisches bereits gekommen. Man kann es auch so formulieren: Indem ein Mensch stirbt und eben damit die Zeit hinter sich lässt, gelangt er an einen ›Punkt‹, an dem die gesamte übrige Geschichte ›gleichzeitig‹ mit ihm an ihr Ende kommt, mag diese Geschichte auch ›inzwischen‹ in der Dimension irdischer Zeit noch unendlich weite Wegstrecken zurückgelegt haben.‹«[39]

Gewisse Vorzüge sind diesen Überlegungen nicht abzusprechen. Ich denke zunächst einmal an die Zeitfrage: Es wäre naiv zu meinen, das Leben dort, im Jenseits, liefe zeitlich parallel zum Leben hier, im Diesseits. Damit wären Zeit und Ewigkeit gleichgeschaltet und müssten konkurrieren. Mir drängt sich bei diesem Gedanken das Bild zweier nebeneinander fahrender Eisenbahnzüge auf: der Zug der Zeit – der Zug der Ewigkeit. Sterben hieße, so gedacht: Ich steige vom einen Zug in den anderen um, und das während der Fahrt. Die Fragwürdigkeit dieser Vorstellung liegt auf der Hand: Ewigkeit ist etwas anderes als Zeit. Die Rede von der »Auferstehung im Tod« stellt das klar heraus: Sterben bedeutet gerade nicht, dass man einfach »umsteigt«. Vielmehr bricht die *Fülle der Zeit* an: Vergangenheit, Gegenwart und Zukunft verdichten sich zum »Augenblick«. In ihm liegt aller Sinn; er birgt und schenkt gewissermaßen die Frucht der Zeit.

Auferstehung im Tod. Ein anderer Vorzug dieser These liegt darin beschlossen, dass die naturgegebene Ganzheit des Menschen anerkannt bleibt. Der Mensch ist ja niemals reiner Geist, auch nicht im Tod. Der biblischen Vision zufolge führt die neue Existenz nach dem Sterben zum »Auferstehungsstand«, zu einem »Sein in verklärter Leiblichkeit«.[40] Den Menschen *ohne* Leib, also ohne seine vom Körper geformte Identität und Lebensgeschichte zu denken hieße, ihn zu entstellen. Aber der Tod entstellt nicht – nicht mehr, seit er durch Christus verwandelt worden ist; er stellt, ganz im Gegenteil, die Dinge richtig. Darum behält das geistbegabte Geschöpf auch in der Ewigkeit seine Wesensart.

Jedenfalls gab sich der Auferstandene den Jüngerinnen und Jüngern als leibhaftiger Mensch zu erkennen. Der vorhin erwähnte, im Johannesevangelium überlieferte Vermerk, dass Jesus noch die Wundmale der Kreuzigung getragen und sie auch gezeigt habe, koppelt die Osterberichte an die historische Realität zurück. Damit ist zugleich die bleibende Verschwisterung von Leib und Seele unterstrichen, worauf die Einmaligkeit der menschlichen Geschichte beruht. Das Leben ist weder beliebig wiederholbar noch tausendfach zu variieren, und der Tod bringt dessen Ernte ein. Er sammelt, bündelt, vollendet – was sollte er also anfangen mit einer leiblosen Seele, die nichts anderes wäre als ein stummer Schrei nach dem Mark ihrer selbst?

Mich überzeugt die These, dass der Jüngste Tag für jeden Sterbenden mit dem letzten Atemzug anbricht, trotzdem nicht. Zur Begründung ist noch einmal auf das Phänomen der Zeit zu verweisen: Ich halte es für absurd, wenn man annimmt, der Tod beraube uns Menschen jedweder Zeit. Falle ich wirklich aus der fortlaufenden Geschichte heraus, wenn ich sterbe? Sicher, man steigt nicht um, wechselt nicht während der Fahrt vom einen Zug in den anderen. Aber wirkt der Tod wie ein Schleudersitz, der seine Klienten an jeder Zeit vorbei in die Nichtzeit katapultiert?

Man stelle sich einmal die Situation konkret vor: Hier die Trauernden am Totenbett, um Fassung und Glaube ringend; dort die Ereignisse des Umbruchs in letzter Gewissheit. Hier der Schmerz über den Abschied, dort die Erfahrung nie gekannter Nähe. Mir kommt diese Szenerie schon rein psychologisch gesehen höchst problematisch vor. Da finde ich mehr Weisheit in der Ahnung althergebrachter Kulturen, wonach Lebende und Verstorbene eine unzerstörbare Weggemeinschaft bilden. Der afrikanische Ahnenkult oder der Shintoismus Japans, wo man ähnliche Ideale pflegt, sind die schönsten Beispiele dafür. Auch die zahlreich überlieferten Berichte über gefahrvolle Jenseitsreisen deuten in diese Richtung. Zugegeben: Hier wird das irdische Zeitempfinden ziemlich unbekümmert auf das Jenseits übertragen. Aber dieser Einwand entkräftet nicht das tief verankerte Gefühl so vieler Menschen, dass sich Lebende und Tote, während die Geschichte weitergeht, sozusagen auf gleicher Augenhöhe befinden. Darauf beruht im Übrigen der Totenkult des Christentums, wie ihn vor allem die katholische und orthodoxe Kirche kennt. Er sieht wiederholte Andachten und Gottesdienste mit feierlichen Anrufungen und Fürbitten vor, während geweihtes Wasser versprengt und Weihrauch entzündet wird. All das nähme sich eigenartig aus, wenn man annehmen müsste, der Tote hätte seiner Vergangenheit endgültig den Rücken gekehrt und bliebe fortan vom irdischen Schicksal der Hinterbliebenen unberührt.

Im Grunde genommen aber gäbe es – für den Toten – gar keine Hinterbliebenen mehr. Diese wären bereits wie er selbst in die große Versammlung vor Gottes Richterstuhl einbezogen; in sie hinein auferstehend träfe jeder sofort wieder auf die Angehörigen und Freunde. Aber sie trauern nun einmal am Totenbett. Dort müssten sie allerdings davon ausgehen, dass der soeben Verstorbene im selben Augenblick *mit ihnen zusammen* vor Gott steht – die Sache wird spätestens jetzt unannehmbar kompliziert.

Hören wir deshalb mit dem Verwirrspiel der Perspektiven auf und lassen wir einfach den Gedanken zu, dass der Tod dem Menschen zwar neue Horizonte eröffnet, ihn aber nicht der Zeit enthebt. Die Zeit ist eine Bestimmung der Welt hier und heute, und da niemand *von* der Welt, sondern nur *mit* der Welt erlöst wird, hat auch der Tote Zeit – freilich verklärte Zeit in verklärter Leiblichkeit.

Es ist am besten, wenn man sich auch bei derart vertrackten Fragen auf die Bibel zurückbesinnt. Den letzten Worten des Matthäusevangeliums zufolge gab der auferstandene Christus seinen Jüngern das folgende Versprechen: »Seid gewiss: Ich bin bei euch alle Tage bis zum Ende der Welt.«[41] Ich meine: Wenn es stimmt, dass Gott selbst in Jesus von Nazaret Fleisch geworden ist – wenn es also stimmt, dass irdische Zeit göttliche Zeit sein konnte, dann ist der brüske Gegensatz von Zeit und Ewigkeit undenkbar. Ich bin sehr dafür, von einer Auferstehung *im Tod* zu sprechen. Aber damit muss ein Geschehen benannt sein, das in keiner Weise von der fortlaufenden Geschichte der Lebenden ablenkt. Bleibt sie nicht viel eher die solidarische Herzensangelegenheit all derer, die sterbend und auferstehend – nämlich unfehlbar – um die Bedeutung der *eigenen* Vergangenheit wissen? Sind es nicht gerade die Toten, die im besten Sinn des Wortes *warten* können? Positiv und mehr theologisch gesagt: Das Schicksal der geistbegabten Kreatur erfüllt sich »durch das Aufgenommen- und Eingefügtwerden in den Auferstehungsleib Christi, der selbst so lange unvollendet ist, als nicht der letzte Menschenbruder und die letzte Menschenschwester in ihn eingegliedert sind«.[42]

Es dauert also, bis das Reich Gottes eine neue Welt gebiert. Und während die Geschichte weitergeht, durchlaufen die Verstorbenen – nach römisch-katholischer Lehre – einen tiefgreifenden Läuterungsprozess. Denn die wenigsten sterben als Heilige; es gilt umzudenken. Man könnte auch sagen: Es bedarf erst einmal der Gewöhnung an Gott.

STRAFE, BESSERUNGSANSTALT, VORHIMMEL?
DAS FEGEFEUER

Während es noch vor wenigen Jahrzehnten in kirchlichen Kreisen eine sehr lebendige Vorstellung vom jenseitigen Läuterungsprozess gab, scheint sie momentan arg verblasst zu sein. Stattdessen wird sehr schnell behauptet, dieser oder jener Verstorbene sei nunmehr »im Himmel«.

Wurde Gott inzwischen derart verniedlicht, dass die Rede von seiner richtenden, umschmelzenden Größe nur noch als leises Echo aus früherer Zeit oder gar nicht mehr zu hören ist?

Dabei war der dogmatische Kern der Fegefeuerlehre spätestens seit dem Mittelalter glasklar formuliert worden: Wer stirbt und noch mit Sünden belastet ist, muss erst für den Himmel befähigt werden – durch einen schmerzlichen Prozess der Läuterung. Allerdings ließ sich aus mittelalterlicher Sicht der Reinigungsort nur schwer von der Hölle unterscheiden. Denn die Qualen waren dieselben – mit zwei Ausnahmen: Sie dauerten im Fegfeuer nicht ewig. Und: Die Lebenden konnten sie durch Fürbitte und Gebet abmildern oder verkürzen.

Zu einem Gutteil war das mittelalterliche Wissen um den jenseitigen Reinigungsort aus Visionen seherisch begabter Ordensleute gespeist worden; das Volk hatte ihre Schilderungen geradezu verschlungen. Weite Verbreitung erfreute sich zum Beispiel der Bericht eines bayerischen Benediktinermönchs namens Marcus. Er beschrieb die Widerfahrnisse des jenseitsreisenden Ritters Tundal »in einer Fülle von bizarr-sadistischen Motiven, wie sie für die Textsorte der Jenseitsvisionen durchaus typisch sind: Tundal muss unter der Führung seines Schutzengels zunächst die Strafregionen der Unterwelt – des Fegefeuers – durchwandern«; er muss »die handbreite Nagelbrücke überschreiten, unter der turmhohe, feuerspeiende Ungeheuer auf ihre Opfer lauern, an der geflügelten Bestie vorbeikommen, die die Seelen von Mönchen und Nonnen in einen Eissee hinein verdaut, wo sie mit Schlangen schwanger werden, die sie von innen zerfetzen«. Er tritt schließlich, tief erschüttert, »dem auf einen Rost gefesselten Höllenfürsten« gegenüber.[43]

Die beschriebenen Schrecken dienen allesamt der Strafe, der Sühne und dem inneren Frieden: Fehlhaltungen und Missgriffe der Vergangenheit fallen in Form schwerer Pein auf die Seelen zurück; das soll sie auf die himmlische Reinheit vorbereiten. Den noch Lebenden aber dient der Blick ins läuternde Feuer zur Abschreckung und geistlichen Einsicht. Um das »Bizarr-Sadistische« nicht ausufern zu lassen, wurden seitens der kirchlichen Autorität die Strafphantasien aus dem Mittelalter zunehmend auf die Vorstellung beschränkt, die »armen Seelen« säßen nackt (sie sind also Leiber!) in einem riesigen Feuermeer. Da und dort fällt dieses Bild noch immer in die Augen, wenn man alte Kirchen oder Friedhöfe betritt. Arme-Seelen-Grotten zeigen züngelnde Flammen mit den Sündern und Sünderinnen darin. Über ihnen schwebt fürbittend die Gottesmutter Maria mit dienstbaren Engeln, die einzelne Seelen aus dem Glutofen nach oben ziehen. Oft ist auch ein Priester am Altar abgebildet. Denn von der Eucharistiefeier erwarteten die Gläubigen zu Gunsten der so genannten »leidenden Kirche« die meiste Gnade; bis heute werden nach katholischem Brauch den Verstorbenen Messfeiern namentlich gewidmet.

Im Übrigen haben die Armen Seelen mächtig auf den Volksglauben eingewirkt: Sie zeigen sich in Träumen oder werden hinter geheimnisvollen Klopfzeichen und Lichterscheinungen vermutet. Wer sie wahrnimmt und ehrt, steht in einer besonderen Pflicht. Man veranlasst in diesem Fall weitere Messen oder bringt für die Toten eine unerledigte Angelegenheit zu Ende. Oft genügt das intensiviertes Gebet. Umgekehrt darf man aus dem Fegefeuer Hilfe erwarten. Da sich die Armen Seelen ihrer endgültigen Rettung durch Gott sicher sind (sonst wären sie in der Hölle), geht eine heilsame Kraft von ihnen aus. Mit ihr fließt den Lebenden – der »streitenden Kirche« – in dem Maß Gnade zu, als darum ersucht wird; sie verspricht spirituelle Stärkung und Beistand in allfälliger Not.

Predigern und Seelsorgern galt das Fegefeuer als Folge strengster göttlicher Strafgerechtigkeit, der auch nicht die geringste Kleinigkeit entkommt. Mit entsprechender Leidenschaft wurde in Kanzelreden und Katechesen an den jenseitigen Reinigungsort erinnert. Die harte Realität der dort auferlegten Straf- und Erziehungsmaßnahmen stand dabei außer Frage: »In diesem unbegreiflich schmerzhaften Feuer sind die Armen Seelen – wahrhaftig, sie sind leidende Seelen. In diesem Feuer werden sie entsetzlich langsam von ihren Sündenmakeln und verkehrten Neigungen gereinigt, wie das Gold im Glutofen von seinen Schlacken geläutert wird; in diesem Feuer büßen sie, was sie im Leben versäumt haben.« Oder ein anderes Beispiel: »Auf Erden dauern die Leiden nur eine kurze Zeit, dort Jahre, Jahre ohne Zahl. Es gibt Stunden, wo der Kranke seine Schmerzen nicht so empfindet, er schläft, er erhält Tröstungen. Im Fegefeuer gibt es keine Unterbrechung der Qualen«; dort sind die Leiden »immer auf dem Höhepunkt«. Dem gläubigen Kirchenvolk wurde eben klipp und klar gesagt: »Unsere lieben Verstorbenen sind *arme* Seelen.«[44]

Im zwanzigsten Jahrhundert kam es dann zur Wende, was die läuternde Glut betraf. Prediger kehrten den Strafcharakter des Fegefeuers nur noch selten hervor.

Manche verfielen in ein anderes Extrem: Mit einem Mal trat der »liebe« Gott in den Vordergrund und er musste für alles und jedes tiefstes Verständnis haben. Aus der Strafe wurde eine Therapie, aus der feurigen Mahnrede ein verkappter Moralismus. Das Wort »Reifung« machte die Runde. Auch davon sei eine kleine Kostprobe gestattet: »Denken wir etwa an einen Menschen, der als erwachsener Mann nur ein halb erwachsener Christ war, nur wenig an Gott dachte, nur selten am Gottesdienst teilnahm, seine Ostern nicht gehalten hat, und den dann plötzlich der Unfalltod auf der Straße ereilte, ohne dass er nach menschlichem Ermessen noch Zeit fand, seine Sache mit Gott in Ordnung zu bringen. Ist es da nicht tröstlich, zu glauben und zu hoffen, dass ein solcher Mensch nicht einfach für die Ewigkeit verloren ist? Dass Gott vielmehr in seiner Güte jenseits des Todes noch eine Möglichkeit der Läuterung, der letzten Reifung bereithält? Das Wort »Fegefeuer« mag ein etwas schreckhafter Ausdruck sein, aber die damit gemeinte Sache ist etwas überaus Schönes und Tröstliches: die Nachreifung im Feuer des göttlichen Erbarmens.«[45]

Es ist schon interessant: War das Fegefeuer in früheren Zeiten kaum von der Hölle zu unterscheiden, so tat man sich später schwer damit, es nicht mit dem Himmel zu verwechseln. Doch momentan hört man so gut wie nichts mehr von ihm. Hat es inzwischen jede Bedeutung eingebüßt?

Sicher nicht. Es ist in der Tat ein schöner, tiefer Gedanke, dass es das Fegefeuer gibt. Und wie soll man von ihm reden?

Nach biblischer Überzeugung ist der Gott des Lebens

weder ein kalter Vergelter noch ein harmlos gütiger Groß-
vater, den im Grunde niemand ernst zu nehmen braucht.
Gott ist die *Liebe*, sagt der Erste Johannesbrief.[46] Darum
gehört die Angst nicht zu den Kennzeichen christlicher
Frömmigkeit. Und der Tod braucht keine Drohkulissen.
Gott ist freilich *heilige* Liebe. Aus diesem Grund hat die
Begegnung mit ihm etwas Entlarvendes, Widerständiges
– im besten Sinn des Wortes. Denn der Mensch wird,
wenn er stirbt, der Lauterkeit dieser Liebe ausgesetzt,
die den Tiefgang *seiner* Liebe offenlegt: wie weit sie ging,
wie echt sie war, woran sie scheiterte und was sie Großes
schuf. Gott ist zudem die Liebe *in Person*. Von daher mag
es richtig sein, sich das Fegefeuer als einen aufrüttelnden
Moment der Begegnung vom Ich und Du zu denken.

Vielleicht könnte man es auch so formulieren: Das
Fegfeuer ist das erste Wort, das Gott an den Menschen
richtet, sobald dieser vom Glauben zum Schauen gelangt
ist. Und da nach christlicher Überzeugung das Wort
Gottes Jesus Christus heißt, schenkt das Fegfeuer die
Begegnung mit *ihm*. Strafe, Schmerz, Vergeltung, Läuterung, Reifung – jeder Begriff sagt es auf seine Weise: dass
im Tod Wahrheit zum Menschen spricht, die ihm klar-
macht, wie sich seine Vergangenheit vor ihr ausnimmt.
Zu Recht hat man in diesem Sinn erklärt, dass »der Herr
selbst das richtende Feuer ist, das den Menschen um-
wandelt«, das ihn gottfähig macht, indem es »unser ver-
schlossenes Herz freibrennt und umschmilzt«.[47]

Die reinigende, läuternde, strafende Wucht des Feg-
feuers besteht demnach in der Notwendigkeit, von eingefleischten Verkehrtheiten aller Art loszukommen. Jeder weiß aus der täglichen Erfahrung, wie schwer das ist.

Freiwillig denken die wenigsten um. Erst unter einem gewissen Leidensdruck oder dem Einfluss geduldiger Liebe gelingt es hie und da, festgefahrene Ansichten und Handlungsmuster aufzubrechen. Im Fegefeuer nun strahlt die Wahrheit in ihrer letzten Unabweisbarkeit auf. Es ist wie nach einem längeren Aufenthalt in einem dunklen Zimmer, wenn plötzlich das Licht angeht; man schließt unwillkürlich die Augen und blinzelt sich dann langsam in das neue Gesichtsfeld hinein. Blinzelnd dem Herrn begegnen – könnte das ein angemessenes Bild für unsere Läuterung nach dem Sterben sein?

Doch es stellt sich noch eine andere, wichtigere Frage: Lässt sich das Fegefeuer als eine neue Chance nach den Herausforderungen hier und heute begreifen? Versäumtes würde einfach nachgeholt!

Der Gedanke hat etwas Sympathisches, aber er ist nicht christlich: Mit dem Tod endet der Wanderweg des Menschen. Spätestens dann muss die Grundrichtung seines Lebens entschieden sein. Tiefgreifende Korrekturen im Jenseits hätten die Abwertung der irdischen Vergangenheit zur Folge. Das Leben würde zur Versuchsrunde, zum Probeunternehmen degradiert. Es stimmt deshalb nur zum Teil, was ein zeitgenössischer Soziologe kürzlich vom Christentum behauptet hat: »Einerseits gilt die Welt und alles Treiben der Menschen nichts. Es ist Schall und Rauch vor Gott. Andererseits hängt vom Vollzug des eigenen Lebens alles ab: ewiges Leben oder ewige Verdammnis.«[48] Nein: Schall und Rauch ist das Leben hier und heute ganz bestimmt nicht, und die Lehre vom Fegefeuer unterstreicht das. Denn das Wort, das Gott im Tod an den Menschen richtet, ist kein anderes als jenes, das schon zuvor an ihn erging. Im Diesseits spricht Gott über die Vermittlung von Medien: durch die Natur, durch die Religionen, durch die Bibel, durch Mitmenschen. Man kann sich bemühen, sein Wort zu verstehen und zu beherzigen. Man kann es genauso gut überhören, totschweigen oder ins Lächerliche ziehen – jetzt, in *diesem* Leben. Doch im Tod ändert sich die Lage. Gottes Wort ergeht unvermittelt an den Menschen; es lässt sich nicht mehr ignorieren. Und indem es ihm sagt, wer er ist, kommt zum Vorschein, wie kostbar sein Leben *vor* dem Sterben war.

Jüngstes Gericht

Schon das Fegefeuer, so sahen wir, bedeutet Gericht. Denn die Begegnung mit Christus – von Angesicht zu Angesicht – bringt die Wahrheit ans Licht. Doch niemand beschließt seine Tage, ohne gleichermaßen unvertretbare Persönlichkeit als auch Nutznießer und tragende Kraft einer Gemeinschaft gewesen zu sein. Deshalb wurde in der traditionellen christlichen Theologie zwischen zwei Gerichtsverfahren unterschieden: Das eine findet sofort nach dem Sterben statt; es betrifft jeden einzelnen Menschen höchstpersönlich. Das andere erfolgt am Ende der Zeit und ist sozusagen für das versammelte Heer aller Erdenbürger bestimmt.

Inzwischen denkt man weniger schematisch und ist dazu geneigt, das Individuelle und Allgemeine als die zwei Seiten einer Medaille zu verstehen – mit gutem Recht, wie ich meine. Denn gibt es Persönliches, das nicht auch die Allgemeinheit beträfe? Umgekehrt ist es genauso: Die Öffentlichkeit prägt das Private, und zwar sehr viel stärker, als es für die meisten den Anschein hat. Vermeintlich individuelle Empfindungen und Gewohnheiten sind in Wahrheit von gesellschaftlichen Normen durchwirkt. Die Art sich zu kleiden, sich zu begrüßen und zu verabschieden, das eine hässlich, anderes schön zu finden, tolerant oder engstirnig zu sein – nichts von alledem ist Ausdruck reiner Selbstbestimmung. Der Mensch bleibt, wie Aristoteles richtig erkannt hat, ein *zoon politikon*, ein gesellschaftliches Wesen; er ist, salopp gesagt, ein Herdentier. Es gibt also nichts Privates, das nicht irgendwann von den Dächern riefe, und was auf offener Straße geschieht, bahnt sich den Weg zurück in die Herzen der Leute.

Zugleich bleibt der Mensch bei allem, was er tut, auf die Umwelt bezogen. Nehmen wir nur einmal die Tiere: Wer niemals den Gedanken an sich herangelassen hat, dass auch Katzen und Schweine Geschöpfe sind, die Respekt verdienen, wird ein rücksichtsloser Ichmensch bleiben. Da leider noch nicht allen Zeitgenossen dieser Zusammenhang aufgegangen ist, lässt man stillschweigend zu, wie Tiere im Namen des Wohlstands entwürdigt und geschunden werden. Eigene Rechte für sie einzufordern, wäre denkbar; doch es gehört zur Würde des *Menschen*, dass er mit der Schöpfung behutsam umgeht. Er macht sich selbst zum Narren, wenn er Tiere misshandelt und die Luft vergiftet. Hierzu gäbe es noch vieles zu sagen, aber worauf ich hinauswill: Jedes Individuum ist für das Ganze verantwortlich und wird auch im Blick auf das Ganze zur Verantwortung gezogen.

Im Zeitalter der Globalisierung müsste dieser Sachverhalt eigentlich ohne weiteres einzusehen sein. Doch auch früher war er schon bekannt, und gerade die Religionen haben diesbezüglich kräftige Akzente gesetzt. So kann man für die Karma-Lehre aus dem Fernen Osten nur dankbar sein: Wer »eine Kuh tötet, wird bucklig und blödsinnig wie ein Zeburind. Der Lustmolch wird ein zeugungsunfähiger Zwitter. Der Fleischesser wird ganz rote Glieder haben, der leckermäulige Brahmane (Mitglied der obersten Kaste der Hindugesellschaft) einen dicken Bauch. Wer von Leckerbissen nichts abgibt, kriegt einen Kropf. Wer ein Buch stiehlt, wird blind geboren. Wer Brahmanen oder Kühe mit Füßen traktiert, kommt hinkend oder lahm zur Welt.«[49] Die Erwartungen und Bilder sind drastisch, vielleicht übertrieben. Aber gerade so kommt die Vernetzung allen Seins zum Ausdruck, wofür der Mensch das prominenteste Beispiel ist. Durchaus scharfsinnig bezeugt die Karma-Lehre, dass der kleinste Geistesblitz ebenso auf den Kosmos einwirkt wie die Summe aller Taten. Deshalb wendet sich vor allem der Buddhismus so energisch gegen die verkrampfte Selbstbehauptung des menschlichen Ich. Kommt nicht das Unheil immer wieder von den eingefleischten Egoisten? Aber auch die Hoffnung auf das Nirwana spricht Bände: Ruhe gibt es erst, wenn die Welt von der verrannten Eigenliebe befreit ist. Dann nämlich wird kein Ich mehr frech behaupten, dass es für sich allein leben kann.

Damit sind wir wieder beim individuellen und allgemeinen Gericht nach christlicher Lehre. Die beiden Aspekte beleuchten ein und denselben Vorgang: Der Mensch wird persönlich zur Verantwortung gezogen, und zwar vor Gott, vor den Schwestern und Brüdern, vor der ganzen Kreatur. Über Jahrhunderte hinweg haben die Gläubigen vor diesem Moment gezittert. Aber das Christentum wäre keine Frohbotschaft, wenn es sich von der Angst regieren ließe. Denn gerichtet zu werden, das heißt ja auch, dass nach dem Chaos wieder wohltuende Ordnung einkehrt, die Leben für alle ermöglicht. Von einem »neuen Himmel« und einer »neuen Erde« spricht die Bibel, die außerdem mehr als einmal unterstreicht, dass es beim Gericht nicht um Rache, sondern um die Sanierung zerbrochener Beziehungen geht. Die jenseitige Vollendung des Menschen wird deshalb mit dem grandiosen Bild vom himmlischen Jerusalem zum Ausdruck gebracht, wo die Bürgerinnen und Bürger ein Herz und eine Seele sind. »Es handelt sich um eine *Stadt*, nicht ein pures, gleichsam ›nacktes‹ Miteinandersein.«[50] Das Gericht ist der Zugang in diese Stadt, ihr feierliches Portal. Wer es durchschreitet, wird ein anderer, wird auf neue Weise gesellschaftsfähig, und die Verständigung zwischen Ich und Du gelingt wieder störungsfrei.

Dass dem Gericht kein schlechthin Fremder, sondern der »Menschensohn« vorsitzt, wurde an anderer Stelle dieses Buches schon gesagt: Er, Jesus von Nazaret, ganz Gott und ganz Mensch, kennt das Leben von innen. Er war, wie die Evangelien bezeugen, »in Versuchung geführt« worden. Das heißt: Gier und rücksichtslose Dummheit – wovon alles Unheil dieser Erde herrührt – nagten auch an ihm, freilich ohne Erfolg: »Vor dem Herrn, deinem Gott, sollst du dich niederwerfen und ihm allein dienen«, sagt Jesus im Augenblick der Anfechtung und kommt ihr dadurch bei.[51]

Hat es einen Sinn, sich das Weltgericht konkret vor-

zustellen? Früher, als die meisten Menschen von der *irdischen* Justiz einen durchaus rigiden Eindruck hatten,
schien die Szenerie klar zu sein: Der Menschensohn handelt als nunmehr zur Vergeltung entschlossener Machthaber. Furcht und Schrecken sind sein Gefolge. Der Tag
des Gerichts ist ein Tag des Zornes, an dem die Tränen
fließen. Michelangelos weltberühmtes Fresko in der Sixtinischen Kapelle des Vatikans drängt sich ins Bewusstsein: Der verklärte Christus, ein Hüne an Gestalt, reißt
inmitten der zum Gericht versammelten Menschenschar
gebieterisch die rechte Hand nach oben. Sie löst einen
unbändigen Sog aus, der die einen gen Himmel, doch
andere in Richtung Hölle zieht, in die bereits die ersten
Verurteilten stürzen.

Aber auch weniger elitäre Kunstwerke haben das
Schreckensbild des Jüngsten Tages bei den Christen lebendig gehalten. »Es dürfte im späten Mittelalter keine
Kirche gegeben haben, in der das Weltgericht nicht an
markanter Stelle den Gläubigen vorgeführt worden wäre.«[52] Dabei blieb die stete Erinnerung daran nie ohne
innere Größe. Denn es war klar, dass man im Vergleich
zur irdischen Justiz vor Gott auf unbestechliche und tiefgreifende Gerechtigkeit hoffen durfte. Diesen Lichtblick
kehren Weltgerichtsdarstellungen auf den Fassaden spät-
mittelalterlicher Ratshäuser heraus, in denen man über
große und kleine Fehltritte der Bürgerschaft befand. Glau-
bensernste Bilder hielten den Jüngsten Tag »Angeklagten
wie Richtern als eindringliche Mahnung an die noch viel
ernsteren Letzten Dinge vor Augen, wenn sie im Verfah-
ren Rede zu stehen und Urteile zu finden hatten«.[53]

Ob die theatralische Vision früherer Zeiten heute noch

Eindruck macht, weiß ich nicht. Doch die Tiefe des Gemeinten bleibt sicher auch bei einer weniger spektakulären und persönlicheren Sichtweise erhalten: Als der bekannte amerikanische Arzt und Todesforscher Raymond A. Moody Menschen interviewte, die einmal klinisch tot gewesen und wieder ins Leben zurückgerufen worden waren, stieß er auf ein interessantes Phänomen. Seine Gewährsleute berichteten übereinstimmend, dass sich in Blitzesschnelle eine Art Lebensfilm vor ihrem geistigen Auge abgespult habe mit allen Einzelheiten ihrer guten wie bösen Taten. Zugleich sei die Nähe eines liebevollen Lichtwesens spürbar gewesen und dessen Aufforderung, das Geschaute zu beurteilen. Moodys persönliche Meinung dazu: »Wie oftmals klar zutage tritt, sieht das Wesen das ganze Leben des Individuums ausgebreitet vor sich liegen und benötigt seinerseits keinerlei Information. Seine Absicht ist es allein, zur Rückbesinnung anzuregen.«[54]

Ich behaupte nicht, hier habe sich für die Betroffenen bereits das Jüngste Gericht vollzogen. Denn Erfahrungen in Todesnähe sind noch keine Erfahrungen des Todes selbst. Zudem ist der visionäre Abspann mit den Stationen des vergangenen Lebens wohl ein Phänomen der diesseitigen, nicht der jenseitigen Welt – ich komme auf diese Fragen noch einmal zurück. Aber der von Moody dokumentierte Befund scheint mir trotzdem interessant zu sein. Individuelles Gericht: Jeder Mensch beurteilt sein Lebenswerk im Licht der offenbaren Liebe Gottes selbst. Und das allgemeine Gericht: Wer die Auswirkungen persönlichen Tuns visuell vorgeführt bekommt, versteht wohl sofort, dass man Mensch nicht ohne die anderen war. Das Gericht öffnet die Augen für all die Möglichkeiten, die man in der Welt gehabt hätte. Und es zeigt gerade so, was man tatsächlich daraus gemacht hat. Harmlos dürfte eine solche Rückschau wohl kaum sein. Niemand begegnet gern der eigenen Schuld. Aber sie muss aufgedeckt und bewältigt werden.

Die Gläubigen früherer Zeiten sahen also dem kommenden Gericht nicht völlig grundlos mit zwiespältigen Gefühlen entgegen. Dass es mitunter zu maßlosen Übertreibungen kam, sei nicht verschwiegen: Die Heiligen und Märtyrer, so konnte man hie und da in einer mittelalterlichen Predigt hören, würden als Mitrichter des Herrn schlimmer und erbarmungsloser wüten als ihre ehemaligen Verfolger. Sogar die kleinen Kinder bekämen Schwerter in die Hand gedrückt, um auf ihre sündigen Eltern und Geschwister einzuschlagen, die für sie wie Fremde seien. Hatte Jesus nicht gefordert, ihn und seinen Auftrag mehr zu lieben als Vater und Mutter?

Gottlob denken wir heute nicht mehr so. Aber es bleibt der Ernst der Stunde, den das verheißene Gericht anzeigt. Und: Es bleibt der Ernst der Entscheidung *gegen* Gott, die durchaus fatale Folgen hat.

HÖLLE

Es ist ein fester christlicher Lehrsatz, dass es die Hölle gibt. Kein anderer hat früher die Phantasie mehr beflügelt als er. Und kein anderer löst heute schneller spöttisches oder entrüstetes Kopfschütteln aus. Aber es ist eigenartig: Der Gedanke, dass Menschen wie Stalin oder Hitler

– um die beiden Namen stellvertretend für eine statt-
liche Reihe zu nennen – *nicht* in der Hölle säßen, wirkt
auf viele befremdlich. Dabei schweigt sich die kirchliche
Lehre über Personen, die angeblich in der Hölle sind, be-
harrlich aus. Festzuhalten ist lediglich, dass es die Hölle
gibt. Niemand behauptet, dass sie übervölkert sei, und
man nennt, wie gesagt, keine Namen.

Was aber ist die Hölle? Eine zeitgenössische Um-
schreibung lautet so: »Hölle: Endgültige und unwiderrufliche Existenzweise von Menschen, die im Zustand
des Gotteshasses gelebt haben und gestorben sind. Sie
ergibt sich als reale Möglichkeit aus der menschlichen
Freiheit, die sich auch gegen Gott aussprechen kann.«[55]

Die Hölle – hoffnungslose Verbohrtheit also, Verweigerung von Liebe, Verschlossenheit vor Gott ein für alle
Mal? So könnte man sagen und man redet damit groß
vom Menschen und groß von Gott. Denn jedes Individuum ist derart kostbar, dass es nie mehr ausgelöscht
wird. Wer einmal existiert hat, bleibt für immer, und sei
es in qualvoller Gottesferne. Es »gibt das Unwiderrufliche, auch die unwiderrufliche Zerstörung – mit diesem
Ernstfall und mit diesem Bewusstsein des Ernstfalls hat
der Christ zu leben«.[56]

Dass an den Pforten der Hölle Gottes Liebe endet, ist
damit nicht gesagt. Hier zeigt sich das Große an Gott: Er
liebt eben – und nirgendwo fehlt diese Liebe, kein Mensch
bleibt von ihr ausgeschlossen. Umso schlimmer muss es
sein, wenn jemand diese Liebe nicht erwidern *kann*, weil
er sie nicht erwidern *will*. Und noch schlimmer muss es
sein, wenn ihrer viele sind, die nicht lieben wollen. So etwas gibt es auf *dieser* Welt jedenfalls nicht. Man hört ja

so einiges; aber dass irgendwo überhaupt keine Liebe sei, auch nicht die geringste Spur von ihr, das kann ich mir nicht vorstellen. Schon von daher muss die Hölle stockfinster und grässlich kalt sein. Sämtliche Phantasien über geräderte, zerfleischte, gebrannte Seelenleiber nehmen sich blass aus gegenüber dem Horrorbild absolut fehlender Liebe. Das nenne ich die Perversion im wahrsten Sinn des Wortes; sie ist ganz gegen die Absichten Gottes gerichtet und gerade deshalb so furchtbar.

Aber lassen wir das Spekulieren. Die Auskunft, dass Entscheidungen und Gewohnheiten im Diesseits ewige Konsequenzen haben, wiegt schwer genug. Andere Religionen tun sich diesbezüglich etwas leichter; wer Böses tat, kann später irgendwann den Absturz bremsen oder von Gott begnadigt werden. Hingegen geschieht nach christlicher Überzeugung das für immer Maßgebende hier und jetzt – und man lebt nur einmal. Eine ungerechte, grausame Annahme?

Ich gehe diesem Problem im nächsten Kapitel nach, das hiermit eröffnet sei. Und vom Himmel, dem eigentlichen Ziel menschlicher Sehnsucht, soll ebenfalls erst dort die Rede sein. Es ist nämlich guter Brauch, dass Bücher über das Jenseits mit der jeweils bestmöglichen Aussicht schließen.

VIERTER TEIL

Die Gesellschaft

Um den Faden von vorhin wieder aufzunehmen: Nach jüdischer, christlicher und islamischer Auffassung entscheidet dies *eine* Leben hier und heute über das ewige Schicksal des Menschen. Mehrere Existenzen unter irdischen Bedingungen gibt es nicht. Insofern setzt der Tod eine unverrückbare Grenze. Mit ihm fängt eine neue Daseinsweise an, doch so, dass die einmalige, unverwechselbare Persönlichkeit bestehen bleibt. »Ich« also lebe und »ich« sterbe. »Ich selbst« werde in Gott hinein auferweckt und von ihm gerichtet – mit Leib und Seele.

Wie sich gezeigt hat, gewinnt aus dieser Sicht jede Stunde im Leben eine überragende Bedeutung. Denn eines Tages steht »für mich« keine mehr zur Verfügung. Im Islamischen Totenbuch heißt es: »Wenn der Mensch sich im Todeskampf befindet und seine Zunge gefesselt ist, treten vier Engel zu ihm, und es spricht der erste: ›Friede sei mit dir! Ich bin der Engel, der mit deinem Lebensunterhalt betraut ist. Ich habe auf der Erde den Osten und den Westen durchsucht, aber für deine Nahrung keinen Bissen mehr gefunden, bis ich jetzt zu dir gekommen bin.‹ Es tritt dann der zweite Engel zu ihm und spricht: ›Friede sei mit dir! Ich bin der Engel, der damit betraut ist, dir Wasser und anderes zum Trinken zu beschaffen. Ich habe den Osten und den Westen durchsucht, aber für dich keinen Trunk Wasser mehr gefunden, bis ich jetzt zu dir gekommen bin.‹ Dann tritt der dritte Engel zu ihm und spricht: ›Friede sei mit dir! Ich bin der über deine Atemzüge gesetzte Engel. Ich habe den Osten und den Westen durchsucht, aber nicht einen Atemzug mehr gefunden, der für dich bestimmt ist.‹ Schließlich tritt der vierte Engel zu ihm und spricht: ›Friede sei mit dir! Ich bin der mit deinem Lebensende und deiner Lebensdauer betraute Engel. Ich habe auf der Erde den Osten und den Westen durchsucht, aber nicht eine Stunde mehr für dich gefunden.‹«[1]

So also ist es: Das Geschöpf muss abtreten, wenn der Tag dafür gekommen ist; ein weiterer Probelauf steht nicht zu erwarten. Der Tod kündigt die Ernte an. Was in diesem Leben gesät wurde, wächst sich im Jenseits als Himmel oder Hölle aus.

Dass ein Standpunkt wie dieser Widerspruch hervorruft oder – öfter wohl – gleichgültig übergangen wird, ist vermutlich ein Zug der Zeit, zumal im europäischen Kulturraum. Hier hat mit den Jahrzehnten des Wohlstands eine Mentalität Fuß gefasst, die sich dem theologischen Argument gegenüber ziemlich verschlossen zeigt. Die Konzentration gilt der privaten Lebensoptimierung. Aus der Leistungsgesellschaft ist eine Konsumgesellschaft geworden, für die in erster Linie das Geld zählt. Das wirtschaftliche Wachstum scheint der Schlüssel zur Bewältigung noch verbliebener Risiken zu sein, die dem vollen Daseinsgenuss hinderlich sind. Mit der Souveränität eines allmächtigen und persönlichen Schöpfergottes rechnen nur noch wenige.

Stattdessen tritt etwas anderes, Zwielichtiges in den

Vordergrund. Da ist zunächst eine eigentümliche Form des Aberglaubens, nämlich ein kaum hinterfragtes Vertrauen auf den seelischen Nährwert materieller Güter und des gesellschaftlichen Erfolgs. Zugleich macht sich eine neue religiöse und spirituelle Sehnsucht bemerkbar. Aber sie bleibt völlig verschwommen und eben betont privat. Im Grunde bedient auch sie ein sehr handfestes Wunschdenken: Zum volleren Lebensgenuss könnten auch religiöse Gefühle beitragen, also wird der Supermarkt entsprechender Angebote eifrig genutzt. Man sagt nein zu Gott und ja zur Religion – die freilich je nach Geschmack gefügig zu sein hat. Von einer Kuschelreligiosität zu sprechen dürfte nicht ganz abwegig sein.

Natürlich prägen solche Denkweisen auch die Einstellung gegenüber dem Tod. Viele sind schlicht der Meinung, dass mit dem letzten Atemzug alles aus sei. Was kommt, ist das Nichts; der Tod wird zum bösen Feind, zur persönlichen Niederlage, zum Störfaktor. Andererseits wächst die Sympathie für das Thema »Wiedergeburt«: Auf das Leben hier und heute folgt ein weiteres, wobei es schon zuvor der Reihe nach verschiedene Existenzen gab. Doch sehen wir uns diesen Standpunkt – und darüber hinaus noch einige andere – etwas näher an.

ERFOLG UM JEDEN PREIS?
WIEDERGEBURT IM WESTEN

Warum schlägt ausgerechnet die Idee der Wiedergeburt so viele in ihren Bann? Bei den wenigsten wird die Begeisterung für eine Religion aus dem Fernen Osten der

Grund dafür sein. Denn wer sich auf eine von ihnen besinnen wollte, braucht Disziplin und Idealismus. Es bedürfte einer regelrechten existenziellen Kehrtwendung, wozu das Gros der Bevölkerung hier in Europa sicher nicht bereit ist. Auf die richtige Spur führt wohl eher die Vermutung, dass religiöse Spurenelemente zunehmend mit dem westlichen Konsumdenken kombiniert werden. Denn offensichtlich scheint der Wiedergeburtsglaube auch dann plausibel zu sein, wenn sein philosophisch-theologischer Hintergrund ausgeblendet ist.

Machen wir die Probe aufs Exempel: Was bleibt, wenn im Blick auf Wiedergeburt oder Seelenwanderung nicht mehr vom Karma, von Vergeltung und Sühne, von der Gier, von Barmherzigkeit und Erlösung die Rede ist?

Es bleibt die verführerische Illusion jeweils neuer, aussichtsreicher Angebote, und der lastende Fluch wandelt sich in Segen: Was hier und jetzt an Möglichkeiten versäumt wurde, wird später nachgeholt. Viele Existenzen bürgen für große Chancen, sich jeweils neu behaglich einzurichten. Eine höhere Instanz, die jeden einzelnen zur Verantwortung riefe, bleibt außerhalb dieses Horizonts. Es zählt allein der Automatismus des Kommens und Gehens; ob er irgendwann aufhören könnte oder aufhören müsste, danach wird nicht gefragt.

Ich gebe zu: Diese krass materialistische Variante der Wiedergeburtsidee stellt ihre wohl extremste Verformung dar. Sie wird selten ausdrücklich vertreten, eher ohne großes Aufheben und weitgehend unüberlegt vorausgesetzt.

Griffiger und auch durchdachter sind Varianten, die aus der Seelenwanderungslehre ein eigenständiges weltanschauliches System gemacht haben. Das ist zum Bei-spiel in anthroposophischen Kreisen der Fall, deren Gedankengut im Erziehungsprogramm von Waldorf-Schulen begegnet. Bei den Anthroposophen herrscht die Überzeugung vor, dass der Mensch zur Erkenntnis ver-borgener geistiger Sphären berufen sei, die sich ihm aber erst auf höheren Stufen seiner Entwicklung eröffnen. Man setzt deshalb alles daran, durch eine umfassende Gemüts- und Seelenbildung für den Weg nach oben die nötige Schubkraft zu erzeugen. Die Vorstellung, es gebe Wiedergeburten, stützt sich in diesem Fall auf den durch Charles Darwin angestoßenen Evolutionsgedanken. Es spricht in der Tat einiges dafür, dass sich das Leben im Lauf von Jahrmillionen vielfältig verästelt hat und dass die Natur nach wie vor bestrebt ist, immer komplexere Seinsformen hervorzubringen. Doch während die Frage, ob hinter diesem Wachstum ein zielführender Plan ste-he, von Biologen und Physikern ausgeklammert, wenn nicht verneint wird, antwortet die Anthroposophie mit einem klaren Ja: Alle Entwicklung ist auf den Menschen angelegt. Er soll als Krone der Schöpfung zur geistigen Vollkommenheit in *dieser* Welt heranreifen. Solange die-ser Zustand auf sich warten lässt, sorgt eine Kette von Wiedergeburten für den ersehnten Aufstieg.

Anklänge an Pythagoras und Platon sind unverkenn-bar. Auch der Ferne Osten meldet sich zu Wort, wobei es hier einen bezeichnenden Unterschied gibt: Die Wieder-geburt hat bei den Anthroposophen ein vergleichsweise besseres Image. Sie ist selbst der Königsweg, der nach oben führt, keine Strafe und kein Fluch. Viele Wieder-geburten verleihen umso tiefere Weisheit. Denn die »Reinkarnationen geben dem Menschenwesen Gelegenheit, immer weiter zu lernen und eine Vollkommenheit zu erwerben, die in einem einzelnen Leben natürlich nicht zu erreichen ist«.[2]

Doch Vorsicht: Wer beim Stichwort »Vollkommenheit« an das erlebte, eigene Ich denkt, greift, was die Anthroposophen betrifft, zu kurz. Nicht einzelne, unverwechselbare Individuen steigen zur Erkenntnis auf. Im Mittelpunkt des Interesses steht vielmehr ein überindividuelles, kosmisches »Ich«. Die Menschheit *an sich* soll zur Vollkommenheit reifen, ihr umfassender, alles durchdringender Geist – nicht Herr Meier oder Frau Huber von nebenan.

Das ist genau der Punkt, der aus biblischer Sicht (und auch im Namen des Korans) kritisiert werden muss: Die anthroposophische Vision läuft auf eine Missachtung der historischen Persönlichkeit hinaus, die als »kleines Ego«[3] abgetan wird. Der einzelne Charakter tritt gleichsam als zeitbedingtes Versuchsexemplar hinter dem großen, überindividuellen Weltgeist zurück. Damit zerbricht der Anspruch des Augenblicks, und das Jetzt sinkt zur Episode, zum bloßen Zwischenspiel herab. Was ein konkretes Schicksal an Gutem aufzuweisen hat, wird vom Weltgeist, der seine Vollkommenheit sucht, in andere Existenzen hinein verschleppt. Er bedient sich der seelischen Kraft des Einzelnen als kosmisches Baumaterial; das Böse fällt unter den Tisch. Damit aber stirbt die persönliche Verantwortung, die jeder Mensch hat. Genauso erlischt seine Unersetzbarkeit. Denn nur der kollektive Fortschritt zählt, und der Tod hat die Aufgabe, die »kleinen Egos« immer wieder zu zertreten. So wird Platz für das Neue und Größere: für den Geist, für das Wissen, für die letzte Erkenntnis.

Der anthroposophischen All-Einheits-Lehre steht die Zuversicht von Juden, Christen und Moslems gegenüber, dass auch der unscheinbarste Mensch unendlich wertvoll ist und von Gott an den für ihn bestimmten Platz gestellt wurde. Warum die einen gute, andere schlechte Bedingungen haben, lässt sich mit den Mitteln der Spekulation nicht klären. Die völlige, auch schmerzliche Unwissenheit in diesem Punkt ist der Preis, den der Glaube an den souveränen, persönlichen Gott nun einmal kostet. Er wäre andernfalls durchschaubar und hörte sofort auf, Gott zu sein. Es muss dem Weitblick seiner Vorsehung überlassen bleiben, dass die Schicksale so verschieden sind.

Der Tod betrifft alle unterschiedslos. Würde er die Individuen als unvollendbare Probeexemplare zu Gunsten eines höheren Ideals kaltblütig beiseiteschieben, dann bedeutete seine Herrschaft die reinste Menschenverachtung. Doch seit ihm durch Jesus von Nazaret alle vernichtende Kraft genommen wurde, steht er im Dienst eines heiligen Willens. Da sich mit dem Tod göttliche Liebe fordernd und bergend auf jedes einzelne Schicksal legt, weist er sich als Menschenfreund aus. Selbst wer nie zu einem vollbewussten personalen Leben erwacht ist – von Geburt an geistig Schwerstbehinderte, abgegangene oder abgetriebene Föten –, wird durch den Tod als staunenswertes Geschöpf bestätigt und geborgen. Es genügt, dass Gott einen Menschen *wollte*, um ihn einmalig zu machen.

Auch die vorhin aufgeworfene Frage, ob es annehmbar sei, dass Entscheidungen hier und heute für immer gelten, klärt sich allein im Blick auf den persönlichen und heiligen Gott.

Wie die Bibel Seite für Seite unterstreicht, ist menschliches Leben am Ozean des unergründlichen Geheimnisses angesiedelt. Der Tod gleicht einer Fahrt ins offene Meer hinaus. So wird beim Sterben sichtbar, dass Gott dem Geschöpf immer nahe war. »In ihm leben wir, bewegen wir uns und sind wir«[4], hat der Apostel Paulus gegenüber kritischen Griechen erklärt, und das heißt: Die Ewigkeit meldet ihren Anspruch nicht erst nach unserem letzten Seufzer an. Sie ist die Luft, in der geistiges Leben atmet, so wie der Fisch niemals anderswo als im Wasser schwamm. Deshalb sind Entscheidungen in der Zeit immer auch Entscheidungen für die Ewigkeit. Bliebe die gute oder böse Tat ohne endgültige Konsequenzen, hätte das Leben auf dieser Welt das Ewige niemals berührt. Aber so ist es nicht.

Doch gibt es für den Kreislauf der Wiedergeburten nicht handfeste Beweise? Einzelne Männer und Frauen, oft auch Kinder, so heißt es, könnten sich an frühere Existenzen erinnern. Manche geben zu Protokoll, sie seien durch meditative Übungen auf ihre vorgeburtliche Vergangenheit gestoßen. Andere glauben sich von hellseherisch begabten Mittelsleuten in ihrer Ahnung bestätigt; diese hätten ihr Vorleben detailliert beschrieben und sogar herausgefunden, warum sie jetzt ein Unglück träfe. Auch der Hinweis auf Serienträume taucht in der Debatte auf. Wir haben gesehen, dass Träume schon sehr früh mit dem Thema »Tod und ewiges Leben« in Verbindung gebracht worden sind. Bei der Frage nach Wiedergeburt und Seelenwanderung ist an stetig wiederkehrende biografische Motive gedacht, die das Spiegelbild früherer Existenzen sein sollen. Einige Aufmerksamkeit kommt auch den viel bemühten Déjà-vu-Erlebnissen zu: Man geht auf irgendeiner fremden Straße und hat plötzlich das Gefühl, die Situation bereits zu kennen. Ein untrügliches Zeichen? Manche denken selbst dann an die Seelenwanderung, wenn sich eine Ähnlichkeit verstorbener Großeltern mit ihren neugeborenen Enkeln zeigt.

Die Hypnosefälle sind sicher am spektakulärsten. Unter fachkundiger Anleitung werden geeignet erscheinende Personen zum Gedächtnissturm aufgefordert. Er soll die vorgeburtliche Vergangenheit in lebendige Bilder umsetzen, was in der Regel tatsächlich geschieht. Mitunter bilden sich so etwas wie Stammbäume heraus, so dass die Wegstrecke einer bestimmten Seelenwanderung auch kartographisch sichtbar wird. Besonders interessant ist das Phänomen spontaner Kinderzeugnisse. Vor allem von Dreijährigen liegt reiches Material vor, wobei die Erinnerungskraft bei älteren Kindern zu verblassen scheint. Nachforschungen bestätigten in einigen Fällen frappierend genau, was gesagt worden war. Andere Details sind und bleiben unüberprüfbar. Doch wie dem auch sei: Könnte der wissenschaftliche *Beweis* für die Seelenwanderung den religiösen *Glauben* an die Auferstehung der Toten zu Fall bringen?

Hier ist zuallererst Gelassenheit vonnöten und dann der kritische Blick auf das Panorama der Behauptungen, von denen es allerlei gibt. Was nun einmal die Hypnosefälle und die spontanen Berichte von Kindern angeht: Selbst wenn die Spreu vom Weizen getrennt wird, wäre es kurzsichtig, dem wissenschaftlichen Zugriff auf das menschliche Innenleben Heilsbedeutung zuzuschreiben. Ließe sich das Geschick des Menschen nach seinem Tod (oder vor seinem Leben) experimentell zur Darstellung bringen, wäre dieses faszinierende Thema auf die Ebene klinischer Sprechzimmer und der dort angewandten Methoden herabgedrückt. Aber es ist klar, dass seriöse Forschung immer nur einen Ausschnitt der Wirklichkeit in den Blick nimmt. Die Ergebnisse hängen zudem von der Art der Fragestellung und der entsprechenden Versuchslogik ab. Was also bei Hypnosen oder spontanen Berichten von Kindern an Details zu Tage tritt, mag interessant und auch verblüffend sein. Aber ihre Auswertung führt nicht zwingend auf die Spur von Wiedergeburten.

Die Wirklichkeit, in der wir leben, ist eine höchst erstaunliche Angelegenheit, über die wir nach wie vor nur wenig wissen. Dabei gab es wissenschaftliche Durchbrüche gerade auf bislang wenig erkundeten Gebieten; man denke besonders an die moderne Sterbeforschung. Indes bleibt jedes wissenschaftliche Ergebnis dem Feuer der Diskussion ausgesetzt. Auf diese Weise ist dafür gesorgt, dass die jeweiligen Hypothesen nicht zu ideologischen Bastionen werden. Vermeintlich vorgeburtliche Erlebnisse sind also womöglich ganz anders zu erklären. Dass zum Beispiel durch Hypnose von Seiten eines geschickten Seelenführers allerlei in einen Menschen hineingelegt und dann wieder aus ihm herausgelesen werden kann, liegt auf der Hand. Die Palette der Möglichkeiten reicht bis in regelrechte Persönlichkeitsveränderungen hinein. Aber einmal davon abgesehen: Im Menschen steckt viel mehr an Wissen und Erfahrung, als ihm Tag für Tag geläufig ist. Jedes Individuum wird immer auch aus einem riesigen Fundus überindividueller Erinnerungen gespeist.»In diesem Sinne könnte man – in Analogie zur heutigen Computertechnik – von einer immensen Festplatte sprechen, die unser Vorstellungsvermögen weit übersteigt.«[5]

Und wo rühren die Daten auf dieser »Festplatte« her? Von früheren Existenzen solcher Menschen, die sich zurückbesinnen? Wohl kaum. Von früheren Existenzen *anderer* Menschen, die längst tot sind? Schon eher. Denn es ist gewissermaßen der ganze Erfahrungsschatz einer jahrtausendealten Kultur, den der Mensch von heute in sich trägt. Niemand steht für sich allein im Leben. Wir sind keine Neulinge auf dieser Welt. Vor uns lebten andere, und was *sie* erprobt und entschieden haben, was *sie* freute und ängstigte, das prägt auch *uns*. Man darf dabei nicht nur an Äußerlichkeiten wie Brauchtum, Volksgut oder Anstandsregeln denken. Die generationenübergreifende Vernetzung geht tiefer und ist in einem kollektiven Bewusstsein verankert. Ich wage sogar zu sagen: Der Leib und die Seele eines konkreten Menschen von heute spiegeln den Leib und die Seele eines konkreten Menschen von damals; so wirkt das Vergangene zu jeder Sekunde in die Gegenwart herein. Vorsicht also beim Urteil über die Berichte Hypnotisierter oder kleiner, mutmaßlich wiedergeborener Kinder! »Auch in der Tiefenpsychologie ließe sich vieles besser verstehen, wenn unsere genetisch fixierte geistige Erbschaft aus früheren Evolutionsphasen mit berücksichtigt würde, die uns noch beeinflusst, obwohl sie uns nicht mehr bewusst ist.«[6]

Mir kommt in diesem Zusammenhang einmal mehr der afrikanische Ahnenkult in den Sinn: Längst Verstorbene werden so behandelt, als lebten sie nach wie vor unter den Ihren. Man schätzt die Weisheit und die Autorität der Alten und ist fest davon überzeugt, dass mit dem Tod der Väter und Mütter nichts von ihrem Wissen verlorenging. Anders als bei uns wird in afrikanischen Kulturen die Tatsache gerade nicht verdrängt, dass jedes menschliche Schicksal mit dem der anderen unlösbar verknüpft ist. Auch aus diesem Grund würde ich sagen, dass die spontan oder hypnotisch zu Tage geförderten Angaben einschlägig befragter Personen keine Beweiskraft für die Seelenwanderung haben. Sie belegen viel eher die biblische Idee der *einen* Menschheit, in der es keine Fremden gibt, weil alle zur selben Familie gehören. Am allerwenigsten sind uns die Toten fremd – trotz ihres endgültigen Weggewendetseins. Auf subtile Art und Weise bleiben sie im Bewusstsein ihrer Nachkommen präsent. Man tut also gut daran, vermeintliche Indizien zur Beantwortung großer Fragen zunächst einmal auf ihre natürliche Tiefendimension hin abzutasten.

Ich sage das übrigens nicht nur im Blick auf die behauptete Seelenwanderung. Dieselbe Skepsis wäre angebracht, wenn jemand die Auferstehung Jesu oder das verklärte Leben der Gestorbenen bei Gott beweisen wollte. Angaben wie diese stehen und fallen mit dem Glauben. Von ihm losgelöst büßten sie jede Bodenhaftung ein. Wer aber *Gott* auf den Grund gehen wollte, müsste entweder selbst göttlich sein oder schleunigst einsehen, dass ein solches Vorhaben sinnlos ist. Gott wohnt »in unzugänglichem Licht«.[7] Deshalb bleibt der Mensch darauf angewiesen, sich ausschließlich an das zu halten, was der Unbegreifliche aus freien Stücken von sich preisgibt. Die Bibel ist diesbezüglich ziemlich streng, aber sie zieht den

Kreis nicht zu klein: »Viele Male und auf vielerlei Weise hat Gott einst zu den Vätern gesprochen durch die Propheten; in dieser Endzeit aber hat er zu uns gesprochen durch den Sohn, den er zum Erben des Alls eingesetzt und durch den er auch die Welt erschaffen hat.«[8]

Damit dürfte unschwer einzusehen sein, dass die Auseinandersetzung mit dem Thema Wiedergeburt am besten auf religiöser Basis erfolgt. Weder Hypnotisierte noch hochsensible Kinder sind die interessantesten Gesprächspartner. Orientierung kommt vielmehr von denen, die gläubig sind und die ihr tägliches Leben für den Glauben in die Waagschale werfen. Hindus und Buddhisten aber sagen, dass es nicht gut sei, immer wieder neu geboren zu werden. Ihre Sehnsucht zielt auf Erlösung: Der verhängnisvolle Kreislauf, durch den der Mensch so hartnäckig an das Vorläufige gebunden wird, soll aufhören. Wie Juden, Christen und Moslems halten auch Hindus und Buddhisten Ausschau nach dem, was bleibt. Und sie sind überzeugt, dass nur etwas Neues bleibt, etwas, das eben nicht »Welt« oder »Kosmos« ist und darum auch nicht mit den Mitteln dieses Universums ausgelotet werden kann.

Als Christ sage ich: Mit der Auferweckung Jesu von den Toten, durch die das Fundament eines »neuen Himmels und einer neuen Erde«[9] bereits gelegt ist, haben sich die großen Erwartungen der Weltreligionen erfüllt. Trotzdem bestehen die Unterschiede zwischen ihnen weiter, die anzuerkennen und zu respektieren der Ausdruck hoher Gesinnung ist. Aber es kommt mir angesichts der Todesfrage auf die unbeirrbare Hoffnung religiös gesinnter Menschen in aller Welt an. Ihr Votum wehrt sich gegen den Ersatz gläubigen Vertrauens durch eine vermeintlich Heil versprechende Wissenschaft, welche gerade so verkannt wird. Und mit schnellen Sprüchen, die oft sehr banale Sachverhalte auf existenzielle Grundfragen münzen, verträgt es sich schon gar nicht. Wo steht eine Gesellschaft eigentlich, in der ein Déjà-vu-Erlebnis oder die Tatsache, dass Enkel ihren Großeltern ähnlich sehen, schwerer wiegt als die Gottesahnung jahrtausendealter Glaubensbekenntnisse?

Vielleicht wäre es gut, zur Korrektur verzerrter Perspektiven in die Rolle des biblischen Dulders und Denkers Hiob zu schlüpfen. Als bei ihm die Verwirrung über Gott, über die Welt und über das eigene Schicksal ins Unerträgliche wächst, bekommt er gesagt: »Bist du zu den Quellen des Meeres vorgestoßen, hast du des Urgrunds Tiefe durchwandert? Haben sich dir die Tore des Todes geöffnet, hast du der Finsternis Tore geschaut? Hast du der Erde Breiten überblickt? Sag es, wenn du alles weißt.«[10] »Ich weiß natürlich nichts«, muss Hiob antworten. Damit lernt er, dass Gott nun einmal Gott ist, ganz und gar unergründlich, nicht fassbar, aber voller Überraschungen – zum großen Glück für uns Menschen.

EIN BLICK INS PARADIES?
NAHTODERLEBNISSE

Seit einige gut lesbare Bücher darüber veröffentlicht wurden, ist das Thema in der Bevölkerung präsent. Gibt es Menschen, denen ein Blick ins Jenseits vergönnt war? Hat sich ihretwegen die Tür nach drüben wenigstens einen Spaltbreit geöffnet?

Die Tatsache, dass in Todesnähe außergewöhnliche Vorgänge registriert wurden, ist unbestreitbar. Unfallopfer, Herzpatienten, Schwerstkranke verschiedenster Art, Menschen, die beinahe gestorben wären, aber vor dem letzten Schritt bewahrt worden sind, stehen als Zeugen zur Verfügung. Doch bislang weiß niemand so recht, was man von ihren Aussagen halten soll. Lagen kurzzeitige seelische Verwerfungen vor? Löste sich der Geist vom Körper? Erzeugt das Gehirn bei großer Gefahr rauschartige Zustände? Lässt sich an Träume denken?

Da ist zum Beispiel der Bericht eines damals dreizehnjährigen Jungen, der beim Schwimmen in einem Fluss beinahe ertrunken wäre: »Ein Strudel zog mich runter in die Tiefe. Es begann eine schreckliche Zeit. Meine Luft im Körper wurde immer weniger, ich bekam große Angst. Ich schluckte Wasser, immer mehr, und meine Sinne schwanden dahin. In dieser Zeit liefen viele Lebensbilder von mir vor meinen Augen ab. Plötzlich befand ich mich in einer Spirale, die mich mit sehr hoher Geschwindigkeit nach oben riss. In ganz weiter Ferne sah ich einen Lichtschein, der – desto mehr ich mich abmühte, durch die enge Spirale zu kriechen – immer heller wurde. Dort tauchte ein wunderschönes helles und weiches Licht auf in Farbtönen, die ich vorher und auch danach nie wiedergesehen habe. Außerdem war im Hintergrund eine Melodie zu hören, die zusammen mit dem Licht eine wohltuende und glückliche Stimmung erzeugte. Auch eine Stimme, die mir bekannt vorkam, erzählte mir von Vorgängen aus meinem persönlichen Leben.« Doch da »fing die Spirale an, sich rückwärts zu drehen, und stürzte nach unten ab. Es wurde wieder dunkel, ich spürte einen

Schlag in mein Gesicht. Ich war dabei, mich zu übergeben, und es war alles verschwommen vor meinen Augen. Traurig und unglücklich war ich, nicht mehr im schönen Jenseits zu sein. Ich lag auf einer Sandbank im Fluss. Über mir kniete mein Lebensretter.«[11]

Hier werden Eindrücke geschildert, von denen auch viele andere berichten, und zwar unabhängig von Geschlecht, Alter, Bildungsstand oder Weltanschauung. Immer wieder ist von Licht und schönen Farben die Rede. Die Betroffenen treten unversehens aus ihrem Körper heraus und bekommen die Umstände ihrer Lage von oben zu sehen. Mit großer Regelmäßigkeit wird von einem Tunnel, im geschilderten Fall von einer Spirale gesprochen; darin herrscht ein unwiderstehlicher Sog nach oben, dem Hellen zu, wo ein liebevolles Lichtwesen oder bereits verstorbene Angehörige warten. Kaum einmal fehlt der Hinweis auf die Lebensbilder, die in Todesnähe aufsteigen. Die Zeit scheint ihrer gewohnten Gesetzmäßigkeit enthoben zu sein. Alles geschieht wie in Sekundenschnelle, wobei zugleich ein verändertes Raumempfinden entsteht.

Während der sehr intensiv gespürten Vorgänge bleibt das Ich-Erleben unangetastet. Mit Wachheit und Verblüffung wird entgegengenommen, wie sich die Szenerie entwickelt. Ein mehr oder weniger hilfloses Grübeln ist die Folge: Was geschieht mit mir? Was geht da unten vor sich? Wer kommt mir jetzt entgegen? In der Regel herrscht ein positives Grundgefühl vor. Viele reden von einem Glückszustand und weisen darauf hin (wie der beinahe ertrunkene Junge), dass sie sich nur ungern wieder in den früheren Zustand gefügt hätten.

Allerdings gibt es auch andere Berichte: Das Nahtoderlebnis sei unangenehm, ja bedrohlich gewesen. Ein pfiffiger Journalist kommentierte vor einigen Jahren diesen gegenteiligen Befund folgendermaßen: »Nun ist auf nichts mehr Verlass. Bis vorgestern Abend konnte man glauben, der knappe Übertritt zum Tode werde sich in harmonischen Formen vollziehen, von denen die klinisch Scheintoten und Reanimierten so oft berichten: ein Tunnel, dahinter das strahlende Licht, ozeanisches Glücksgefühl, geliebte Jenseitige zu freundlichem Empfang, und die Enttäuschung darüber, wieder ins Diesseits gerissen worden zu sein. So die Meinung unter den Laien – bis zur ZDF-Sendung ›Ich habe die Hölle gesehen‹. Innerhalb der Nahtodforschung, erfährt man jetzt, mehren sich die alarmierenden Meldungen schon seit Jahren. Etwa ein Drittel der fast Hinübergegangenen hat keineswegs beglückende Eindrücke.

Ein amerikanischer Kunstprofessor, der nach einem Magendurchbruch von den Ärzten aufgegeben war, schildert nach Jahrzehnten, was ihm im Sterben geträumt. Er wird einen dunklen Gang von Schattenwesen entlanggeführt, die Angst steigt, er wehrt sich und wird geschlagen, die Kleider werden zerfetzt. Am Ende des Gangs öffnet sich das Herz der Angst: Hitze und Spottgelächter, Brüllen und Geifern, tobender Lärm, das sichere Gefühl, dass alles aus ist und die Qual beginnt. Die Schemen lachen und drohen und nähern sich ihm, um diesmal ernsthaft weh zu tun.«[12]

Man könnte glauben, dass sich an der Schwelle des Todes bestätigt, was im Koran oder in einem katholischen Katechismus steht: Beim Sterben werden Leib und Seele getrennt. Der Geist steigt zu Gott oder den Engeln auf, wo das Für und Wider der zurückliegenden Jahre erörtert wird. Dem schließt sich ein Vorgeschmack des Himmels oder der Hölle an: Gute Menschen empfinden ihren Zustand als beglückend, Böse erleben das Gegenteil.

Gottlob liegen die Dinge wohl anders. Abgesehen davon, dass mit einer solchen Deutung manche Nahtodpatienten (wie der Professor aus Amerika) in ein schiefes Licht gerieten – die christliche Lehre über die letzten Dinge bezieht sich klar auf den Tod selbst, nicht auf dessen Vorfeld. Und um ein Haar Gestorbene, die man wiederbelebt hat, waren noch nicht tot. Ihre Berichte geben also Vorkommnisse und Eindrücke diesseits der großen Scheidewand zu Protokoll. Deshalb fällt das Urteil darüber zunächst einmal in die Zuständigkeit der verschiedenen Humanwissenschaften. Das sind die Psychologie, die Psychiatrie, die Gehirn- und Traumforschung, die Medizin, die Chemie und natürlich die so genannte Thanatologie, die methodisch angelegte Sterbeforschung.

Aus der Sicht der genannten Disziplinen wurde manch Brauchbares ins Feld geführt, was die Nahtoderlebnisse erklären könnte. Aber auch hier ruft jedes Argument Gegenargumente hervor. Zum Beispiel: Augenblicke extremer Lebensgefahr lösen bei den Betroffenen Wunschvorstellungen aus, vor allem natürlich solche, die geeignet erscheinen, das drohende Ende zu verharmlosen. Aber Wunschvorstellungen setzen eine bestimmte Persönlichkeitsstruktur voraus, während sich das Bedürfnis, den Tod zu überspielen, auch bei Patienten regt, die als hartgesottene Realisten bekannt sind. Handelt es sich also um *verdrängte* Wünsche, die ausnahmslos jeder

Mensch hat? Dagegen spricht das Phänomen der Höllenvisionen: In die Mitte finsterer Gestalten wird sich vorsätzlich oder gar unbewusst sicher niemand sehnen. Außerdem ist belegt, dass auch Kinder im Alter von unter zehn Jahren Grenzerfahrungen durchmachten. Würde es bei Nahtoderlebnissen nur um innere Erwartungen gehen, die zu Bildern geworden sind, müssten sich die Berichte »von Kindern aufgrund ganz anderer kindlicher Todeskonzepte von denen der Erwachsenen deutlich unterscheiden« – was nicht der Fall ist.[13]

Oder eine andere These, diesmal aus dem neurobiologischen Bereich: Bei akuter Gefahr für Leib und Leben schüttet das Gehirn Stoffe aus zum Schutz vor Schmerz und Hysterie. Es entsteht ein Hochgefühl, das die bevorstehende Katastrophe verschleiern soll. Könnten also Endorphine, wie der Fachbegriff lautet, für die Erlebnisse im Grenzbereich des Todes verantwortlich sein? Abwegig ist diese Vermutung sicher nicht. Aber auch sie erklärt noch lange nicht alles. Denn Endorphine rufen zwar ein Wohlgefühl hervor, aber keine Bilder. Außerdem verändern sie das Ich-Erleben. Und warum sind die Schauungen bei so vielen Menschen einander ähnlich? Gewiss: Auch Träume sind von gehirnbiologischen Vorgängen gesteuert und auf diese Weise von ihnen verursacht. Aber Träume sind unendlich bunt und verworren und lassen sich wohl kaum auf einen gemeinsamen Nenner bringen.

Wie man die Dinge auch wendet, Nahtoderlebnisse bleiben rätselhaft. Sie sperren sich gegen jede vorschnelle Vereinnahmung, sei sie religiöser oder naturwissenschaftlicher Art. Doch es steht – wie gesagt – fest: Die Berichte darüber stammen samt und sonders nicht von Gestorbenen; also waren und sind ihre Gewährsleute kein Spähtrupp ins Jenseits. Was sie erlebten, spielte sich gleichwohl an einer Grenze ab. Man könnte auch so formulieren: Das menschliche Bewusstsein stieß in Bereiche vor, in denen die Schöpfung unabweisbarer als anderswo zu erkennen gibt, wie vielschichtig sie ist. Theologisch gesprochen: Alles Sein verdankt sich dem Wunder und ist deshalb selbst wunderbar. Die Wirklichkeit an sich regt zum Staunen an und damit zur Entscheidung: zur Entscheidung für *Gott*, dem Wunder schlechthin.

Hier tut erneut der Begriff des »Zeichens« gute Dienste (wovon im Blick auf das leere Grab Jesu bereits die Rede war): Was Menschen in extremer Situation erlebt haben, kann für sie selbst – und genauso für andere, denen sie das Erlebte mitteilen – ein helles Signal sein, das zu ihnen sagt: Mit dem Tod ist nicht alles aus! Oder: Du bist für deine Lebensführung vor einer höheren Instanz verantwortlich! Oder: Die ich geliebt habe, werde ich wiedersehen!

Nach biblischer Auffassung setzt das Zeichen innere Freiheit voraus. Bei Beweisen ist das anders; der Beweis schaltet die ungezwungene Stellungnahme des Individuums aus. Ist angesichts einer Problemlage erst einmal klargestellt, dass es sich so und nicht anders verhält, kommt es auf Zustimmung oder Ablehnung nicht mehr unmittelbar an. Hingegen erfüllt ein Zeichen erst dann seinen Sinn, wenn es Menschen aus der Reserve lockt. Sämtliche Wunder Jesu, so sahen wir, sind in diesem Sinn Zeichen gewesen: Die einen kamen durch sie zum Glauben; andere regten sich auf, sprachen von Betrug oder

Anmaßung; wieder andere dachten sich rein gar nichts und gingen ihrer gewohnten Wege. Hätte Jesus – einmal angenommen – seine Göttlichkeit durch Donner und Blitz unter Beweis gestellt, wären alle irgendwann auf die Knie gegangen. Israeliten, Römer, Griechen, wer immer dem Nazarener auch begegnete, sie alle hätten seine besondere Würde anerkennen *müssen*. Doch es wäre auf der Strecke geblieben, was das geistbegabte Geschöpf wesentlich ausmacht und was auch für Gott das Kostbarste ist: die Freiheit, das Vertrauen, die Hingabe, die Hoffnung, die Liebe und der Glaube.

Werfen wir einen Blick in den Alltag: Man wird in letzter Sekunde vor einem schlimmen Unfall bewahrt. Oder: Dinge wenden sich zum Guten, obwohl eine Besserung eigentlich nicht mehr denkbar schien, bei Krankheit etwa oder in Geldsorgen, bei tiefen Zerwürfnissen. Es steht jedem frei, darin höhere Fügung oder bloßen Zufall zu sehen. Aber wer sich für die höhere Fügung entscheidet, nimmt Grenzsituationen als *Zeichen* wahr und begreift sie als göttlichen Fingerzeig.

Für Nahtoderfahrungen mag Ähnliches gelten: Die meisten der Betroffenen sagten aus, das Erlebnis an der Grenze habe ihnen zu einer anderen Einstellung gegenüber dem Leben und dem Tod verholfen. Bei vielen nahm die Angst vor dem Sterben deutlich ab, während die Zuversicht, dass es danach weitergehe, größer und fester wurde. Auch von ideellen Umschichtungen ist immer wieder die Rede: Man werde fortan bewusster und dankbarer leben, mit weniger Egoismus und jenseits bloß materieller Wünsche. Der Mitmensch, christlich gesprochen: der Nächste, gewinnt an Bedeutung. Über-

haupt taucht das Dasein in ein ganz neues Licht. Worte
wie Sinn, Spiritualität und Heiligkeit machen die Runde.
Nicht selten wissen sich reanimierte Personen im Glau-
ben an Gott oder zumindest an ein höheres Wesen be-
stärkt. Zwar hängt in diesem Fall die Interpretation von
Prägungen ab, die bereits lange vor der unerwarteten
Begebenheit wirksam gewesen sind; so neigten befragte
Christen dazu, in der Gestalt des gütigen Lichtwesens
Jesus von Nazaret zu sehen. Aber das ist kein Argu-
ment gegen die existenzielle Tragweite der empfangenen
Eindrücke, und es bleibt dabei: Nicht wenigen brachte
das Nahtoderlebnis eine Belebung bereits vorhandener
Überzeugungen, während es anderen zu ersten und ganz
neuen Schritten auf dem Feld des Glaubens verhalf.

Wie weit die Veränderungen bezüglich Einstellung
und Alltag nach einem Beinahtod tatsächlich reichen,
bleibt letzten Endes natürlich eine sehr persönliche Angelegenheit. Ich meine aber: Wenn auch nur ein Mensch
durch Nahtoderfahrungen zu mehr Hoffnung und mehr
Liebe fand, dann ist es der Mühe wert, dass man sie
dokumentiert und weiter erforscht.

SIGNALE AUS DEM JENSEITS?
GESPENSTER UND SÉANCEN

Das neunzehnte Jahrhundert ist bekannt als das große
Zeitalter der Industrialisierung: Zum ersten Mal in der
Geschichte der Menschheit bestimmen technische Er-
rungenschaften das Leben auf breiter Basis, und zwar be-
ruflich wie privat. Zugleich gewinnt die auch heute noch

wirksame Auffassung an Boden, dass durch den wissenschaftlichen Fortschritt über kurz oder lang das Leben in allen Bereichen durchschaut und dann zu beherrschen sein werde. Die Religion gibt einen Gutteil ihrer früheren Autorität – wenn nicht sogar alles – an neue Forschungszweige ab, vor allem an die Psychologie. Und der Tod?

Das gehobene Bürgertum des neunzehnten Jahrhunderts steht ihm durchaus zwiespältig gegenüber. Anders als zuvor – wir haben vom »schönen Tod« der Barockzeit gesprochen – gerät dieses Thema ins Abseits: »Die Wahrheit des Sterbenmüssens wurde unerträglich und fraglich, weil die Auferstehungshoffnung fragwürdig geworden« war; und den »Zweifel an Gott, dem Garanten der Heilshoffnung angesichts des Todes«, hatte man »systematisch genährt«.[14] Das ist die eine Seite. Doch zugleich: Das Interesse am Jenseits wächst. Da der Religion zunehmend misstraut wird, kommt die Mode auf, mit Hilfe okkulter Praktiken ins Dunkel hineinzuleuchten. Glaube und Hoffnung müssen der Neugier weichen: Wie sieht es drüben aus? Was geschieht, wenn man stirbt? Lassen Tote mit sich reden? So genannte Medien – auf die »Geisterwelt« spezialisierte Frauen und Männer – behaupten Letzteres mit Nachdruck und bieten sich für entsprechende Kontakte im Rahmen spiritistischer Sitzungen an. Man probt das Tischerücken und nötigt die »andere Welt« zum Rapport: Die Toten sollen Auskunft geben über schwere Rätsel, vor allem bei Mordfällen oder auf der Suche nach vermissten Personen. Auch Fotografien machen die Runde: Sie zeigen »Geister« von Verstorbenen, die nebulös hinter feierlich postierten Damen und Herren aufschimmern. Besonders raffinierte Aufnahmen machen die »Seele« sichtbar, während sie als weißer Dunst einer im Sterben begriffenen Person entweicht.

Obwohl man schon damals das Allermeiste dieser Art als Betrug entlarven konnte, griff das Geisterfieber selbst auf höchste gesellschaftliche Kreise über. Ein prominentes Beispiel ist der ehemalige amerikanische Präsident Abraham Lincoln. Er soll zeitlebens von der Möglichkeit überzeugt gewesen sein, dass man mit der Geisterwelt tatsächlich verkehren könne, und er gestattete eine Séance, eine Geisterbeschwörung, 1863 im Weißen Haus. Als Lincoln zwei Jahre später im Washingtoner Ford's Theatre erschossen wurde, ging das Gerücht, sein Mörder sei dazu verdammt, am Tatort zu spuken. Es gab Aussagen von Augen- und Ohrenzeugen, die dem Phantom begegnet sein wollten. Immerhin führten ihre Schilderungen dazu, dass der Theaterbetrieb im Haus der Bluttat mehr als hundert Jahre lang eingestellt blieb.

Die Verbindung des Themas »Tod« mit dem Spukhaften und Gruseligen erreichte im neunzehnten Jahrhundert ihren Höhepunkt und wurde literarisch kultiviert. Es war die Zeit, als Bram Stokers »Dracula« zu einem Bestseller aufstieg. Friedhöfe gerieten in den Ruf, Orte zu sein, an denen es möglicherweise nicht ganz geheuer zugeht. Man kennt die Bilder nebelumwobener, verwitterter Grabsteine, die im fahlen Mondlicht ein mulmiges Gefühl erzeugen. Schon der geniale romantische Maler Caspar David Friedrich hatte den Gottesacker mit einer schwermütigen Aura umgeben. Die Monumente für die Verstorbenen wirken auf seinen Gemälden stets abweisend, nach innen gewandt. Sie stehen wie eine Barriere vor den Beschauern, so dass der Verdacht, man habe es im Garten des Todes mit dem Unheimlichen, Gespenstischen schlechthin zu tun, auf nahrhaften Boden fiel.

Jeder Spuk beruht auf einer merkwürdigen Verschränktheit des jeweils Unerklärlichen: Weil man nicht weiß, was der Tod ist, lässt sich über die Grauzonen zwischen hüben und drüben trefflich spekulieren. So zieht sich die Gespenstergeschichte als unterhaltsames und doch auch nachdenklich stimmendes Stück Kulturgeschichte bis in unsere Tage hinein. Was ist zu halten von der legendären Weißen Frau, die durch die Schlösser der Hohenzollern schwebt und der ehemaligen Herrscherfamilie kommendes Unheil, in der Regel den Tod, anzeigt? Und kann es sein, dass Gestorbene so stark an früheren Wirkungsstätten hängen, dass sie immer wieder zurückkehren und sich der Nachwelt zeigen?

Aus dem niederösterreichischen Landschloss Primmersdorf stammt folgender zeitgenössischer Bericht: »Ich wohnte damals im östlichen Teil des Schlosses, im Erdgeschoss, vis-à-vis der Schlosskapelle. Es war ein nettes kleines Zimmer, und ich fühlte mich dort sehr wohl. Wie meistens hatte ich vor dem Einschlafen noch ein Buch zur Hand genommen, bin nach einer Weile müde geworden und aufgestanden, um das Licht abzudrehen. Stunden später wurde ich wach. Direkt neben meinem Bett stand ein Mönch, groß und leuchtend weiß. Und er sah direkt auf mich herab. Diesen Anblick werde ich mein ganzes Leben lang nicht vergessen, jede Einzelheit habe ich immer noch deutlich vor Augen. Er war recht jung, noch keine zwanzig, würde ich sagen, schien mir nicht gut genährt – dünne, hohle, eingefallene Wangen, die weiße Kutte etwas fleckig, die Kor-

del um seine Taille an den Enden ausgefranst. Es war
ein Mensch aus Fleisch und Blut, nur eben aus reinem
Licht gemacht. Nach sekundenlanger Bewegungslosig-
keit wandte ich mich ab und begann zu zittern. Es war
ein richtiges Schütteln, ein Zittern nicht nur der Hände,
sondern mein ganzer Körper bebte, ganz tief von innen
heraus. Jedes einzelne Härchen stand mir zu Berge. Ich
war völlig überfordert mit dieser Situation. Als ich dann
nach einer halben Ewigkeit wieder in seine Richtung sah,
stand er immer noch da, blickte auf mich herab, traurig
und verzweifelt, wie es mir schien. Ich hatte wirklich
den Eindruck, er verstand, dass mich seine Anwesenheit
völlig überforderte, dass ich mich nicht so schnell erho-
len würde und weiteres Warten sinnlos war. Schließlich
verschwand er – durch die Wand meines Zimmers. Ich
fühlte mich nun unendlich erschöpft.«[15]

Zur Auswertung solcher Meldungen – ob wahr oder
gut erfunden – sei an die neutestamentlichen Berichte
über die Erscheinungen Jesu nach seiner Auferstehung
erinnert. Natürlich liegen die Texte auf völlig verschiedenen Ebenen. Während es bei den Spukgeschichten
in erster Linie um Unterhaltung geht, wollen die Oster-
erzählungen Glaubenskraft und Vertrauen wecken.
Trotzdem lohnt sich der Vergleich: Ein nachweislich gestorbener Mensch steht unvermutet im Raum; er ist klar
an seinem Äußeren erkennbar, an den Gesichtszügen, an
der Kleidung. Und dann dieser eigentümliche Wider-
streit: dass ein leibhaftiges Wesen auftritt, das doch »aus
reinem Licht gemacht« scheint und durch Wände und
verschlossene Türen geht. Im Lukasevangelium heißt es
von der Reaktion der Jünger auf das plötzliche Erschei-

nen Jesu: »Sie erschraken und hatten große Angst, denn sie meinten, einen Geist zu sehen. Da sagte er zu ihnen: Seht meine Hände und meine Füße an: Ich bin es selbst. Fasst mich doch an und begreift: Kein Geist hat Fleisch und Knochen, wie ihr es bei mir seht.«[16]

Was ist es, das alles Gespenstische und Klamme vertreibt, wenn wider jede Vernunft und Erfahrung ein Gestorbener zurückkehrt?

Das klare *Wort* macht den Unterschied – das Wort der Freundschaft, das einen Toten, der sich zeigt, als *Mitmenschen* ausweist. Was ihn von den Lebenden unterscheidet, ist allein seine unverstellte Nähe zu Gott. Bei Gott gibt es keine Gespenster, keine Schatten, keine Phantome. Dort lebt der Mensch aus Fleisch und Blut, der sterbend seine endgültige Wohnstatt gefunden hat. Und wenn er sich der Nachwelt zeigen könnte, so gäbe er Zeugnis von einer Herrlichkeit, die anheimelnd, nicht unheimlich ist. Hingegen bleibt das Gespenst buchstäblich nichtssagend. Es äußert sich nur durch Lärm und Geschwätz. Es weiß nichts vom Menschsein, also weiß es auch nichts von der Verklärung und nichts vom ewigen Leben.

An diese Erkenntnis wird sogar der schillernde Romanheld Harry Potter herangeführt, als er um seinen toten Patenonkel Sirius Black trauert. Vom Schmerz getrieben, wendet er sich ratsuchend an einen Hausgeist der Zauberschule, wo es von solchen Kreaturen nur so wimmelt. Harry tut es in der Hoffnung, »Sirius könnte ihm auf die Art begegnen, wie dies der Hausgeist tut«. Aber weit gefehlt. »Das Gespräch ist kurz und klar. Es gibt kein Dazwischen zwischen Tod und Leben.« Was

Harry vom Gespenst erfährt, ist nur, dass den Geistern die Todesfrage nicht wirklich nahegeht; sie sind selbst nur ein »schwächliches Nachbild des Lebens«[17] – keine Menschen also, die auf irdischen Wegen bewandert wären, aber auch keine Engel, vertraut mit himmlischen Pfaden, sondern eben nur »Gespenster«.

Am auferstandenen Jesus hingegen hat sich gezeigt, wie Signale aus dem Jenseits beschaffen sein müssen. Er, der Gekreuzigte, ist tatsächlich zurückgekehrt, und sein Wort war klar und nüchtern an jene gerichtet, die ihn gekannt und wiedererkannt hatten. Jesus verpflichtet seine Jünger und Jüngerinnen auf die »Welt«, verrät aber vom »Drüben« zumindest so viel, dass es den »Aufstieg zum Vater« schenkt.[18] Wer etwas anderes sagte, kommt nicht von dort. Dann wird höchstens gelallt aus irgendeinem Winkel der Schöpfung heraus, den wir nicht kennen, weil wir so wenig von der Welt wissen.

Der Sektenexperte Werner Thiede hat völlig Recht, wenn er im Blick auf okkulte Praktiken und übertriebene Geistergläubigkeit vom »bagatellisierten Jenseits« spricht[19]: Es wird so getan, als läge das Reich des Todes gleichsam im Nebenzimmer, und wer nur um die rechte Technik wüsste, sei ohne weiteres in der Lage, darin ein und aus zu gehen. Der Tod scheint nichts anderes und nicht mehr zu sein als eine Verlängerung des irdischen Daseins unter veränderten Vorzeichen: Du warst »Mensch« hier und bist mit einem Mal »Geist« dort. Dass, so betrachtet, das Jenseits langweilen muss, versteht sich. Also wird Orakel gespielt, gespukt, gepoltert, der eine oder andere Schabernack getrieben. Aber der Tod ist zu ernst für den Schabernack. Und das Jenseits ist so von

Gott gesättigt, dass die unwiderrufliche Abwesenheit der Gestorbenen auf ihr restloses Erfülltsein verweist. Warum sollten sie auf Friedhöfen, in alten Schlössern oder an ehemaligen Wirkungsstätten herumlungern?

Gleichwohl sei nicht bestritten, dass es zwischen Lebenden und Toten eine enge Verbindung gibt. Von Anfang an wussten sich Christinnen und Christen zu einer Gemeinschaft gerufen, für die der Tod keine unüberwindbare Schranke bedeutet. Doch der Kontakt zwischen hüben und drüben geht niemals am erhöhten Christus vorbei. Er wurde auferweckt, schreibt Paulus, »um Herr zu sein über Tote und Lebende«.[20] Folglich treffen sich die Lebenden mit den Verstorbenen nirgendwo anders als in ihm: Wer *Jesus* sucht, findet die geliebten Toten. Wer *mit ihm* redet, bleibt mit jenen im Gespräch. Und wenn sich die Toten ihrerseits an die Lebenden wenden, dann haben sie keine andere Zunge als die seine: Liebt einander! Habt Vertrauen! Kehrt um! Richtet nicht, damit auch ihr nicht gerichtet werdet! Sammelt euch Schätze im Himmel! Fürchtet euch nicht! – Das ist es, was aus dem Jenseits unablässig ins Ohr der Menschheit dringt, vermittelt durch das Wort der Schrift, der Liturgie, der gläubigen Ahnung, des wohlmeinenden, tiefer blickenden Mitmenschen.

Ich sehe übrigens hier einen Schlüssel zum rechten Verständnis so genannter Marienerscheinungen, denen in Strängen römisch-katholischer Frömmigkeit ein gewisser Stellenwert zukommt. Lourdes und Fatima: Ein längst verstorbener Mensch – Maria, die Mutter Jesu – zeigt sich Jahrhunderte später und vertraut sich einfachen Kindern an. Geisterjäger haben sich, soweit ich sehe, für die Sache wenig interessiert; sie überließen das Feld den Beterinnen und Betern. Warum eigentlich? Weil es, sobald der Glaube ins Spiel kommt, um den Spuk geschehen ist. Was man in Lourdes oder Fatima erfährt, geht in keiner Weise über die Botschaft der Bibel hinaus. Dem Johannesevangelium zufolge hat Maria für ihren Sohn mit einem kurzen, aber prägnanten Satz um Vertrauen geworben: »Was er euch sagt, das tut.«[21] Hätte man aus ihrem Mund etwas anderes gehört, müsste man die Angelegenheit schleunigst vergessen. Nun ist nach katholischer Lehre niemand verpflichtet, Marienerscheinungen für wahr zu halten; aber die Parteinahme der dabei verlautbarten Botschaft für das Evangelium lässt aufhorchen. In diesem Sinn (und *nur* in diesem Sinn) würde ich sagen: Ja, Signale aus dem Jenseits!

DIE KRAFT VON VISIONEN: MYSTIK UND SPEKULATIVES DENKEN

Was kommt danach? Es gibt Berichte über das Jenseits, die von Mystikern, von Männern und Frauen mit visionärer Begabung stammen. Haben *sie* das große Fragezeichen gekappt? Wir sind im Verlauf dieses Buches bereits auf visionäres Gedankengut gestoßen. Weil das mystische Erleben den Horizont dieser Welt übersteigt, scheint die Nachfrage vielversprechend zu sein.

Ich denke etwa an das Werk der Klosterfrau Mechthild von Hackeborn, die im 13. Jahrhundert lebte. Aber auch weniger geläufige Namen sind interessant. Jener der Agnes Blannbekin zum Beispiel, die eine gottesfürchtige

Zeitgenossin Mechthilds in Wien gewesen ist. Sie hatte Himmelsvisionen, die sie immer wieder mit dem Wort »Licht« in Verbindung bringt. Was sie in diesem Licht schaut, hat ihr Beichtvater aufgezeichnet: »Erhoben in den Geist sah sie den offenen Himmel und den Herrn in seiner Majestät und Glorie und alle Heiligen mit ihm und den Einfluss und die Einströmungen von Gott in die Heiligen in Gott. Dann, in dieses Licht geführt, sah sie die himmlische Stadt. Und sie sah so Gott und erkannte die seligste Dreifaltigkeit deutlicher als in irgendeiner Vision. Darüber erzählte sie mir etwas, was ich mit dem Verstand nicht fassen konnte. Sie sah und erkannte die Wohnstätten der Einzelnen in der Heimat und aller noch im sterblichen Fleisch Existierenden, und im schon genannten Licht bleibend, erkannte sie alle Menschen.«[22]

Agnes dringt in Regionen vor, die anderen, auch tief Gläubigen, hartnäckig versperrt sind. Was die meisten nur aus der Bibel oder von Predigten wissen, wird bei der Wiener Seherin zu einem Bestandteil der eigenen Biografie. Mystisch begnadet schaut sie sozusagen über das Wort der Verkündigung hinaus. Sie durchwandert die Aussagen des Glaubens wie im Traum und stellt sie als lebendige Bilder vor sich hin. Das Gleiche gilt für viele andere Mystikerinnen und Mystiker, auch außerhalb des Christentums. Ihr Tiefblick legt den Grund der Dinge frei; er lässt, worauf es ankommt, regelrecht schmecken, mit allen Sinnen erspüren. Für diese Phänomene einen gemeinsamen Namen zu finden ist nicht ganz einfach und eigentlich gar nicht zulässig, aber es erleichtert die Orientierung. Sagen wir es ruhig so: Auf die Mystiker und Mystikerinnen wirkt das Absolute, ganz und gar

Naheliegende, aber gerade so völlig Unbegreifliche ein. Von daher rührt die Schwierigkeit, mystisch Erlebtes zu formulieren und das Formulierte zu verstehen. Dabei fällt auf: Mystische Einsichten sind durchgehend von der Weltanschauung geprägt, zu der sich eine Seherin oder ein Seher bekennt. Christen deuten ihren Gang ins Unsagbare christlich, während sich in hinduistischen Texten die bunte Fülle der fernöstlichen Götter- und Dämonenwelt spiegelt. Auch Nahtoderfahrungen, so sahen wir, werden jeweils im Rahmen weltanschaulicher Vorverständnisse interpretiert. Mit einem gewissen Recht hat man sie ebenfalls in die Nähe mystischer Erlebnisse gerückt.[23] Spricht die Tatsache, dass jeder die Dinge durch die eigene Brille sieht, gegen die Echtheit des mystischen Empfindens?

Aus christlicher Perspektive würde ich sagen, dass sich Gott dem Fassungsvermögen seiner Geschöpfe anpasst. Er zieht den Menschen behutsam zu sich; die mystisch Begnadeten sind das schönste Beispiel dafür. Immerhin treten sie eine Reise an, die über sämtliche Pfade dieser Welt hinausführt. Mystiker betreten Neuland, wobei ihnen zur Orientierung – gewissermaßen als Kompass – nichts anderes zur Verfügung steht als ihr persönlicher Glaube. Und dann kommt irgendwann der Punkt, an dem sie gezwungen sind, vor der Unbegreiflichkeit Gottes zu kapitulieren. Diesbezüglich gleicht das mystische Erleben dem Sterbevorgang: In diesem wie in jenem Fall bricht der Boden unter den Füßen weg. Es bleibt nur die eine Möglichkeit: dass man gehorsam über sich verfügen lässt. Mystik widerfährt dem Menschen; sie ist nicht machbar. Genauso der Tod: Er ereignet sich einfach, ohne dass er eingeübt oder in seinen inneren Abläufen gesteuert werden könnte.

Mystisch sehr erfahrene Menschen, wie die Spanierin Teresa von Ávila, haben immer wieder darauf hingewiesen, dass der Aufstieg zum Absoluten umso besser gelingt, je weniger Schubkraft von Seiten der Begnadeten kommt: Die größte Tugend sei die, loslassen zu können. Das ist eine Fähigkeit, die ebenfalls sehr wesentlich zum Sterben gehört. Sterben – eineTugend? Ja. Denn es fällt schwer, alle Fäden aus der Hand zu geben; aber anders geht es nicht in der letzten Stunde. Dass viele todgeweihte Patienten, die um ihr bevorstehendes Ende wissen, eine Phase der harschen Auflehnung durchmachen, ist dafür bezeichnend. Schon das Krankenbett schränkt die freie Selbstverfügung empfindlich ein, und der nahende Tod saugt die körperliche und geistige Kraft, etwas festzuhalten, unerbittlich weg. Nachdem der Sensenmann selbst nicht gut zu beschimpfen ist, trifft es die nächste Umgebung: das Pflegepersonal, die Angehörigen, den Leidensgenossen. Da ist der Mann, schreibt die Sterbeforscherin Elisabeth Kübler-Ross, »der sein Leben lang geherrscht hat und mit Zorn und Wut reagiert, wenn er gezwungen wird, andere über sich bestimmen zu lassen«.[24] Spätestens mit den letzten Atemzügen wird er gehorchen müssen. Dann wird auch er zum Mystiker.

Sollen wir also geheimnisschwere Schriften durchforsten, um zu sehen, was kommen wird? Die Enttäuschung wäre groß. Gerade für Mystiker gab und gibt es Bedeutsameres zu tun, als dem Tod auf die Schliche zu kommen. Zutiefst religiöse Menschen wie sie werden auf vordergründige Wissbegier immer verständnislos reagieren.

Wer mit dem Letzten ringt, will nicht nach Vorletztem gefragt werden. Visionärinnen wie Mechthild oder Agnes zeigt sich zwar der Himmel, und oft genug sehen sie die Hölle oder das Fegefeuer. »Aber diese Orte werden von ihnen nur andeutungsweise beschrieben«, da sich beide Frauen »eigentlich nur für die Gespräche interessieren, die sie dort mit *Gott* führen. Diese werden von ihnen im Unterschied zum Aussehen der Räume ausführlich mitgeteilt.«[25] Und wovon handeln die Gespräche mit Gott?

Es geht durchweg um das einzig Wichtige: Worin besteht das Gute? Was bewirkt die Liebe? Wie findet der Sünder zum Heiligen? Oder etwas nüchterner gesagt: Den Mystikerinnen und Mystikern geht es um die Geräumigkeit des *Glaubens*. Denn der Glaube ist das einzige Maß für das Unendliche. Er strebt nicht das Wissen, sondern die Weisheit an. Mit ihr soll der Mensch lernen, dass seine wahre Größe darin liegt, für den ewigen Gott ganz Auge und ganz Ohr zu sein. In dem Moment, in dem der Mystiker eine bloße Information zur Kenntnis nähme, wäre sein Gang ins unerschaffene Licht abrupt beendet. Wozu auch ein Gespräch über Daten? Und welchen tieferen Sinn hätte es, wenn sich Gott und Mensch in der Weise von Lehrer und Schüler gegenüberstünden? Irgendwann wären alle Fragen beantwortet. Aber Gott hört niemals auf fragwürdig zu sein. Er ist verborgen, hat ein großer Denker einmal gesagt, damit man ihn sucht. Er ist zugleich unermesslich; so wird die Sehnsucht nach ihm nie erlöschen. Leidenschaftliche *Gott*sucher also sind die Mystiker. Deshalb eignet sich ihre Gedankenwelt kaum zur Befriedigung endzeitlicher Neugier.

Wer sich der Mystik zuwendet, muss schon selbst den Gang über das Wasser wagen. Das bedeutet zuallererst die Weitung des Horizonts: Dazu ist ein Interesse vonnöten, das über praktische Lebensfragen weit hinausgreift. Auch Demut und Geduld sind unerlässlich, denn Gott allein bestimmt, ob, wann und wie er sich gibt. Und natürlich gehört Mut zu alledem. Wer nämlich schon zu Lebzeiten unabweisbar auf die Tatsache stößt, dass es das Ewige wirklich gibt, wird bis ins Mark erschüttert: »Denn Gott bin ich und nicht Mensch, der Heilige drinnen in dir.«[26] Zur Auslegung solcher Sätze aus der Bibel braucht es die gesammelte Geisteskraft der einen Menschheit, deren hellste Köpfe die Mystiker sind. Ihr Griff nach den Sternen – der ihnen von oben ermöglicht wird – hat dazu beigetragen, dass sich das geistbegabte Geschöpf seiner Nähe zum Ewigen immer bewusst blieb. Insofern war die Frage nach dem Tod niemals aus dem Gesichtsfeld der Mystiker verschwunden. Denn: Liegt darin nicht ein offener Widerspruch, dass Kreaturen sterben müssen, obwohl sie vom Ewigen durchwaltet sind?

Tiefgründige Antworten auf diese Problematik bietet das Werk des spätmittelalterlichen Denkers und Seelenführers Meister Eckhart. Für ihn steht fest, dass der Mensch in seinem Innersten Gott selbst berührt und an dessen Unvergänglichkeit teilhat. Aber durch die Sünde ist dieses Privileg in Frage gestellt. Das Ewige im Menschen wurde verschüttet, und nun liegt alles daran, es wieder aufzuspüren. Dazu verhilft nicht zuletzt der Tod. »Es gibt nämlich«, lehrt Meister Eckhart, »zweierlei Geburt der Menschen: eine *in* die Welt und eine *aus* der Welt, will sagen: geistig in Gott hinein.«[27] Der Tod nimmt, so gesehen, die Rolle eines Befreiers wahr. Deshalb kann er dem geistbegabten Geschöpf nur willkommen sein.

Man wird unwillkürlich an die alten Griechen erinnert, die ähnliche Vorstellungen besaßen. Doch obwohl Platon bei Meister Eckhart ein klares Mitspracherecht hat, stellt sich die Sachlage bei dem glühenden Christen und Ordensmann etwas anders dar.

Meister Eckhart weiß, dass der Mensch mit allem, was ihn ausmacht, von Gott abhängig bleibt. Gott ist absoluter Verstand und absoluter Wille, durchweg gut, ohne Anfang und Ende. Aber *in* Gott – und weil Gott es so fügt – ist auch der Mensch Verstand und Wille, ist auch er gewissermaßen absolut, und diese Wahrheit soll er tiefer und tiefer erkennen. Der Mensch ist freilich zugleich Sünder; sein Denken und Wollen wird nur allzu schnell von Gott abgelenkt. Meister Eckhart gibt mit dieser Einschätzung Erfahrungen wieder, die jeder Erdenbürger macht: dass nämlich die Welt, so unschuldig sie auch sei, zur großen Versuchung werden kann. Das ist zum Beispiel dann der Fall, wenn ihre Schönheit das Ewige vergessen macht. Zählt die Schöpfung mehr als der Schöpfer, wird aus ihr ein riesiges Grab, das sich der verblendete Mensch selbst schaufelt. Sein Inneres stumpft ab, zerfasert sich, sieht Gott nicht mehr und entfremdet sich von ihm. Mitten im Leben stirbt auf diese Weise das eigentliche Kostbare – und viele merken es nicht einmal.

Dass angesichts dieses *seelischen* Todes der körperliche Tod wie ein Befreiungsschlag wirkt, ist nunmehr ohne weiteres einzusehen. Für Meister Eckhart bringt der Tod Erkenntnis. Er führt zur Einsicht, wie verzerrt die Optik der Sünde war, und er bringt neu ans Licht, dass der

Mensch im Grunde seines Wesens wie Gott ist. Deshalb bedeutet zu sterben, dass man zum reinen Leben zurückkehrt, zum »wahren Sein«, wie Meister Eckhart sich ausdrückt. Der Mensch kommt am Ende seiner Tage so zum Vorschein, wie Gott ihn von Anfang an gewollt hat: »Was geschaffen ist, muss aufgebrochen werden, soll sich das Gute durchsetzen. Die Schale muss entzwei sein, damit der Kern hervortritt.«[28]

Das also ist der Tod, wie ein großer Beter und Denker der Christenheit ihn sah: Die Erscheinung des Ewigen; der Beweis, dass Gott und Mensch verwandt sind; das Siegel auf die unzerbrechliche Liebe von *Gleichen*. Denn die Grenze zwischen Herr und Knecht – zwischen Gott und Mensch also – wird mit dieser Liebe geschleift. Der Unterschied verschwimmt, so dass sich gar nicht mehr so recht ausmachen lässt, wo der eine und wo der andere steht. Die Kräfte fließen ineinander – gemäß der Hoffnung des Apostels Paulus, wonach Gott am Ende der Zeit »alles in allem« sein wird.[29]

Wer hier Anklänge an die Gedankenwelt von Hindus oder Buddhisten heraushört, liegt sicher nicht falsch. Und die Tatsache, dass Meister Eckhart mit seinen Aussagen über die enge Verwandtschaft von Gott und Mensch sehr weit gegangen war, ist seinerzeit nicht ohne Folgen geblieben; einzelne Sätze wurden als glaubensgefährdend eingestuft und verurteilt. Aber große Gedanken sind nun einmal provokant. Man muss es wohl in Kauf nehmen, dass sie zu einer Entwicklung beitragen, die tatsächlich vom biblischen Zeugnis wegführt. Das scheint unter anderem in der modernen Esoterik der Fall zu sein, über die ich ein paar Worte verlieren möchte.

DIE SELBSTERNANNTEN GÖTTER:
ESOTERIK

Das Stichwort dürfte inzwischen allgemein geläufig sein. Kaum eine bessere Buchhandlung kommt heute ohne esoterische Abteilung aus, in der sich allerlei Material über höhere Lebenskunst findet. Aber, so wird neuerdings gefragt, was »hat Teebaumöl mit Esoterik zu tun? Oder Zen-Meditation für Manager? Oder Beckenbodengymnastik für Frauen? Oder die ›Prophezeiungen der Celestine‹? Oder ›Ein Kurs in Wundern‹? Oder indianische Visionssuche im Schwarzwald?‹[30]

Das unübersehbare Angebot verschiedenster Art ist gewiss der Ausdruck einer Wohlstandsgesellschaft. Man will erreichte Standards sichern, und dafür sind auch paranormale Mittel recht. Doch esoterische Ideen haben sich bei vielen Zeitgenossen an die Stelle der Religion gesetzt. Biblisches Gedankengut wird beliebig mit allerlei geistigem Treibsand vermengt; es gilt, was gefällt.

Sehen wir uns zunächst einmal das esoterische Menschenbild an: Die Schrift bezeugt, dass ein allmächtiger, persönlicher Gott das mit Vernunft und Willensfreiheit begabte Geschöpf beim Namen genannt und erlöst hat; ewiges Leben ist nur in ihm denkbar. Hingegen setzt das esoterische Empfinden auf die restlose Selbstmächtigkeit des Geistes. Das heißt: Der Mensch ist nicht, wie die Bibel erklärt, nach Gottes Bild *geschaffen* und deshalb auch nicht von einem heiligen Gegenüber abhängig. Sondern: Der Mensch darf und soll sich selbst als eine Art »Gott« begreifen. In dieser Eigenschaft fällt er mit den ewigen, kosmischen Energien in eins. Da diese Größe aber nicht ohne weiteres zu erkennen ist, bedarf es besonderer seelischer Impulse und der entsprechenden spirituellen Praxis.

Es wird eine schrittweise Schärfung des Bewusstseins angestrebt: Das Innere der Seele gilt als Brennpunkt aller Wahrheit. Denn dort treffen *viele* Welten aufeinander, von denen die tägliche Hektik kaum etwas weiß. Wer freilich diese Welten kennenlernt und darin liest wie in einem offenen Buch, geht in universellen Sphären auf. Dazu verhilft nicht zuletzt der Kontakt zu verschiedenen Geistwesen aus anderen Zeiten und Dimensionen. Deren Ratschlag ermöglicht die Tuchfühlung mit den entferntesten Winkeln des Universums. Mehr noch: Man taucht mit ihnen in die *verschiedensten* Universen ein, die als Parallelwelten nebeneinander existieren und sich zugleich gegenseitig beeinflussen. Dieses Wechselspiel zu durchschauen und zu nützen verspricht Wohlbefinden und Macht.

Nun, ich weiß, mein Steckbrief ist abstrakt und auch vereinfachend. Aber das Kunststück, esoterische Ideen in ihrer ganzen verworrenen Breite zu beschreiben, hat bis jetzt noch niemand fertiggebracht. Man kann jedoch sagen: Glaube wird ersetzt durch Wissen – durch geheimes, höheres, inneres, praktisch verwertbares Wissen. Während sich der Respekt vor der Unbegreiflichkeit eines weltüberlegenen Gottes verliert, setzt der esoterische Wissensdurst auf die Lösung aller Rätsel. Damit kommt natürlich auch der Tod in den Blick – er wird kurzerhand entzaubert. Er findet, recht besehen, gar nicht statt. Denn wer sich esoterisch um tieferes Verstehen bemüht und es auch erreicht hat, lebt bereits im Eigentlichen. Das Sterben führt nicht über das hinaus,

worin die menschliche Existenz immer schon verankert
war. Aufgrund ihrer göttlichen Tiefenschicht bleibt sie
einer »schlechten Unendlichkeit« verhaftet – wie ich es
im Anschluss an den deutschen Philosophen Georg
Wilhelm Friedrich Hegel kritisch nennen möchte. Das
heißt: Sterbend und neu geboren werdend wechselt der
esoterisch Bewanderte zwar seinen Standort. Er über-
springt mit Hilfe seines Astralleibes, einer Art kosmischer Feinseele, ganze Universen. Er durcheilt unendliche Räume und unermessliche Zeitabschnitte. Doch
am Ende landet er – in der Gesellschaft lobfertiger Engelwesen – doch wieder bei sich selbst.

Typisch für solche Vorstellungen sind die Botschaften
eines »Mediums« aus den Vereinigten Staaten, das momentan stark von sich reden macht. Da wird zunächst
einmal behauptet: »Wir sind ein göttlicher Funke, und
wir werden es immer sein. Dies dürfen wir nie vergessen. Unsere Heimat ist der Himmel, und auf die Erde
kommen wir nur, um unsere Hausaufgaben zu machen.
Die irdische Existenz ist etwas Vorübergehendes. Der
Schlüssel zu einem glücklichen Leben liegt im Bewusstsein unseres spirituellen Erbes.«[31] Dieses Glück, so heißt
es dann, steigert sich im Tod. Der aber kennt mehrere
Stufungen: »Hat der Geist sein physisches Vehikel abgestreift, wohnt er in dessen ätherischem Gegenstück. In
diesem Stadium erfüllt ihn zugleich ein Gefühl der Ruhe
und Freiheit. Zudem empfindet er sich als außerordent-
lich leicht und beschwingt, weil das Gewicht und die
Schwere des physischen Körpers von ihm abgefallen
sind. In dieser grauen, verschwommenen, ätherischen
Hülle verweilt der Geist sehr kurze Zeit – vielleicht nur

ein paar Augenblicke –, bevor er auch sie hinter sich lässt, um sich fortan in seiner astralen Form zu bewegen. Man könnte die ätherische Hülle als eine Art Brücke zwischen der physischen und der astralen Welt bezeichnen.«[32]

Das Ziel des erwähnten Überstiegs vom Ätherischen zum Astralen besteht darin, die eigene Perfektion zu genießen, was sich, je nach Wunsch, sogar in überirdischem Blendwerk bekundet: »Ein Geistwesen kann auch in der höheren Welt ein ›physisches‹ Äußeres annehmen. Tut es dies, entscheidet es sich womöglich gegen das Aussehen der letzten Inkarnation und wählt eines aus einer Inkarnation, die Hunderte Jahre zurückliegt. Doch wie dem auch sei – jede Form, die es wählt, ist vollkommen. Beschließt ein Geistwesen, Kleidung zu tragen, so lässt sich diese nicht mit der irdischen vergleichen. Es sind gleißend schimmernde Gewänder, die in Farbe und Leuchtkraft die innere Bewusstheit des Geistwesens widerspiegeln. Und ein solches Kleidungsstück wird in seiner Wirkung eindeutig von der Helligkeit des inneren Lichts überstrahlt.«[33]

Trotz dieser großen Worte, mit denen offensichtlich hinduistisches und christliches Gedankengut vermengt wird, bleibt die Verheißung eigentümlich leer: Wirklich Neues – das ganz Andere, der Anruf der Liebe – steht nicht zu erwarten. Aber meine Kritik geht noch weiter: Das esoterische Menschenbild ist einfach zu überspannt und zu platt. Wer dem zerbrechlichen Geschöpf die geballte Last kosmischer Geheimnisse aufbürdet, treibt es letzten Endes in die Verzweiflung. Denn der Mensch ist nicht selbst, wonach er sich sehnt. Deshalb erweisen ihm die vermeintlich hilfreichen Geister aus anderen Welten einen denkbar schlechten Dienst. Sie werfen ihm einen viel zu großen Mantel um und rufen ihn zum König aus. Das Resultat kann nur höhnisches Gelächter sein; als Christ nenne ich das Hölle.

Aber auch das Göttliche wird sträflich verkannt. Es wird mit der Ursubstanz des Wirklichen gleichgesetzt und so gut es geht gefügig gemacht. Wie man bei der Restaurierung einer alten Skulptur Schicht für Schicht abträgt und jede Übermalung entfernt, so bläst die Esoterik mit Hilfe höheren Wissens den Staub und den Schweiß des Alltags aus dem menschlichen Antlitz. Das geschieht in der erklärten Absicht, die unabweisbare Beschränktheit des menschlichen Daseins zu verschleiern. Götter sind schließlich nicht an die Scholle gebunden; sie haben Macht, sie sind leichtfüßig und vor allem: Sie preisen keinen anderen. Was also zählt, ist nicht die Ehrfurcht vor dem unvergleichlichen Wunder, sondern die Stirn, die da sagen lässt: ›Ich weiß alles und kann alles, weil ich selbst gewissermaßen alles bin.‹

So gerät echte Transzendenz aus den Augen. Transzendent – wir sind diesem Begriff an anderer Stelle schon begegnet – ist nach biblischer Überzeugung Gott allein. Transzendent ist der ganz Andere, Erhabene, Unbegreifliche, alles Durchwirkende, vom Geschöpf allenfalls Erahnbare. Und doch wird Gott trotz seines Abstands zur Welt niemals zum Gefangenen der eigenen Herrlichkeit. Es steht ihm frei, als Mensch unter Menschen zu erscheinen, um für alle den Himmel zu öffnen. Im Gewirr der Esoterik hingegen sinkt die Transzendenz zum vermeintlichen Besitztum der Wissenden ab – und das ist gefährlich. Denn auf diese Weise wird dem Machtmissbrauch in der Gesellschaft Tür und Tor geöffnet. Es ist immer so gewesen: Sobald sich irgendwelche Leute größer machten, als sie sind, hat der Terror das Zepter geführt. Man denke nur an die Schreckensherrschaft der Nationalsozialisten. Zu Recht wurde diese menschenverachtende Ideologie als »politische Religion beschrieben, in der esoterische Deutungsmuster im Allgemeinen« und »einzelne okkultistische Gruppierungen im Besonderen eine nicht zu unterschätzende Rolle spielten«.[34] Selbsternannte Heilspropheten wähnten sich mit der Vorsehung verschwistert, von göttlicher Aura umwoben, von Engeln und Geistern assistiert und von innerem Licht beschienen. Und dann spielten sie sich als Herren über Leben und Tod auf. Der Massenmord wurde zum staatlich gelenkten Reinigungsprogramm erklärt, mit dem sich im Kosmos Ordnung schaffen lässt; nichts und niemand sollte dem Aufstieg der Genies zur vollkommenen Macht hinderlich sein.

DER SCHWARZE ABGRUND: DROHT DAS NICHTS?

Was kommt danach? Wie geht es zu, wenn ich sterbe? Wie sieht das Leben im Jenseits aus? Es gibt Zeitgenossen, die sich ziemlich sicher sind: Der Tod führt zum persönlichen Zusammenbruch. Wenn er eintritt, ist alles vorbei. Nacht. Ende. Totales Verlöschen. Was bleibt, ist der Schmerz und die Erinnerung der Hinterbliebenen. Schon Cicero, der redegewandte Römer, sah letzten Endes die einzige Chance zu überleben allein im Gedächtnis der

Nachwelt begründet. Aber auch die Kindeskinder, das wusste er natürlich, würden eines Tages tot sein; also waren die Aussichten über das Grab hinaus trübe. Umso eifriger wandten sich die Römer dem Hier und Heute zu. Von sehr diesseitsbetonten Grabsteininschriften war im ersten Kapitel dieses Buches bereits die Rede: »Nach dem Tod ist nichts!«. Ich darf einen weiteren Spruch dieser Art hinzufügen: »Nichts war ich, nichts bin ich: Und du, der du noch lebst, iss, trink, scherze, komm!«[35] Denken heute – bei uns – die meisten genauso?

Es gibt sicher keine Meinung bezüglich Leben und Tod, die momentan nicht vertreten würde. Im Internet besitzt jede von ihnen ein eigenes Forum, wo sie ausgiebig diskutiert wird. Aber eine schleichende Übereinkunft scheint doch in Richtung Pessimismus zu deuten. Ob dafür philosophisch-literarische Entwicklungen verantwortlich sind oder ob einfach der Diesseitskult einer materiell noch immer verwöhnten Generation durchschlägt, weiß ich nicht. In jedem Fall fließen viele Faktoren ineinander, wobei die schwindende Prägekraft der Religion ganz bestimmt eine Rolle spielt.

Mit der sinkenden Glaubensbereitschaft hat sich allerdings auch das gesellschaftliche Angstszenario verändert. In der Antike wie im Mittelalter zitterten die Menschen gerade aus religiösen Gründen: Griechen und Römer fürchteten das Schicksal und den Neid der Götter. Man hatte Gewissenbisse, wenn es einem zu gut ging; das Blatt konnte sich jederzeit wenden. Angst beherrschte auch das Mittelalter. Es war die Angst vor dem Jüngsten Gericht, die Angst vor dem göttlichen Zorn und der ewigen Hölle.

Befürchtungen dieser Art hat die Neuzeit vom Tisch gefegt. Lebt es sich seitdem angstfrei? Heute sitzt vielen die Furcht vor dem schwarzen Abgrund im Nacken. Beharrliche Zweifel an der Religion haben zwar das Kokettieren mit der geistigen Leere salonfähig gemacht: Da ist kein Gott und kein bergender, letzter Sinn des Daseins. Also geht das Leben nach der Stunde null auch nicht weiter. Doch dass es nach dem Tod tatsächlich *kein* Wiedersehen mit verstorbenen Verwandten und Freunden, *keine* Heilung offener Wunden, *kein* persönliches Glück mehr geben soll, stört und beunruhigt trotzdem. Das Nichts, von dem zunächst nur Freiheit auszugehen scheint, zeigt seine Zähne – immer wieder.

Ich, für meinen Teil, glaube jedenfalls nicht, dass man ohne inneren Protest in den aufgesperrten Rachen der Verneinung blicken kann. Niemand hält das aus. Schon deshalb stößt der Pessimismus an seine Grenzen. Ich sagte es schon zu Beginn dieses Buches: Im Menschen sträubt sich alles gegen den Gedanken, eines Tages sangund klanglos ausgelöscht zu sein. Denn dass vorher – bevor es ans Sterben ging – tatsächlich etwas war, lässt sich nun ja nicht bestreiten.

Also: Nehmen wir irgendeinen konkreten Verstorbenen, Johann Wolfgang von Goethe: Zuvor waren Liebe, Wachstum, Freude, Fleiß, Ehrgeiz, Sehnsucht, Genie. Und natürlich gab es Enttäuschungen: Schmerz, Niedergeschlagenheit, Langeweile, das tägliche Einerlei – Goethe hat sogar geschrieben, er sei in seinem Leben höchstens ein paar Tage wirklich glücklich gewesen. Aber darum geht es jetzt nicht: Der deutsche Dichterfürst ist tot, und seine Persönlichkeit steht großartig da.

Ich frage mich: Zuvor ein solches Wunder, dann der völlige Abbruch? Zuvor etwas, dann nichts mehr? Ein zauberhaftes, vielschichtiges Diesseits, dann das platte Nichts, einfach nur Nacht, nur Schwärze, völlige Fehlanzeige? Mir jedenfalls geht das nicht ein, und ich meine: Da schon das Leben hier und heute so viele wunderbare Geheimnisse birgt, sollte man sie auch dem Tod zugestehen. Und würde, umgekehrt, drüben die absolute Leere regieren, müsste auch das Treiben auf dieser Welt eine Seifenblase voller Belanglosigkeiten sein – wogegen vieles spricht. Der römische Grabsteindichter von vorhin hatte schon etwas Richtiges gesehen: »Nichts war ich, nichts bin ich.« Weil man augenscheinlich nur wenige Jahre lebt, die meiste Zeit aber tot ist, lastet das »Nichts-Argument« tonnenschwer; was können die kurzen Augenblicke auf Erden dem Tod gegenüber schon ausrichten? »Nichts *bin* ich, darum *war* ich auch nichts« – so müsste ein Gestorbener tatsächlich reden, wenn er noch einmal zu Wort käme und es kein Jenseits gäbe. Doch Goethe war wer, und genauso wie er waren ungezählte andere Menschen, Männer, Frauen und Kinder, die das Gesicht dieser Welt geprägt und verändert haben.

Gegen die Behauptung, mit dem Tod sei alles aus, ist also zunächst einmal einzuwenden, dass immerhin *jetzt* etwas ist. In jedem Fall bin *ich*. Für *mich* ist es (ich spreche nun wieder für jedes »Ich« im philosophischen Sinn) schlicht unvorstellbar, nicht zu sein. Dass »ich« existierte und um mich selbst wusste, ist ein Faktum, das auch der Tod nicht ignorieren kann. Schon sehr junge Menschen, die vieles unverkrampfter, klarer sehen als ältere, fassen das persönliche Dasein wie selbstverständlich als Garan-

tie bleibender Selbsthabe auf. Ein Pädagoge, der Grund-
schulkinder über Gott befragte und dabei auch das Thema »Tod« mit einbezog, berichtet über den kleinen Ben:
Ben hatte sich darin versucht, den Sterbevorgang zu malen, und er hatte dann auf die Rückseite seines Zeichen-
blatts folgende Frage gekritzelt: »Wenn ich sterbe, werde
ich dann aus dem gezogen, der ich bin?«[36]

Der auswertende Kommentar dazu: »Indem Ben dreimal ›ich‹ sagt, enthält seine Frage zugleich eine Perspektive. Die eigene Existenz (›ich bin‹) wird im Prozess des
Sterbens (›ich sterbe‹) zugleich verwandelt werden und
doch bleiben: ›Ich werde aus mir gezogen‹, also weiterhin, aber anders *ich* sein.«[37] Eine ähnliche Reaktion wie
bei Ben kam angesichts der Wirklichkeit Sterben und
Tod von der achtjährigen Lena: »Ich kann mir gar nicht
vorstellen, dass es mich nicht gibt. Ich denke dann immer, dass ich sonst wohl als jemand anders geboren wäre.
Aber ich wäre ja dann gar nicht ich.«[38]

Mit ungelenken Worten drücken Ben und Lena ihr
Staunen über das Dasein aus. Sie spüren, dass sie sich
selbst gegeben sind, und sie wissen: Wenn ich ohne mein
Zutun »ich« sein darf, dann werde ich auch ohne mein Zutun bleiben, was ich bin, und zwar auch dann, wenn ich
sterbe. Uns Erwachsenen ist dieses Urvertrauen abhan-
dengekommen; wir sollten es eingedenk der Empfehlung
Jesu wiedergewinnen: »Amen, das sage ich euch: Wenn
ihr nicht umkehrt und wie die Kinder werdet, könnt ihr
nicht in das Himmelreich kommen.«[39]

Das natürliche Empfinden der Kleinen unterstützt die
tastenden Versuche des philosophierenden Geistes. Daraus erwuchs die Weisheit der großen Kulturen, die zwar

sehr verschiedene Ansichten über den Tod und das Jenseits hervorgebracht haben, aber ziemlich einmütig sind,
was die Verhältnisse danach betrifft: Sie bleiben dem Leben verpflichtet. Ganz durchwirkt von dieser Hoffnung
ist, wie wir sahen, das klare Zeugnis der Weltreligionen.
Auch hier ist es so: Trotz beträchtlicher Abweichungen
im Einzelnen laufen sie gemeinsam Sturm gegen die
Resignation. Der Tod hat nicht das letzte Wort.

Nach christlicher Überzeugung bürgt die Person Jesu
von Nazaret für den endgültigen Sieg des Lebens. Er ist
der einzige Mensch, in dessen Nähe die Schranken zwischen hüben und drüben durchlässig geworden sind.
Aber es ist nicht so, dass es seitdem einen unbeschwerten
Grenzverkehr gäbe. Der Tod behält gerade im Namen
des Auferstandenen einen letzten Ernst. Er bedeutet Gericht und Verwandlung. Er setzt nach alldem, worauf es
ankommt, einen Schlusspunkt, damit verewigt wird, was
jedes Individuum aus sich gemacht hat.

Vor allem aber steht mit Jesus fest: Das Wichtigste
im menschlichen Leben ist *Gott*. Welchen Sinn hätte die
Ewigkeit ohne ihn? Sie wäre unerträglich – öde, langwei-
lig, sinnlos. Darum lautet die eigentlich entscheidende
Frage auf dieser Welt nicht, ob das Leben nach dem Tod
weitergeht oder aufhört. *Gott selbst* ist das große Thema:
Wenn es ihn tatsächlich gibt, liegt im Jenseits nicht weniger Segen als im Diesseits; stellt er lediglich eine Illusion
dar, sind das Leben und der Tod gleichermaßen absurd.
Jesus hat mit allem, was er sagte, tat und wollte, das Gegenteil bezeugt, und die frühen Christen haben seine
Botschaft verstanden und der Nachwelt ins Stammbuch
geschrieben: Es ist gut, dass du lebst, und es ist gut, dass

du stirbst. »Denn ob wir leben oder sterben«, sagt Paulus, »wir gehören dem Herrn.«[40]

Gott existiert, und er schenkt reines, blühendes Leben. Mag auch vieles über den Tod und die Verhältnisse danach von Kulturen und Religionen nur stammelnd, ja dilettantisch gesagt worden sein – wir sind auf Übertreibungen, Ängste, auf Schadenfreude und allerlei Naivitäten gestoßen: Ich halte diese Hilflosigkeit für ein gutes Zeichen. Niemand ist in der Lage, auch nur annähernd abzuschätzen, was das Leben hier und heute ausmacht. Noch weniger lässt sich der Tod erklären, von dem wir keine unmittelbare Anschauung haben. Das Geheimnis schlechthin aber bleibt Gott selbst. Er ist der schönste Grund für jede Hoffnung. Denn das Leben und der Tod – Zwillinge, wie man immer gesagt hat – sind je ein Abglanz seiner Herrlichkeit und die uns Menschen zugewandte Seite davon. Wenn mir deshalb jemand verspräche, das Kommende »danach« zu beweisen, und zwar so, dass Gott ausgeklammert bliebe, dann gäbe ich keinen Pfifferling dafür. Hingegen können unter der Voraussetzung, dass seine Vorsehung *alles* trägt, auch sehr vage, vieldeutige Indizien interessant sein.

Ich denke zum Beispiel an die weitverbreitete Ansicht, dass sich Sterbende – unter Umständen – im Augenblick ihres Todes bei Angehörigen oder Freunden über weite Distanzen hinweg bemerkbar machen: Eine Uhr hört plötzlich zu ticken auf. Oder ein Bild rutscht von der Wand. Alles geschieht urplötzlich, ohne erkennbaren Grund. Später stellt sich heraus, dass genau zu diesem Zeitpunkt ein nahestehender Mensch seinen letzten Atemzug tat. Man hat schon gemutmaßt, solche Vorfälle könnten »als die stärksten Beweise für ein Fortleben nach dem Tode gelten«, und man war um nähere Erklärungen nicht verlegen: »Der Moment, in dem ein gerade Verstorbener von uns Abschied nimmt und im wahrsten Sinn des Wortes durch unser Herz fliegt, hat mit der Liebesenergie zu tun, die uns mit ihm verbindet. Offensichtlich sind Verstorbene imstande, uns jederzeit und an jedem Ort zu finden und in ihrem spirituellen Körper innerhalb von Sekunden zu uns zu kommen.«[41]

Nun, Uhren hören zu ticken auf, und Bilder fallen von der Wand, auch wenn sich kein Todesfall mit ihnen in Beziehung setzen lässt. Wer sein Weltbild *nur* auf derlei Begebnisse stützt, ist abergläubisch. Aber warum sollte es Gott nicht hie und da so fügen, dass sich Sterbende auf ungewöhnliche Weise in Erinnerung bringen? Und hat er es nicht schon großartig gefügt, als er jene »Liebesenergie« schuf, die Menschen aneinanderschweißt? Wer unerklärliche Vorfälle an den Grenzbezirken des Daseins nicht als Beweise, sondern als Zeichen wertet, die zum Glauben führen, steht auf gutem Grund.

Trotzdem ist – für mich persönlich – das pralle Leben selbst mit seinen kleinen und großen Wundern vergleichsweise aussagekräftiger: der Wechsel von Tag und Nacht, ein bewohnbarer Planet zwischen Gesteinsbrocken und Gasen, die Selbstlosigkeit einer Mutter Teresa, das »Wohltemperierte Klavier« Bachs. Warum sollte das Große mit dem Tod enden? – Weil er ein *tödlicher* Anschlag auf den *Geist* ist, hört man in jüngster Zeit wieder sagen.

Mit solchen Thesen macht momentan der so genannte Neue Naturalismus von sich reden. Hinter diesem

Stichwort verbirgt sich eine Lebensanschauung, für die einzig und allein das methodisch Messbare als wahr und wirklich gilt. »In der Welt«, so lautet eine Grundannahme der naturalistischen Philosophie, »geht alles mit rechten Dingen zu.« Solange eine Behauptung – zum Beispiel die, dass der Mensch nach seinem Tod weiterlebt – biologisch oder physikalisch gesehen unwahrscheinlich erscheint, wird ihre Seriosität bestritten. Dabei treten viele Vertreter dieser Denkrichtung durchaus unideologisch und auch nicht grundsätzlich glaubenskritisch auf. »Man würde ja gerne«, so bekommt man gesagt, »aber die Dinge drängten in eine andere Richtung.«

Da ist zum Beispiel die moderne Hirnforschung. Sie zeigt sich daran interessiert, dem Phänomen des individuellen Selbstbewusstseins mit Hilfe neurobiologischer Analysen auf die Spur zu kommen. Wenn sich erweisen ließe, dass dem »Ich« des Menschen eine bestimmte Verschaltung von Nervenzellen entspricht, so hätte dies einschneidende Konsequenzen: Was bislang das größte Rätsel blieb, wäre dann entzaubert. Das zuvor Unerklärliche geriete, wie es in der Fachsprache heißt, unter die Herrschaft einer »naturalistischen Reduktion«. Es sind die berüchtigten Nichts-als-Sätze, die sich in diesem Fall in den Vordergrund drängten, etwa so: »Personalität ist nichts anderes als die Koppelung des Neurons A mit Neuron B unter bestimmten Temperaturen.« Oder: »Liebe ist nichts als die Reizung bestimmter Gehirnlappen durch chemische Botenstoffe aus dem Rückenmark.«

Man lächelt unwillkürlich über solche Formeln. Aber wenn sie Recht bekämen, wäre das Folgende nicht leicht von der Hand zu weisen: Sobald im Tod die neuronalen

Grundlagen der menschlichen Persönlichkeit zerstört sind, verliert sie ihre Existenzgrundlage. Sie stirbt nicht *mit* dem Körper, sondern: Sie stirbt, weil sie selbst nichts anderes *ist* als Körper. Sie geht zu Grunde, weil es nur Körper gibt – nur Biologie, nur Physik, nur Materie. In diesem Fall brächte der Tod tatsächlich das Nichts; ohne ein intaktes Gehirn hat Selbstbewusstsein keine Chance.

Nun sind die Einsichten der Forschung noch nicht so weit gediehen, dass sie unumstößlich wären. Und die Behauptung des Amerikaners Paul M. Churchland, es sei längst klar, dass sich der Geist ausschließlich einer »Meisterleistung neuronaler Netzwerke« verdanke, ist von weltanschaulicher, nicht strikt experimenteller Art.[42] So wird gern als bewiesen hingestellt, was sich bei näherem Zusehen als arge Marktschreierei entpuppt.

Aber gewinnt die Hoffnung auf ewiges Leben durch naturalistische Thesen nicht sogar an Kontur? Was sie sagen, wird nämlich durch den Glauben an den Schöpfergott in gewisser Weise bestätigt. Denn aus christlicher Sicht ist der Mensch ganz und gar Geschöpf – mit Leib und mit Seele. Die Lehre des Christentums würde geradezu entstellt, wenn man behauptete, irgendetwas am Menschen wäre nicht geschaffen. Unsterblichkeit ist ja keine Eigenschaft, die der geistbegabten Kreatur von sich aus zukäme. Und dass der Mensch von den Gesetzlichkeiten der Natur vollständig durchwaltet wird, weiß auch die Bibel. Einsichten von heute stehen ihr gar nicht so fern: Vom Schimpansen unterscheidet sich unser genetischer Code nur geringfügig. Und wenn wir sterben, hört ein kompliziertes biologisches System zu arbeiten auf – wie beim Affen. Also doch: die Vernichtung?

Nein. Denn man darf bei alledem nicht vergessen, was menschlicher Geist hervorbringt und wie er sich dabei äußert. Sicher: Die Tatsache, dass es Geist und Persönlichkeit gibt, beruht auf biologischen Voraussetzungen: Ich brauche ein Gehirn, um ich selbst zu sein. Und mein Gehirn muss weitgehend unbeschädigt bleiben, wenn es funktionieren soll; ich muss essen und trinken, damit die Versorgung der Nervenzellen gewährleistet bleibt und die jeweils richtige Verschaltung erfolgt. Aber war tatsächlich nur Biologie im Spiel, als Michelangelo das Jüngste Gericht an die Abschlusswand der Sixtinischen Kapelle malte? Waren chemische und physikalische Kräfte allein dafür verantwortlich, dass ein Pater Maximilian Kolbe freiwillig anstelle eines Familienvaters in den Todesbunker von Auschwitz ging?

Dass der Mensch trotz seiner biologischen Bauart gerade *mit Hilfe* der Biologie über alles Chemische und Physische hinausragt, spricht gegen die naturalistische Sichtweise. Der Mensch ist ein Geschöpf, das zwar auf Natur beruht, aber von der Natur zugleich in Dimensionen hinein entlassen wird, die im Blick auf sie allein nicht mehr erklärbar sind. So stellt der Mensch neben die biologische Wirklichkeit kulturelle Wirklichkeit und spricht sich darin aus. Er baut Häuser und Kathedralen; er komponiert und schreibt Bücher; er führt philosophische Gespräche und pflegt Kranke; er forscht am Nordpol und vergnügt sich im Schwimmbad. Und *last, but not least*: Er hat die Fähigkeit zu glauben. Auch hier waltet ein biologisches Gesetz, könnte man einwenden. Aber die Behauptung, das Gefühl für Gott lasse sich mit dem Hinweis erklären, dass in der Schläfenregion eine magnetische Reizung erfolgt, ist läppisch. Dann zeigt ein Gemälde Vincent van Goghs nur eine Ansammlung an Wollfäden erinnernder Pinselstriche. Und ich möchte denjenigen Konzertkritiker sehen, der sein Urteil mit einem Messgerät erstellt – auf Musik wird er damit jedenfalls nicht stoßen.

Das Ganze ist mehr als die Summe seiner Teile, sagt Aristoteles. Auch das Gesamtkunstwerk »Mensch« verschließt sich der angemessenen Wahrnehmung, sobald bestimmte Aspekte ausgeklammert, überinterpretiert oder missdeutet werden. Die inzwischen hochentwickelten Naturwissenschaften gehen mit gutem Recht experimentell an die Wirklichkeit heran; ihre Methode heißt Messung und Vergleich. Auf diese Weise wurde ein ungeheurer Fortschritt in Technik und Medizin erzielt. Doch entzaubert hat man dadurch das Leben und den Tod keineswegs. Im Gegenteil: »Die Kosmosvorstellungen der modernen Physik lassen eine Offenheit zum Jenseits hin zu.«[43] Oder theologisch ausgedrückt: Der Schöpfer hat die Natur so reich gemacht, dass mit dem Grad der forschenden Einsicht auch die Verblüffung wächst. Glaubende sehen darin Grund genug, nicht gegen alle Vernunft zu hoffen. Die Meinung, mit dem Tod sei alles aus, ist für sie indiskutabel.

DER HIMMEL

Damit sind wir am Ende dieses Buches angelangt. Was kommt danach? Was geschieht, wenn der Mensch stirbt? Was erwartet ihn, wenn es *diese* Erde und *dieses* Universum nicht mehr geben wird und Lebende wie Tote gerichtet sind? Die christliche Tradition stellt – sofern sich der Mensch der barmherzigen Liebe Gottes zu öffnen weiß – den Himmel in Aussicht. Jeder versteht dieses Wort auf Anhieb: der Himmel.

Was ist der Himmel? Da jede Beschreibung glücklicherweise scheitern muss, taten immer schon Bilder gute Dienste. Das Neue Testament – und wohl auch Jesus selbst – hat sie kurzerhand aus dem Leben gegriffen. Da ist zum Beispiel von einem Festmahl, von einer Hochzeitsfeier die Rede, zu der viele geladen sind und zu der auch viele kommen. Ganz klar: Man darf solche Vergleiche nicht überstrapazieren. Aber die biblischen Schriftsteller hatten den Festbetrieb ihrer Zeit vor Augen, und der war etwas Besonderes. Denn die gesellige Lustbarkeit von damals unterbrach einen harten und entbehrungsreichen Alltag. Verwandte und Bekannte fanden zusammen, die sich lange nicht gesehen hatten und entsprechend viel zu erzählen wussten. Man genoss gutes Essen mit Wein in Fülle, wovon sich sonst nur träumen ließ. Musik, Tanz und Spiel schoben für den Augenblick jede Sorge weg. Die Gäste wurden aufmerksam bedient, so dass sich niemand um irgendetwas zu kümmern brauchte.

Einfach verwöhnt zu werden – heute leben ganze Branchen davon, dass diesem Bedürfnis gegen einiges Geld Rechnung getragen wird. Vielleicht hätte von daher das Wort *wellness* momentan die besseren Chancen, eine Ahnung vom Himmel zu vermitteln – meinetwegen. Jedenfalls wird der Himmel einfach schön sein und alle mit dem beschenken, was sich auf Erden nur ansatzweise verwirklichen lässt: Wohlbefinden an Leib und Seele; ein inneres Gleichgewicht, weil jeder mit sich selbst und seinem Schicksal versöhnt ist; die Stimmigkeit der zwischenmenschlichen Beziehungen; Harmonie im Einklang mit dem All. Und dabei keine Anfechtung und keine Bedrohung mehr; der Tod hat jede Bedeutung eingebüßt.

Da freilich der Mensch mit Gütern allein nicht abzuspeisen ist (auch nicht mit unvergänglichen), hat die Bibel zusätzliche Bilder für den Himmel bereitgestellt. Am tiefgründigsten ist sicher der Vergleich mit einer integren Gesellschaft, in der Gott als König regiert: Himmlische Zustände werden dann herrschen, wenn *Gott* herrscht – ohne den Widerstand einer fehlgelenkten Freiheit, ohne die aus ihr folgende Verhärtung und Verblendung der Herzen. Reich Gottes: Das bedeutet sicher *auch* Wohlbefinden an Leib und Seele, Versöhnung mit sich selbst, Stimmigkeit der zwischenmenschlichen Beziehungen, Harmonie im Einklang mit dem All. Aber es geht um mehr, um sehr viel mehr. Denn als vollendetes Geschöpf wird der Mensch über sich hinauswachsen. Er wird in Gott hineinwachsen, der, nach einem Wort des Kirchenlehrers Augustinus, das *endlose Ende* des Menschen ist. Mit grandiosen Worten kündigt die Geheime Offenbarung des Johannes, das letzte Buch der Bibel, diese für jetzt unvorstellbare Wirklichkeit an: »Sie werden sein Angesicht schauen, und sein Name ist auf ihre Stirn geschrieben. Es wird keine Nacht mehr geben, und sie brauchen weder das Licht einer Lampe noch das Licht der Sonne. Denn der Herr, ihr Gott, wird über ihnen leuchten, und sie werden herrschen in alle Ewigkeit.«[44]

Mehr wage ich nicht zu sagen.

Anmerkungen

ERSTER TEIL

1 So der deutschsprachige Titel einer bedeutenden Studie von Philippe Ariès zur Kulturgeschichte des Todes vom Mittelalter bis heute (Original: L'homme devant la mort, Paris 1978).

2 Zitiert nach Malte Hossenfelder, Epikur: »Der Tod geht uns nichts an« in: Rainer Beck (Hg.), Der Tod. Ein Lesebuch von den letzten Dingen (BsR; 1125), München 1995, 67 (Textanpassungen).

3 Ebd.

4 Ebd.

5 Gilgamesch-Epos, Was ist das für ein Schlaf?, zitiert nach Beck, Lesebuch (Anm. 2), 14 (Textanpassungen).

6 Ebd. (Textanpassungen).

7 Vgl. Hans-Jürg Braun, Das Jenseits. Die Vorstellungen der Menschheit über das Leben nach dem Tod, Zürich – Düsseldorf 1996, 120–123, Zitat 122.

8 Ebd. 88.

9 Zitiert nach Mircea Eliade, Geschichte der religiösen Ideen. Quellentexte. Übersetzt und herausgegeben von Günter Lanczkowski, Freiburg – Basel – Wien 1981, 273 (eigene Klammer).

10 Ebd. 273 f.

11 Ebd. 274.

12 Ebd. 287.

13 Vgl. im Folgenden die durch Hervorhebungen gut aufbereitete Textsammlung bei Gustav Pfannmüller, Tod, Jenseits und Unsterblichkeit in der Religion, Literatur und Philosophie der Griechen und Römer, München – Basel 1953, 40–47.

14 Kurt Hübner, Die Wirklichkeit der Verstorbenen, in: Beck, Lesebuch (Anm. 2), 27 (Hervorhebung im Original).

15 Ilias, 23. Gesang, 65–67; zit. nach Johann Heinrich Voss, Homer. Ilias und Odyssee, Eltville 1980, 425.

16 Ps 88,11–13.

17 Jes 14,9-12.

18 Vgl. Mt 23,27.

19 Heino Sonnemans, Seele – Unsterblichkeit – Auferstehung. Zur griechischen und christlichen Anthropologie und Eschatologie (FThSt; 128), Freiburg – Basel – Wien 1984, 333.

20 Eliade, Quellentexte (Anm. 9), 286 f.

21 Hans-Peter Hasenfratz, Seele I. Religionsgeschichte, in: TRE 30 (1999) 736 f: Die Sache »drückt sich im sprachlichen Zusammenhang von ›See‹ (saiwa) und ›Seele‹ (saiwa-lo: die vom ›See‹ stammt, zum ›See‹ gehört) noch aus«.

22 Vgl. Klaus E. Müller, Sterben und Tod in Naturvolkkulturen, in: Hans Jakob Becker, Bernhard Einig, Peter-Otto Ullrich (Hg.), Im Angesicht des Todes. Ein interdisziplinäres Kompendium I, St. Ottilien 1987, 49 f.

23 Ebd. 50 (Klammer im Original).

24 Braun, Jenseits (Anm. 7), 103.

25 John S. Mbiti, Afrikanische Religion und Weltanschauung, Berlin – New York 1974, 204 (eigene Klammer).

26 Müller, Naturvolkkulturen (Anm. 22), 81.

27 Ebd. 80.

28 Hasenfratz, Seele (Anm. 21), 734 (Klammern im Original).

29 Zitiert nach Günter Lanczkowski, Die Heilige Reise. Auf den Wegen von Göttern und Menschen, Freiburg – Basel – Wien 1982, 62.

30 Odyssee, 4. Gesang, 561–569; vgl. Voss, Homer (Anm. 15), 537.

31 Gen 5,24.

32 2 Kön 2,11 f.

33 Vgl. alle folgenden Zitate bei Eliade, Quellentexte (Anm. 9), 291 f.

34 Eine polynesische Jenseitsreise, ebd. 294.

35 Lanczkowski, Heilige Reise (Anm. 29), 202.

36 Zitiert nach Gerhard Binder, Pallida mors. Leben und Tod,

Seele und Jenseits in römischen und verwandten Texten, in: ders., Bernd Effe (Hg.), Tod und Jenseits im Altertum (BAC; 6), Trier 1991, 218.

37 Ebd. 205; Inschrift auf einem Grabstein aus der Toskana.

38 Ebd. 225; solches Gerede hat Seneca satirisch verarbeitet.

39 Brief an Lucilius 102; zitiert nach Pfannmüller, Unsterblichkeit (Anm. 13), 266.

40 Metamorphosen 15.5; vgl. ebd. 252.

41 Xenophanes, Fragment 7; vgl. ebd. 179.

42 Beschreibung und Zitat ebd. 31.

43 Hans-Peter Hasenfratz, Seelenwanderung I. Religionsgeschichte, in: TRE 31 (2000) 2 (Klammer im Original).

44 Platon, Gastmahl, 207a.

45 Die von mir ausgeführten Gedanken sind nachzulesen in Platon, Phaidon, 70–80.

46 Ebd. 77b.

47 Ebd. 70a.

48 Ebd. 106e.

49 Hans Strauß, Tod und Auferstehung im Alten Testament, in: Hans Kessler (Hg.), Auferstehung der Toten. Ein Hoffnungsentwurf im Blick heutiger Wissenschaften, Darmstadt 2004, 37.

50 Egon Friedell, Ägypt. Gräber, in: Beck, Lesebuch (Anm. 2), 35 f.

51 Hans-Peter Hasenfratz, Tod und Seele im Alten Ägypten, in: Binder-Effe, Tod und Jenseits (Anm. 36), 94.

52 Ebd. 96 (Klammer im Original).

53 Ebd. 93 (Klammer im Original).

54 Eliade, Quellentexte (Anm. 9), 275.

55 Ebd. 276.

56 Vgl. Ez 37,1–14.

57 Zitiert nach Hans-Joachim Klimkeit, Auferstehungsglaube im Parsismus, in: Hermann Kochanek, Reinkarnation oder Auferstehung. Konsequenzen für das Leben, Freiburg – Basel – Wien 1992, 51 f.

58 Ebd. 53.

59 Beide Zitate ebd. 55.

60 Ebd. 57.

61 2 Makk 7,28 f.

62 Vgl. 1 Kor 15,42.44.50.

63 Braun, Das Jenseits (Anm. 7), 76.

64 Der Brockhaus. Religionen. Glauben, Riten, Heilige, Leipzig–Mannheim 2004, 140.

Zweiter Teil

1 Die Beschreibung stammt vom Zweiten Vatikanischen Konzil; vgl. die Erklärung Nostra aetate (1965) 2.

2 Zitiert nach Konrad Meisig, Hinduistische Vorstellungen vom Leben nach dem Tode, in: Adel Th. Khoury, Peter Hünermann (Hg.), Weiterleben – nach dem Tode? Die Antwort der Weltreligionen (Herderbücherei; 1202), Freiburg – Basel – Wien 1985, 39 f. (Klammern im Original; Textanpassungen).

3 Ebd. 40 (Textanpassungen).

4 Bāhadāraāyaka-Upanisad I, 3,22; zitiert nach R. N. Danekar, Der Mensch im Denken des Hinduismus, in: Andreas Bsteh (Hg.), Sein als Offenbarung in Christentum und Hinduismus (BzR; 4), Mödling 1984, 142 (Textanpassungen).

5 Thomas von Aquin, Aristoteles-Kommentar: Über Werden und Vergehen, 1,15 Nr. 5.

6 Vgl. dazu Danekar, Denken des Hinduismus (Anm. 4), 147–150.

7 Meisig, Hinduistische Vorstellungen (Anm. 2), 43.

8 Vanamali Gunturu, Hinduismus (Diederichs kompakt), Kreuzlingen – München 2002, 17.

9 Shvetāshavatara-Upanishad VI, 11.16 f., in: Mircea Eliade, Geschichte der religiösen Ideen. Quellentexte. Übersetzt und herausgegeben von Günter Lanczkowski, Freiburg – Basel–Wien 1981, 50 f.

10 Hermann Oldenberg, Reden des Buddha. Lehre, Verse, Erzählungen. Herausgegeben von Heinz Bechert (Herder Spektrum; 4112), Freiburg – Basel – Wien 1993, 95.

11 Ebd.

12 Ebd.

13 Ebd. 95 f.

14 Ebd. 165 (Textanpassungen).

15 Ebd. 83 (Klammern teilweise hinzugefügt).

16 Uwe Herrmann, Zwischen Hölle und Paradies. Todes- und Jenseitsvorstellungen in den Weltreligionen (GTB; 1210), Gütersloh 2003, 131.

17 Oldenberg, Reden des Buddha (Anm. 10), 214.

18 Zitiert nach Herrmann, Hölle und Paradies (Anm. 16), 132 f.

19 Zbigniew Wesołowski, Reinkarnation im Buddhismus, in: Hermann Kochanek, Reinkarnation oder Auferstehung. Konsequenzen für das Leben, Freiburg – Basel – Wien 1992, 41.

20 Oldenberg, Reden des Buddha (Anm. 10), 305 (Textanpass.).

21 Ebd.

22 Ebd. 306.

23 Bericht aus dem Mahāparinibbānsutta; zitiert nach Eliade, Quellentexte (Anm. 9), 365.

24 Hermann, Hölle und Paradies (Anm. 16), 149.

25 Erhard Meier, Die Nachtod- und Wiedergeburtsvorstellungen im Buddhismus, in: Khoury-Hünermann, Weiterleben (Anm. 2) 64.

26 Ebd. (Textanpassungen).

27 Ebd. 71. Der Text ausführlicher bei Francesca Fremantle, Chögyam Trungpa (Hg.), Das Totenbuch der Tibeter (Diederichs Gelbe Reihe; 6: Tibet), München [16]1994, 66.

28 Koh 1,9.

29 Jer 10,12 f.

30 2 Makk 7,23.

31 Am 8,4–7.

32 Diodor von Tarsus; zitiert nach Egon Friedell, Ägyptische Gräber, in: Rainer Beck (Hg.), Der Tod. Ein Lesebuch von den letzten Dingen (BsR; 1125), München 1995, 33 (Textanpassungen).

33 Hans Kessler, Sucht den Lebenden nicht bei den Toten. Die Auferstehung Jesu Christi in biblischer, fundamentaltheologischer und systematischer Sicht. Neuausgabe, Würzburg 1995, 67.

34 Vgl. 1 Sam 28,3–25. 31,1–13.

35 Gottfried Bachl, Die Zukunft nach dem Tod, Freiburg – Basel – Wien 1985, 35.

36 Ps 139,5–12.

37 Vgl. Ps 139,13–15.

38 Ps 16,9–11.

39 Jes 26,19a.

40 Jes 26,14.

41 Dieter Vetter, Die Lehren vom Tod u. v. d. kommenden Welt im talmudischen Schrifttum, in: Gerhard Binder, Bernd Effe (Hg.), Tod und Jenseits im Altertum (BAC; 6), Trier 1991, 37.

42 Dan 12,2–3.

43 Zitiert nach Vetter, Kommende Welt (Anm. 41), 41.

44 Ebd.

45 Mircea Eliade, Geschichte der religiösen Ideen II. Von Gautama Buddha bis zu den Anfängen des Christentums, Freiburg-Basel-Wien 1987, 233.

46 Jes 9,1.5–6.

47 Jes 50,4–7a.

48 Dan 7,14; vgl. das Gesamtbild 7,1–28.

49 Dan 7,18. 27.

50 Zitiert nach Lothar Zenetti, Manchmal leben wir schon. Wege, die der Glaube geht, München 1981, 145.

51 1 Sam 28,14.

52 Zitiert nach Hermann, Hölle und Paradies (Anm. 16), 36.

53 Leo Baeck, Das Wesen des Judentums, Wiesbaden ³1985, 200.

54 Sure 3,169.

55 Von der Erschaffung des Todes, in: Helmut Werner (Hg.), Das Islamische Totenbuch. Jenseitsvorstellungen des Islam, Bergisch Gladbach 2002, 55 f. (Textanpassungen).

56 Ebd. 55.

57 Vom Herausgehen der Seele aus dem Körper, ebd. 89.

58 Ebd. 93.

59 Sure 82,2–9.

60 Sure 99,9.

61 Ludwig Hagemann, Eschatologie im Islam, in: Khoury-Hünermann, Weiterleben (Anm. 2), 115.

62 Hans-Jürg Braun, Das Jenseits. Die Vorstellungen der Menschheit über das Leben nach dem Tod, Zürich – Düsseldorf 1996, 307.

63 Die Auferweckung der Geschöpfe aus den Gräbern, in: Werner, Totenbuch (Anm. 55), 137 f.

DRITTER TEIL

1 So eine bekannte Formulierung Gabriel Marcels, in: ders., Geheimnis des Seins, Wien 1952, 472.

2 Lk 23,34.

3 Ingeborg Bachmann, Wir müssen wahre Sätze finden. Gespräche und Interviews (SP; 1105), München ⁴1994, 70.

4 Vgl. Mk 15,39; Phil 2,6; 1 Kor 1,9 u. ö.

5 Joseph Ratzinger, Der Gott Jesu Christi. Betrachtungen über den dreieinigen Gott, München ²1977, 89.

6 Vgl. zum Ganzen Joh 5,1–30.

7 Joh 5,21.24.

8 Joh 5,26 ff.

9 Vgl. Mk 12,18–27.

10 Vgl. Joh 11,1–44.

11 Joh 11,40.

12 Joh 11,39.

13 1 Kor 15,20.

14 Mk 16,15.

15 Vgl. Mt 25,31–46.

16 Vgl. Röm 14,9.

17 Mt 28,19.

18 Hans Kessler, Sucht den Lebenden nicht bei den Toten. Die Auferstehung Jesu Christi in biblischer, fundamentaltheologischer und systematischer Hinsicht. Neuausgabe, Würzburg 1995, 351 (Hervorhebungen im Original).

19 1 Kor 15,6.

20 Vgl. 1 Kor 15,7–8; Joh 21,1.12–15; Apg 10,41.

21 Mt 28,20.

22 Vanamali Gunturu, Hinduismus (Diederichs kompakt), München 2002, 84.

23 Zitiert nach Dieter Vetter, Leben nach dem Tod im Judentum, in: Adel Th. Khoury, Peter Hünermann (Hg.), Weiterleben – nach dem Tode? Die Antwort der Weltreligionen (Herderbücherei; 1201), 94.

24 Koran, Sure 84,17–26.

25 Vgl. Lk 24,13–35.

26 Thomas Schnelzer, Trauernde trösten. Mit einem Essay von Erwin Möde, Regensburg 2005, 65 f.

27 Ebd. 66 f.

28 Georg Braulik, Die alttestamentlichen Lesungen der Ostervigil, in: ders., Norbert Lohfink, Osternacht und Altes Testament. Studien und Vorschläge. Mit einer Exsultetvertonung von Erwin Bücken (ÖBS; 22), Frankfurt a. M. 2003, 47.

29 Zitiert in Anlehnung an eine Übersetzung von Norbert Lohfink, Das Exsultet deutsch. Kritische Analyse u. Neuentwurf, in: Braulik-Lohfink, Osternacht und Altes Testament (Anm. 28), 106. 118 f.

30 Zitiert nach Arnold Angenendt, Heilige Leichen, in: Rainer Beck (Hg.), Der Tod. Ein Lesebuch von den letzten Dingen (BsR; 1125), München 1995, 99.

31 Magdalena Hawlik, van de Water, Der schöne Tod. Zeremonialstrukturen des Wiener Hofes bei Tod und Begräbnis zwischen 1640 und 1740, Wien – Freiburg – Basel 1989, 55.

32 1 Joh 4,16b.

33 Gen 3,19.

34 Josef Pieper, Tod und Unsterblichkeit, München ²1979, 67.

35 Koran, Sure 50,20.

36 Rolf Sprandel, Die Seele der Analphabeten im Mittelalter, in: Gerd Jüttemann, Michael Sonntag, Christoph Wulf (Hg.), Die Seele. Ihre Geschichte im Abendland, Göttingen 2005, 98.

37 Donat de Chapeaurouge, Die Darstellung der Seele in der bildenden Kunst des Mittelalters, in: Gerd Jüttemann u. a., Die Seele (Anm. 36), 104.

38 Platon, Phaidros, 246c.

39 Gerhard Lohfink, Der Tod ist nicht das letzte Wort. Meditationen, Freiburg – Basel – Wien 1976, 55. 57.

40 Gisbert Greshake, Theologiegeschichtliche und systematische Untersuchungen zum Verständnis der Auferstehung, in: ders., Jakob Kremer, Resurrectio mortuorum. Zum theologischen Verständnis der leiblichen Auferstehung, Darmstadt ²1992, 268.

41 Mt 28,20.

42 Greshake, Verständnis der Auferstehung (Anm. 40), 266.

43 Peter Dinzelbacher, Die letzten Dinge. Himmel, Hölle, Fegfeuer im Mittelalter, Freiburg – Basel – Wien 1999, 102.

44 Zitiert nach Michael N. Ebertz, Die Zivilisierung Gottes. Der Wandel von Jenseitsvorstellungen in Theologie und Verkündigung (Zeitzeichen; 14), Ostfildern 2004, 331 f. (Textanpassungen).

45 Ebd. 353.

46 Vgl. 1 Joh 4,16b.

47 Joseph Ratzinger, Eschatologie – Tod und ewiges Leben (KKD; 9), Regensburg ²1977, 187.

48 Ulrich Beck, Eigenes Leben, eigener Tod, in: Rainer Beck (Hg.), Der Tod. Ein Lesebuch von den letzten Dingen (BsR; 1125), München 1995, 252.

49 Konrad Meisig, Hinduistische Vorstellungen vom Leben nach dem Tode, in: Khoury-Hünermann, Weiterleben (Anm. 23), 50 (eigene Klammer).

50 Peter Hünermann, Gott selbst – Zukunft des Menschen. Der christliche Glaube an das ewige Leben, in: ebd. 155 (Hervorhebung im Original).

51 Mt 4,10 – ein Zitat Jesu aus den Büchern Mose.

52 Peter Dinzelbacher, Die letzten Dinge (Anm. 43), 168.

53 Ebd.

54 Raymond A. Moody, Leben nach dem Tod. Die Erforschung einer unerklärten Erfahrung, Reinbek ⁸1977, 71.

55 Wolfgang Beinert, Tod und jenseits des Todes (topos.plus – positionen), Regensburg 2000, 141.

56 Joseph Ratzinger, Eschatologie (Anm. 47), 178.

VIERTER TEIL

1 Vom Herausgehen der Seele aus dem Körper, in: Helmut Werner, Das Islamische Totenbuch. Jenseitsvorstellungen des Islam, Bergisch Gladbach 2002, 87.

2 Jörg Wichmann, Zur Veränderung des Reinkarnationsglaubens in der westlichen Kultur und Esoterik, in: Hermann Kochanek (Hg.), Reinkarnation oder Auferstehung. Konsequenzen für das Leben, Freiburg – Basel – Wien 1992, 184.

3 So der Anthroposoph Georg Kühlewind; zitiert nach Wichmann, ebd.

4 Apg 17,26.

5 Johannes Mischo, Methodenprobleme der empirischen Reinkarnationsforschung, in: Kochanek, Reinkarnation oder Auferstehung (Anm. 2), 151.

6 Peter Sitte, Schöpfung oder Evolution? Das hartnäckige Missverständnis, in: zur debatte. Themen der katholischen Akademie in Bayern 35 (2005) 39.

7 1 Tim 6,16.

8 Hebr 1,1 f.

9 Vgl. Offb 21,1.

10 Ijob 38,16–18.

11 Zitiert nach Michael Schröter-Kunhardt, Nah-Todeserfahrungen. Letzte und existentielle Erfahrungen an der Grenze des Todes, in: Hans Kessler (Hg.), Auferstehung der Toten. Ein Hoffnungsentwurf im Blick heutiger Wissenschaften, Darmstadt 2004, 186 f.

12 Michael Maar, Nachrichten vom Nahtod – auf nichts ist mehr Verlass. FAZ 24. 3. 1994, in: Rainer Beck (Hg.), Der Tod. Ein Lesebuch von den letzten Dingen (BsR; 1125), München 1995, 282 f.

13 Schröter-Kunhardt, Nah-Todeserfahrungen (Anm. 11), 192.

14 Werner Thiede, Die mit dem Tod spielen. Okkultismus. Reinkarnation. Sterbeforschung (GTB; 975), Gütersloh 1994, 18.

15 Zitiert nach Christof Bieberger u. a., Geisterschlösser in Österreich. Spuk hinter herrschaftlichen Mauern, Wien 2004, 149–152. Bericht von mir gekürzt.

16 Vgl. Lk 24,37.39.

17 Teresa Peter, The Story of a Scar. Harry Potter als Sinnbild verwundbarer und verwundeter Geschöpflichkeit, in: Christoph Drexler, Nikolaus Wandinger (Hg.), Leben, Tod und Zauberstab. Auf theologischer Spurensuche in Harry Potter (Literatur – Medien – Religion; 11), Münster 2004, 117, bezogen auf Bd. 5 des Romanwerks.

18 Vgl. Joh 20,17.

19 Werner Thiede, Die mit dem Tod spielen (Anm. 14), 32.

20 Röm 14,9.

21 Joh 2,5; ein Wort Mariens während der so genannten Hochzeit zu Kana.

22 Zitiert nach Peter Dinzelbacher, Die letzten Dinge. Himmel, Hölle, Fegefeuer im Mittelalter, Freiburg – Basel – Wien 1999, 67 f.

23 So Michael Schröter-Kunhardt, Nah-Todeserfahrungen (Anm. 11), 192.

24 Interviews mit Sterbenden (GTB; 71), Gütersloh [8]1980, 30.

25 Dinzelbacher, Die letzten Dinge (Anm. 22), 67; (eigene Hervorhebung).

26 Hos 11,9b; zitiert in Anlehnung an eine Übersetzung Martin Bubers, in: ders., Franz Rosenzweig (Üs.), Die Schrift 3. Bücher der Kündung, Köln-Olten [10]1978, 612.

27 Predigt 35,32 f.; zitiert nach Josef Quint (Hg.), Meister Eckehart. Deutsche Predigten und Traktate (DT; 20642), Zürich 1979, 320 (Hervorhebungen im Original).

28 Predigt 14,18–20; Quint, Predigten, 218 (Textanpassung).

29 1 Kor 15,28.

30 Kocku von Stuckrad, Was ist Esoterik? Kleine Geschichte des geheimen Wissens, München 2004, 9.

31 James van Praagh, Jenseitswelten. Erkenntnisse über das Leben nach dem Tode, München [4]2002, 215 (amerikanisches Original: Reaching to Heaven).

32 Ebd. 63.

33 Ebd. 93 f.

34 Stuckrad, Esoterik (Anm. 30), 219.

35 Zitiert nach Gerhard Binder, Pallida mors. Leben und Tod, Seele und Jenseits in römischen und verwandten Texten, in: Gerhard Binder, Bernd Effe (Hg.), Tod und Jenseits im Altertum
(BAC; 6), Trier 1991, 204.

36 Zitiert nach Rainer Oberthür, »Das Staunen Gottes ist in uns
selber«. Kinder erfahren sich im Fragen nach Gott und Gott
im Fragen nach sich, in: Anton A. Bucher u. a. (Hg.), »Mitten-
drin ist Gott«, Kinder denken nach über Gott, Leben und Tod,
Stuttgart 2002, 98.

37 Ebd. (Hervorhebung und Klammern im Original).

38 Ebd. 95.

39 Mt 18,3 f.

40 Röm 14,8b.

41 Bernard Jakoby, Auch du lebst ewig. Die Ergebnisse der modernen Sterbeforschung, Reinbek ⁴2005, 138 f.

42 Paul M. Churchland, Die Seelenmaschine. Eine philosophische
Reise ins Gehirn. Aus dem Englischen übersetzt von Markus
Numberger, Heidelberg – Berlin – Oxford 1997, 266.

43 Günter Ewald, Die Physik und das Jenseits. Zur naturwissen-
schaftlichen Denkmöglichkeit einer individuellen Fortexistenz
nach dem Tod, in: Hans Kessler, Auferstehung der Toten
(Anm. 11), 162.

44 Offb 22,4 f.